Marburg – Kleine Stadtgeschichte

Für Wiltrud

* * * * * *

in memoriam
Dr. Hanno Drechsler
Oberbürgermeister der Stadt Marburg
1970–1992

Erhart Dettmering

Marburg

Kleine Stadtgeschichte

VERLAG FRIEDRICH PUSTET
REGENSBURG

BIBLIOGRAFISCHE INFORMATION DER DEUTSCHEN NATIONALBIBLIOTHEK
Die Deutsche Nationalbibliothek verzeichnet diese Publikation in der Deutschen Nationalbibliografie; detaillierte bibliografische Angaben sind im Internet über http://dnb.d-nb.de abrufbar.

3., überarbeitete und aktualisierte Auflage
ISBN 978-3-7917-2641-0

Reihen-/Umschlaggestaltung und Layout: www.martinveicht.de
Satz: Vollnhals Fotosatz, Neustadt a. d. Donau
Druck und Bindung: Friedrich Pustet, Regensburg
Printed in Germany 2022

Diese Publikation ist auch als eBook erhältlich:
eISBN 978-3-7917-6056-8 (epub)

Weitere Publikationen aus unserem Programm
finden Sie auf www.verlag-pustet.de
Kontakt und Bestellungen unter verlag@pustet.de

Inhalt

Vorwort

Es ist immer reizvoll, der Geschichte einer alten Stadt nachzuspüren. Wer mit offenen Augen durch die Altstadt bummelt, also nicht gerade mit voller Einkaufstasche zu seinem Auto ins nächste Parkhaus hastet, der wird in Marburg auf Schritt und Tritt den Zeugnissen der Vergangenheit begegnen. Wenn dann sein historisches Interesse geweckt ist, wird er sich vielleicht fragen: Was hat sich wohl alles auf diesem Marktplatz abgespielt? oder: Wer wohnte einst in jenem stattlichen, alten Haus? oder: Wer hat diese Kirche mit dem spitzen Turm, der hoch über die grauen Schieferdächer hinausragt, erbaut? Glücklich, wer dann zuhause in einer reichhaltigen Bibliothek nachschlagen kann, in der ein mehr oder weniger aussagekräftiger Stadtführer, vielleicht sogar auch ein dicker Band zur Stadtgeschichte stehen.

Natürlich gibt es über eine Stadt wie Marburg, die stolz ist auf ihre fast 500 Jahre alte Universität, eine umfangreiche, selbst für Kenner kaum noch überschaubare Literatur zu einzelnen historischen Fragestellungen. Aber angesichts der erstaunlichen Forschungsergebnisse der letzten 50 Jahre, die auf Grund umfangreicher archäologischer Funde im Rahmen der Altstadtsanierung und auch verstärkter Beschäftigung der Universität mit der Lokal- und Universitätsgeschichte zur Verfügung stehen, wäre eine umfassende Stadtgeschichte aus einem Guss nach neuestem Forschungsstand wünschenswert. Aber nur selten findet sich ein kundiger Polyhistor fürs Lokale, der Zeit und Mühe für den Gang durch die Jahrhunderte einer einzigen Stadt nicht scheut. Für Marburg jedenfalls ist er oder sie gegenwärtig nicht in Sicht.

Die vorliegende Kleine Stadtgeschichte erhebt nicht den Anspruch, ihre Leserinnen und Leser umfassend über Marburg zu informieren. Das verbietet schon der begrenzte Umfang: 1000 Jahre komprimiert auf rund 200 Seiten! Wenn es ihr jedoch gelingt, den ersten Wissensdurst zu stillen und einen

Überblick zu vermitteln, der zu weiterem Nachforschen reizt, dann hat sie ihre Aufgabe erfüllt – besonders dann, wenn sie außerdem dazu beiträgt, sich mit dieser so vielseitigen Stadt zu identifizieren.

Eingedenk des warnenden Faust-Wortes »Willst du ins Unendliche schreiten, geh nur im Endlichen nach allen Seiten«, seien für den, der sich mit der 1000-jährigen Geschichte der Stadt Marburg beschäftigen will, zur ersten Orientierung als Richtpunkte drei Jahreszahlen genannt:

1228: die Ankunft der Landgrafenwitwe Elisabeth von Thüringen in Marburg und der Bau eines Hospitals,
1527: die Gründung der ersten protestantischen Universität durch Philipp d. Großmütigen und
1866: die Annexion Kurhessens durch Preußen, die einen Aufschwung von Universität und Stadt zur Folge hatte,

lösten jeweils nachhaltige Entwicklungen aus, ohne die Marburg höchstwahrscheinlich ein zwar ansehnliches und liebenswertes, aber doch unbedeutendes Landstädtchen geblieben wäre.

Marburg, im Oktober 2021 Erhart Dettmering

Postscriptum:
Selbst der große römische Historiker Tacitus, der versicherte, er wolle Geschichte »sine ira et studio«, also ganz unvoreingenommen schreiben, hat seinem Werk eine sehr persönliche Prägung gegeben, die seine innere Anteilnahme und seine Sorge um die Zukunft Roms erkennen lässt. Daher sei es auch mir gestattet, meiner Kleinen Marburger Stadtgeschichte einige kritische Anmerkungen beizufügen, die Sorge und Hoffnung zugleich ausdrücken. Die stürmische Entwicklung Marburgs am Ende des 19. Jhs. und dann wieder seit den 60er-Jahren des 20. Jhs. haben das historische Stadtbild verändert. Das war unvermeidlich, aber im Ergebnis nicht immer überzeugend, wenn man einmal von der gelungenen Altstadtsanierung absieht. Aber noch immer ist die Dominanz der historischen Oberstadt, des Landgrafenschlosses und der Elisabethkirche im

Bei der Sanierung des Mauerwerks 1993 war dieser Blick auf die Altstadt von der 80 m hohen Spitze des eingerüsteten Nordturms der Elisabethkirche möglich.

Stadtbild erkennbar. Allerdings nur, wenn man sich der Innenstadt nicht vom Erlenring her nähert, wo der zwar flache, aber ungegliederte, fantasielos weiß gestrichene Betonkomplex eines Einkaufs- und Ärztezentrums den erschreckenden Eindruck hervorruft, Marburg verberge sich hinter einem unförmigen Eisberg. Dieser architektonische Missgriff gibt allen Kritikern recht, die mit Sorge vor allem die auf Verdichtung der Innenstadtbebauung ausgerichtete Stadtplanung der letzten 30 Jahre verfolgen. Von wenigen Ausnahmen abgesehen, lassen die seitdem entstandenen Bauten nicht erkennen, dass ihre Architekten erfolgreich bemüht waren, neue Architektur sensibel mit den historisch gewachsenen Gestaltungselementen in Einklang zu bringen. Besonders bedauerlich ist der fast völlige Verzicht auf vertikal gliedernde Architekturelemente – und das in einer Stadt, deren spezielles Merkmal die aufragende Altstadt ist. Die kaiserzeitlichen Kliniksbauten im Nordviertel nahmen Rücksicht auf die Nähe der ehrwürdigen Elisabethkirche und überragen bis heute kaum die Baumwipfel des Botanischen Gartens. Das sollte eigentlich auch die Richtschnur für alle Planungen in der Kernstadt sein. Immerhin fügt sich der 2018 fertiggestellte, voluminöse Komplex der neuen Universitätsbibliothek relativ gut in die Umgebung am Rand des alten Botanischen Gartens ein. Und auch das neugestaltete Erwin-Piscator-Haus in der Biegenstraße ist sehenswert. Aber der eintönige Sprachatlas-Neubau am Pilgrimstein und erst recht das davor hoch aufragende neue Gebäude des Deutschen Dokumentationszentrums für Kunstgeschichte – Bildarchiv Foto Marburg, das mit seiner verklinkerten, aber sonst nahezu ungegliederten Straßenfront fast kleinkariert wirkt und den Pilgrimstein in eine Schlucht verwandelt, sind wahrlich keine Bereicherung für das Stadtbild. Auch das aufgestockte Allianz-Gebäude an der Universitätsstraße dominiert negativ als weißer Block beim Blick vom Schloss das Südviertel – von sensibler Einfügung kann keine Rede sein. Eigentlich sollte man doch in einer Stadt wie Marburg von allen für Planung und Entscheidung verantwortlichen Architekten und Politikern erhöhte Sensibilität, planerische Fantasie – auch was die Farbgebung betrifft – und Respekt vor der Geschichte erwarten, damit die von ihnen zu verantwortende Phase der Stadtentwicklung angemessene Akzente setzt. Für großen Optimismus, dass diese Erwartung in Erfüllung geht, gibt es vorerst allerdings keinen Grund.

E.D.

Berg und Burg über der Lahn – Die Anfänge (9.–12. Jahrhundert)

»Die alte, von jeher durch den letzten Aufenthalt, Tod und Begräbnis der heiligen Landgräfin Elisabeth von Hessen berühmte Stadt liegt krumm, schief und bucklicht, unter einer alten Burg, den Berg hinab«, so urteilte vor rund 200 Jahren der Marburger Professor Johann Heinrich Jung-Stilling über die Stadt an der Lahn und rühmte gleichzeitig, dass die Umgebung der Stadt »schön und sehr angenehm ist, und dann belebt auch der Lahnfluß die ganze Landschaft«. Sinngemäß gilt dieses Urteil auch zu Beginn des 21. Jhs. Aber wie war das vor Beginn unserer Zeitrechnung?

Zahlreiche Knochen-, Keramik- und Metallfunde im Marburger Stadtgebiet und Umland bezeugen, dass schon in grauer Vorzeit und über viele Jahrhunderte hinweg hier gesiedelt wurde – erst auf den Höhen beiderseits der Lahn, später auch unten im Tal. Davon künden beispielsweise zahlreiche Hügelgräber auf den östlichen Lahnbergen.

In den letzten vorchristlichen Jahrhunderten waren es die Kelten. Ihnen folgten dann in der Römerzeit die Chatten, deren Stammesgebiet der römische Schriftsteller Tacitus im hessischen Bergland lokalisiert und die auch in der Region um Marburg ansässig waren. Bedauerlicherweise hat sich das Imperium Romanum nach der Niederlage seines Feldherrn Varus im Jahre 9 nach Chr. schmollend hinter die Limeslinie in der Wetterau zurückgezogen, sodass die Chatten zwar in den antiken Quellen bis ins 3. Jh. wiederholt erwähnt werden, aber mit der feineren römischen Lebensart allenfalls durch den grenzüberschreitenden Handel in Berührung gekommen sind. Daher würde man in Marburg vergeblich nach Zeugnissen römischer Zivilisation suchen. Vom 6. Jh. an drangen dann von Süden her die Franken in das Gebiet der Chatten ein, die offensichtlich keinen Widerstand leisteten – jedenfalls berichten die Quellen nichts davon. Bei ihrem weiteren Vordringen eroberten die

Franken Thüringen und nahmen nach siegreichem Kampf die thüringische Königstochter Radegundis gefangen, deren weiteres Leben bis zur Klostergründung um 560 in Poitiers, dessen Stadtheilige sie wurde, erstaunliche Parallelen zu Elisabeth, der Marburger Stadtheiligen, aufweist – eine interessante historische Klammer zwischen den beiden Partnerstädten.

Bedauerlich ist, dass der Berg, der sich 104 m über der Lahn erhebt und heute das stolze Landgrafenschloss trägt, keine eindeutigen archäologischen Hinweise auf die früheste Besiedlung freigegeben hat. Es ist aber durchaus denk-, wenn auch nicht nachweisbar, dass schon in fränkischer Zeit – oder noch früher? – die strategisch günstige Lage des nach drei Seiten abfallenden Buntsandsteinfelsens – geologisch ein Vorsprung des Marburger Rückens – für eine Befestigung genutzt wurde. Bei den spektakulären Ausgrabungen unter der mittelalterlichen Bausubstanz des Landgrafenschlosses wurden 1989/90 die Fundamente einer Turmburg entdeckt, auf die man heute beim Rundgang durch das Schlossmuseum durch den gläsernen Fußboden zwei Stockwerke tief hinunterblicken kann.

Die ersten Herren

Die Datierung dieser frühen Befestigung ist allerdings umstritten, da schriftliche Zeugnisse fehlen und bei der Deutung der Keramikfunde ein Zeitraum vom Ende des 10. bis zum 12. Jh. angesetzt werden kann. Vielleicht gehen die Anfänge dieser Befestigung auf die Grafen Werner zurück, die in der hessischen Grafschaftspolitik der Ottonen und Salier im 11. Jh. eine wichtige Rolle spielten. Mit Werner IV., der als Graf von Hessen auch über das Land an Ohm und mittlerer Lahn geherrscht hatte, starb das Geschlecht 1121 aus.

Ihr Erbe traten neben dem Erzbischof von Mainz für kurze Zeit die Gisonen an, ein Grafengeschlecht, das im Waldgebiet an der oberen Lahn ansässig war. Als ihr Stammsitz gilt die Burg Hollende westlich von Wetter, von der heute nur Ortskundige in der Nähe des Dorfes Treisbach noch Spuren auffinden. Möglicherweise verlegten sie nach Übernahme des Wernerschen Erbes ihren Sitz auf jenen schon vorher befestigten Berg über der Lahn, von dem aus das frühmittelalterliche Wegesystem und die Furten über die Lahn überwacht werden konnten.

Allerdings war die Herrschaft der Gisonen nur von kurzer Dauer. Als sie im Mannesstamm 1122 bzw. 1137 ausstarben, folgte ihnen dank doppelter Heiratsverbindung das thüringische Grafengeschlecht der – wegen des bei ihnen häufig vorkommenden Namens Ludwig – sogenannten Ludowinger. Diese hatten seit dem 11. Jh. ihre Herrschaft in Thüringen zielstrebig ausgebaut und erweitert. Nun erhielten sie die Chance, ihren Einflussbereich weit nach Westen auszudehnen: zunächst auf Oberhessen mit Marburg, dann auch auf Niederhessen mit Kassel. Etwa zur gleichen Zeit – wohl auf dem Reichstag in Goslar 1131 – wurde die neu gewonnene, herausragende Stellung der Ludowinger im Reich durch die Verleihung des Landgrafentitels an Ludwig I. von Thüringen bestätigt.

Die Marburg

Mit Beginn des 12. Jhs. taucht erstmals der Name *Marburg* auf. Er deutet auf die Grenzlage der Burg hin, die am nördlichen Fuß des Berges durch den Marbach markiert wird, denn hier stießen die drei alten Gerichtsbezirke Ebsdorf, Caldern und Reizberg zusammen. Der 1138/39 in einer Urkunde des Erzbischofs Arnold von Köln als Zeuge genannte *Ludewicus de Marburg* war offensichtlich ein ludowingischer Ministeriale, den die neuen Landesherren eingesetzt hatten im Rahmen ihrer intensiven Bemühungen, den frisch erworbenen Besitz im fernen Westen ihrer Territorien durch den Bau von Burgen und Städten zu sichern und zu erweitern.

Die Marburg wurde in dieser Zeit mit Turm und Ringmauer verstärkt. Eine Siedlung am Hang unterhalb der Burg, vielleicht auch ein Markt, war sicherlich schon vorhanden, als die Thüringer eintrafen. Aber die sorgten nun für einen neuen Entwicklungsschub, denn sie brauchten einen sicheren Stützpunkt

»Godescalc hat mich geschaffen" steht am romanischen Portal an der ehemaligen Kilianskapelle (um 1200) auf dem Schuhmarkt.

gegenüber der benachbarten Amöneburg, die dem stets auf Machterweiterung bedachten Erzbischof von Mainz gehörte.

Die archäologischen Untersuchungen, die durch den Beginn der Altstadtsanierung seit 1972 möglich waren, ergaben u. a., dass sich diese Siedlung um 1140 an der östlichen Kante des Burgberges oberhalb des Pilgrimsteins befand und im Westen durch einen Graben befestigt war, der in Nord-Süd-Richtung über den heutigen Marktplatz verlief. Der Markt des 12. Jhs. jedoch lag um die kleine Kilianskapelle herum und war größer als der heutige Schuhmarkt. Die Inschrift *Godescalc me fecit* am heute zugemauerten Westportal der ehemaligen Kapelle verrät uns leider nicht mehr als den Namen des Künstlers, der den romanischen Figurenschmuck schuf. Das in Hessen sonst seltene und in die erste Hälfte des 12. Jhs. zu datierende Kilianspatrozinium geht auf die Ludowinger zurück. Allerdings waren damit noch keine Pfarrrechte verbunden, sodass die Marburger weiterhin zur Pfarrei der älteren Martinskirche in Oberweimar gehörten (und zwar noch bis 1227).

In der 2. Hälfte des 12. Jhs. häufen sich, auch wenn die schriftliche Überlieferung noch unergiebig ist, die Anzeichen für eine geradezu stürmische Entwicklung der kleinen Siedlung unterhalb der Burg zur mittelalterlichen Stadt mit den dafür erforderlichen Kriterien: Markt, Mauer und Münzprägung.

Zur Sicherung des Marktes und der wachsenden Bevölkerung wurde nach Beginn des 13. Jhs. der Befestigungsring nach Westen und Südwesten innerhalb weniger Jahrzehnte zweimal erweitert, zuletzt um 1260. Diese Begrenzung, die noch heute im Stadtbild durch das Kalbstor und die weitgehend erhaltene Mauer zwischen Schlossbereich und Barfüßertor erkennbar ist, blieb bis in die zweite Hälfte des 19. Jhs. nahezu unverändert. Als Vorstädte entwickelten sich nach Norden hinunter in Richtung Deutschordensbereich die Neustadt, am Fuß des Berges unten an der Lahn der Pilgrimstein und jenseits der Lahn Weidenhausen, später noch im Süden der Grün – jeweils entlang der Straßen, die in die Stadt führten. Den wirtschaftlichen Aufschwung bezeugt auch die Prägung der *Marburger Pfennige*, deren Geltung als verbreitetes Zahlungsmittel schon 1194 eine Urkunde des Erzbischofs von Köln bezeugt.

Ein weiteres Zeugnis für das Wachstum der Stadt ist der in dieser Zeit begonnene Bau einer zweiten, größeren, noch romanischen Kirche westlich der ursprünglichen Siedlung. Sie war wohl kurz vor oder nach der Jahrhundertwende fertiggestellt und bot genügend Raum auch für nichtkirchliche Veranstaltungen wie jene, von der die Reinhardsbrunner Chronik aus dem Jahr 1222 berichtet: In ihr, der *ecclesia maior*, habe der Landgraf eine Gerichtssitzung mit den Bürgern der Stadt, *cum burgensibus civitatis*, abgehalten. Die Bezeichnung als *civitas* ist gleichzeitig der untrügliche Beweis dafür, dass Marburg dank der gezielten Förderung durch die Landgrafen von Thüringen zu dieser Zeit nach mittelalterlicher Vorstellung tatsächlich *Stadt* war.

Für die weiter wachsende Stadt war bald auch diese Kirche zu klein. Daher bauten Landgraf, Bürgerschaft und der Deutsche Orden, der auf seinem Territorium unten im Tal den ersten rein gotischen Kirchenbau östlich des Rheins verwirklichte, gemeinsam auf einer durch eine mächtige Sandsteinmauer gesicherten Terrasse unterhalb des Burgbezirks die neue repräsentative Pfarrkirche St. Marien, deren Chor 1297 geweiht wurde und die seit ihrer Vollendung im 14. Jh. bis heute mit ihrer leicht gedrehten Turmspitze das Stadtbild am Berghang über der Lahn prägt.

Das Jahrhundert der Heiligen (13. Jahrhundert)

Elisabeth von Thüringen – Fürstin, Dienerin, Heilige

Marburg unterschied sich zu Beginn des 13. Jhs. – auch unter Berücksichtigung seines beachtlichen Wachstums – von den zahlreichen anderen thüringischen Stadtgründungen dieser Zeit wohl nur durch die Burg, die von den Landgrafen als militärischer und administrativer Stützpunkt zur Absicherung ihres Besitzes in Oberhessen immer weiter ausgebaut wurde. Dann aber trat ein Ereignis ein, das der Stadt eine besondere, ganz neue Bedeutung und ihrer Entwicklung schon bald einen zusätzlichen Impuls geben sollte: die Ankunft der verwitweten Landgräfin Elisabeth im Jahr 1228. Ihr eilte der Ruf einer Frau mit absolut unstandesgemäßem Verhalten voraus.

Wer war diese Frau, die im so von Männern dominierten Mittelalter zu den wenigen herausragenden weiblichen Persönlichkeiten ihrer Zeit gehört, die unangefochten in der deutschen Geschichte ihren Platz haben? Und das nicht etwa aufgrund besonderer politischer, künstlerischer oder wissenschaftlicher Verdienste. Als sie nach Marburg kam, war die junge Witwe gerade erst 21 Jahre alt und hatte drei Kinder im Alter von sechs, vier und einem Jahr. Nur wenig mehr als drei Jahre waren ihr dann noch vergönnt bis zu ihrem frühen Tod. Schon wenige Jahre später wurde sie heiliggesprochen und ihr Grab in der Elisabethkirche für lange Zeit zur viel besuchten Wallfahrtsstätte.

Ein überzeugender Beweis dafür, dass Ansehen und Verehrung Elisabeths als ein über die Zeiten hinweg leuchtendes Vorbild für selbstloses soziales Engagement auch heute noch unverändert groß sind, war ihre umfassende Würdigung durch eine Vielzahl von Veranstaltungen und Publikationen aus Anlass ihres 800. Geburtstages im Jahr 2007 vonseiten der protestantischen und katholischen Öffentlichkeit und darüber hinaus.

Elisabeth auf der Wartburg

Elisabeth wurde 1207 als Tochter des Königs von Ungarn, Andreas II., und seiner Gattin Gertrud von Andechs-Meranien geboren und – im Rahmen gezielter Heiratspolitik – schon im Alter von vier Jahren mit dem ältesten Sohn Landgraf Hermanns I. von Thüringen verlobt. Der ungarische König erwartete von der dynastischen Verbindung mit der Familie eines einflussreichen Reichsfürsten die Festigung seiner Machtstellung gegenüber dem ungarischen Adel und seinen Nachbarn auf dem Balkan. Und für die im Streit zwischen Welfen und Staufern auf ihren Vorteil bedachten Ludowinger bedeutete eine Königstochter in der Familie eine weitere Steigerung ihres Prestiges in einer unruhigen Zeit, in der der junge Stauferkönig Friedrich II. gerade begann, seine Herrschaftsansprüche im Reich durchzusetzen.

So gelangte Elisabeth als Vierjährige mit reicher Ausstattung an den thüringischen Hof auf der Wartburg und wuchs zusammen mit den acht Landgrafenkindern auf, um auf ihre künftige Stellung als Landgräfin vorbereitet zu werden. Dabei ließ sie schon früh erkennen, dass sie bei aller kindlichen Ungezwungenheit von einem ungewöhnlich starken Gefühl für religiöse Fragen erfüllt war. Die Hochzeit Elisabeths im Jahr 1221 mit dem Landgrafensohn Ludwig, der vier Jahre zuvor als Siebzehnjähriger die Nachfolge seines Vaters angetreten hatte, ging zwar auf nüchternes politisches Kalkül zurück, war aber dennoch ungewöhnlich – nicht etwa, weil die Braut erst 13 war, sondern weil die Eheleute von Anfang an in inniger Liebe miteinander verbunden waren. Dies gab Elisabeth den nötigen Rückhalt, das zu tun, was von ihrer Umgebung mit Unverständnis, Kritik oder gar heftiger Ablehnung verfolgt wurde: Beispielsweise nahm sie nicht nur, wie es üblich war, an Festtagen, sondern stets ihren Platz neben ihrem Mann an der landgräflichen Tafel ein, und sie stand lieber hungrig oder durstig auf, als von Speisen zu essen, die möglicherweise unrechtmäßig auf den Tisch gekommen waren. Sie legte, wenn sie die Messe besuchte, jeglichen Schmuck und Zierrat ab, kleidete sich auch sonst betont schlicht, ja ärmlich. Sie trug, wenn ihr

Elisabeth und Ludwig an der fürstlichen Tafel (Detail vom Elisabethaltar in der Marburger Elisabethkirche).

Mann abwesend war, Witwenkleidung oder ein Bußhemd und sie war überaus freigebig gegenüber Bedürftigen, aufopferungsvoll und ohne Furcht vor Ansteckung bei der Fürsorge für Kranke und großzügig bei der Verteilung von Nahrungsvorräten aus landgräflichem Besitz, so etwa im Hungerjahr

1226. Dabei konnte sie stets der Zustimmung Ludwigs und seiner Unterstützung sicher sein – nicht zuletzt dann, wenn er zur Wahrnehmung seiner vielfältigen Aufgaben und Interessen, sei es als Landgraf und Reichsfürst, sei es als Oberhaupt einer weitverzweigten Familie, nicht nur im weiten Raum zwischen Dresden und Marburg, sondern darüber hinaus, häufig abwesend war. So erhielt er beispielsweise 1222 die Nachricht von der Geburt seines Sohnes Hermann während einer Gerichtssitzung in der *ecclesia maior* von Marburg.

Abschied von Ludwig

Das Jahr 1226 leitete die Veränderung ein, die Elisabeths Leben loslösen sollte von der bisher vorgezeichneten Bestimmung als Ehefrau, Mutter und Landgräfin. 1223/24 hatte Papst Honorius III. erneut zu einem Kreuzzug aufgerufen und in seinem Auftrag waren überall im Reich Kreuzzugsprediger unterwegs. Einer von ihnen war Magister Konrad von Marburg, der 1226 auch an den thüringischen Hof kam, wo er durch sein asketisches Wesen und überzeugende Armut nicht nur Elisabeth, sondern auch den Landgrafen beeindruckte, der zu dieser Zeit auch aufgrund seiner engen Verbindung zu Friedrich II. schon den Entschluss gefasst hatte, am bevorstehenden Kreuzzug teilzunehmen.

Elisabeth wählte im Einvernehmen mit Ludwig den Kreuzzugsprediger Konrad nicht nur zu ihrem Beichtvater, sondern legte vor ihm auch das feierliche Gelübde ewiger Keuschheit ab für den Fall, dass sie ihren Mann überleben sollte – ein überzeugender Beweis für ihre große Liebe zu Ludwig, aber zugleich auch eine erstaunliche Festlegung im Alter von kaum 19 Jahren mit der in diesem Augenblick keinesfalls abwegigen Aussicht, dass ihr Mann auf dem Kreuzzug den Tod finden könnte.

Während seiner Abwesenheit 1226 hatte Ludwig seiner Frau Elisabeth die Regentschaft übertragen, eindrucksvoll belegt durch die Prägung von Brakteaten (gestanzte dünne Silbermünzen) 1226/27, die Ludwig als Kreuzfahrer und neben ihm Elisabeth mit den Regierungssymbolen Zepter und Reichsapfel zeigen. Für die erwartungsgemäß wesentlich längere

Elisabeth nimmt Abschied von Ludwig 1527 (Detail vom Elisabethaltar in der Marburger Elisabethkirche).

Abwesenheit während der Kreuzfahrt setzte er jedoch seinen Bruder Heinrich Raspe als Regenten ein.

Ludwig brach im Juni 1227 mit seinem Gefolge aus Eisenach auf. Elisabeth, die mit ihrem dritten Kind schwanger war, soll ihn noch zwei oder drei Tagereisen weit begleitet haben, um den Abschied hinauszuzögern. Im August trafen die Thüringer mit Kaiser Friedrich in Süditalien zusammen, von wo das Kreuzfahrerheer per Schiff von Brindisi aus ins Heilige Land gelangen wollte. Während des Wartens auf die Überfahrt brach eine Seuche aus, der Tausende Kreuzfahrer zum Opfer fielen. Am 13. September erlag ihr in Otranto auch Landgraf Ludwig.

Elisabeth verlässt die Wartburg

Als Elisabeth – nur wenige Wochen nach der Geburt ihrer Tochter Gertrud – die Todesnachricht erhielt, brach für sie eine

Welt zusammen. Nun war ihr Schwager Heinrich Raspe Landgraf, der eigentlich der verantwortungsvolle Vormund für ihren fünfjährigen Sohn Hermann bis zu dessen Volljährigkeit sein sollte, aber sogleich keinen Zweifel daran ließ, dass seine Regentschaft von Dauer sein werde. Dazu gehörte auch, dass er seiner Schwägerin die ihr eigentlich zustehende Verfügung über ihr Witwengut nicht gestattete und ihr damit die Möglichkeit nahm, ihre bisherigen, bei Hofe Ärgernis erregenden Gewohnheiten, wie Freigebigkeit bei der Almosenverteilung oder Vorbehalte bei der Speisenauswahl, fortzusetzen. Als sich der Konflikt zuspitzte, verließ Elisabeth in einer Winternacht zusammen mit ihren Hofdamen Guda und Isentrud, aber ohne ihre Kinder die Wartburg und fand zunächst Zuflucht in einer überaus ärmlichen Unterkunft in Eisenach. Dabei war sie keineswegs verzweifelt, sondern geradezu erleichtert, sodass sie um Mitternacht die Brüder in der Minoritenkirche bat, ein Tedeum anzustimmen.

Die folgenden Monate, in denen sie sich um die Unterbringung ihres fünfjährigen Sohnes Hermann und ihrer dreijährigen Tochter Sophia bei ihren fürstlichen Verwandten mütterlicherseits bemühte, verbrachte sie, ausgestoßen von der ludowingischen Familie und ihren bisherigen Standesgenossen, in äußerster Armut. Am Karfreitag des Jahres 1228 gelobte sie im Beisein ihres nach Eisenach geeilten Beichtvaters und vom Papst bestellten Defensors Konrad von Marburg in der Kapelle der Franziskaner in Eisenach feierlich den völligen Verzicht auf ihre »Kinder und auf den eignen Willen, auf allen Glanz der Welt und auf alles, was zu verlassen der Heiland im Evangelium rät«. Konrad hinderte sie allerdings energisch daran, auch auf ihre Besitzansprüche zu verzichten, mit der Begründung, dass sie sonst keine Möglichkeit mehr habe, die Schulden ihres Mannes zu bezahlen und Bedürftige und Kranke zu unterstützen.

Ihre erbärmliche Lage besserte sich erst, als Elisabeth zusammen mit ihrer Tochter Gertrud sowie Guda und Isentrud von Bischof Ekbert, ihrem Onkel, nach Bamberg geholt wurde. Seinem Plan, sie wieder zu verheiraten, widersetzte sich Elisabeth jedoch entschieden – sie wolle sich eher die Nase abschneiden, drohte sie.

Ekbert und Konrad von Marburg verhandelten mit der landgräflichen Familie über die Herausgabe des Witwengutes – darunter auch die reiche Aussteuer, die Elisabeth aus Ungarn mitgebracht hatte. Im Mai 1228, anlässlich der Beisetzung Ludwigs in Reinhardsbrunn, im Hauskloster der Ludowinger, an der auch Elisabeth teilnahm, kam es schließlich zu einer Einigung. Landgraf Heinrich Raspe und sein Bruder Konrad erklärten sich zur Zahlung der stattlichen Summe von insgesamt 2000 Silbermark bereit, nicht aber zur Herausgabe des Witwengutes aus dem thüringischen Kernbesitz, um eine eventuelle spätere Weitergabe an Dritte zu verhindern. Stattdessen erhielt Elisabeth Grundbesitz im fernen Marburg (auch das nicht als frei verfügbares Eigengut, sondern nur zur lebenslänglichen Nutzung) – sicherlich mit dem Hintergedanken, sie möglichst weit von der Wartburg zu entfernen, wo sie lange genug ein Stein des Anstoßes gewesen war. Vielleicht fiel die Wahl auch auf Marburg, weil Magister Konrad, der wohl aus einer Marburger Ministerialenfamilie stammte, dies vorgeschlagen hatte.

Elisabeth in Marburg

Eigentlich wäre es angemessen gewesen, der Landgrafenwitwe im Austausch für das ihr rechtmäßig zustehende Witwengut in Thüringen als Äquivalent wenigstens die gerade erst modernisierte und erweiterte Marburg zu überlassen, aber Landgraf Heinrich Raspe dachte nicht daran, die Verfügungsgewalt über diesen wichtigen Stützpunkt im Westen aufzugeben. Und Elisabeth hatte ohnehin für alle Zukunft auf ein standesgemäßes Leben verzichtet. Sie kam nach Marburg mit dem auch von Magister Konrad gutgeheißenen Vorsatz, ein Hospital einzurichten und sich künftig ausschließlich der Betreuung von Kranken und Bedürftigen zu widmen.

Die Hospitalgründung

An vielen Orten kam es im 13. Jh. zu Hospitalgründungen – in der Regel aufgrund frommer Stiftungen. Das Erstaunliche an dem Marburger Hospital für die Zeitgenossen aber war, dass hier ein Mitglied des Hochadels sich nicht mit der Stiftung einer wohltätigen Einrichtung zur Absicherung des eigenen Seelenheils begnügte, sondern sich zugleich auch selbst uneingeschränkt in den Dienst der benachteiligten und kranken Mitmenschen stellte.

Es ist auch bezeichnend für Elisabeth, dass sie bei ihrer Ankunft in Marburg im Sommer 1228 keineswegs auf der Burg oder in der Stadt eine vorläufige Bleibe suchte, bis das neue Hospital unten im Tal auf einem Gelände zwischen einem Nebenarm der Lahn und der Einmündung der Ketzerbach fertiggestellt war. Sie begnügte sich von Anfang an mit einer einfachen, wohl eher ärmlichen Unterkunft in der Nähe der Baustelle, auf der in kurzer Zeit das Hospital als einfacher Fachwerkbau mit niedrigem Steinfundament und dann noch weitere Wohn- und Wirtschaftsgebäude emporwuchsen. Spuren davon wurden 1970/71 bei einer Ausgrabung freigelegt.

Es ist anzunehmen, dass das Hospital in Marburg, wie Beispiele in anderen Städten nahelegen, aus einem einzigen rechteckigen Raum bestand, in dem beiderseits des Mittelganges die Krankenlager dicht an dicht standen. Der Anbau einer Kapelle ermöglichte eine direkte Teilnahme an der Messe. Für diese Kapelle wählte Elisabeth, die schon in Eisenach franziskanisches Gedankengut kennen und schätzen gelernt hatte, als Patron den gerade heiliggesprochenen Franziskus von Assisi. Dabei konnte sie der Zustimmung des Papstes sicher sein, denn dieser hatte ihr in einem persönlichen Brief Trost und Mut für ihr neues Leben zugesprochen. Dass sie Ende 1228 nach Fertigstellung ihres Hospitals zusammen mit ihren Gefährtinnen aus der Hand Konrads von Marburg das graue Gewand, wie es die Franziskaner trugen, empfangen hatte, bedeutete jedoch nicht die gleichzeitige Übertragung ihres Hospitals an den Franziskanerorden. Abgesehen davon, dass die Franziskaner als Bettelorden die Krankenpflege nicht als ihre Aufgabe ansahen, entsprach die Unterordnung unter eine Klosterregel auch nicht der Intention Elisabeths, die ihre selbst auferlegten Pflichten eigenständig als »Schwester in der Welt« wahrnehmen wollte.

Gleich zu Beginn ihrer Zeit in Marburg verteilte Elisabeth ein Viertel ihres Barvermögens, also 500 Silbermark. Das waren 72 000 Pfennige! (Zum Vergleich: ein Huhn kostete etwa 3 Pfennige.) Bei dieser großangelegten Aktion müssen aus der weiten Umgebung weit über 1000 Bedürftige zusammengeströmt sein (möglicherweise mehr als die Stadt damals Einwohner hatte). Da Konrad nur die Schenkung von Pfennigbeträgen gestattet hatte, muss die ganze Veranstaltung sehr aufwändig gewesen sein. Im Übrigen hinderte er seine Schutzbefohlene mit aller Strenge daran, ihren Besitz weiterhin »zu verschleudern«, da der Unterhalt des Hospitals sonst gefährdet gewesen wäre, denn die Erträge aus den Elisabeth übertragenen Äckern und Wiesen bei Marburg waren gering. Aber Elisabeth war willensstark und listig genug, um immer wieder reichlich zu spenden. Dafür verkaufte sie ihren Schmuck und setzte ihren geringen Verdienst aus dem Spinnen von Wolle ein. Die Ertragslage wurde erst 1231 auf eine sichere Grundlage gestellt, als Landgraf Heinrich Raspe – als Geste der Aussöhnung zwischen Schwager und Schwägerin? – dem Hospital das Patronat über die beiden Kirchen der Stadt und damit auch deren Einkünfte übertrug.

Ihre gerade anderthalbjährige Tochter Gertrud übergab Elisabeth dem Kloster Altenberg bei Wetzlar, wo sie aufgezogen und später eine hoch geachtete Äbtissin wurde. Die beiden anderen Kinder wuchsen weitab standesgemäß auf, Hermann wohl am landgräflichen Hof auf der Wartburg. Dass Sophia den Herzog von Brabant heiratete und nach dem unerwarteten Aussterben der Ludowinger eine wichtige politische Rolle spielen sollte, hat Elisabeth nicht mehr erlebt.

Für die Stadt war das Hospital vor ihren Toren von großem Nutzen, zumal Elisabeth auch den Gang in die Stadt hinauf nicht scheute, um Kranke zu Hause zu pflegen, Wöchnerinnen beizustehen und Trauernden Trost zuzusprechen. Elisabeth unternahm auch weitere Reisen. So besuchte sie ihre Tochter im Kloster Altenberg, hielt sich längere Zeit im Kanonissenstift Wetter auf und folgte im Frühjahr 1231 sogar der Aufforderung Magister Konrads, nach Eisenach zu reisen.

Die Berichte ihrer Dienerinnen enthalten viele eindrucksvolle Beispiele für den rastlosen Einsatz Elisabeths im Dienst am

ZEITZEUGIN

AUS DEM BERICHT DER GEFÄHRTINNEN IM HEILIGSPRECHUNGSVERFAHREN

Elisabeth habe zum Unterhalt des Hospitals auch durch die Übernahme von Lohnarbeit, wie z. B. durch das Spinnen von Wolle, beigetragen: »Sie wählte es, durch das Werk ihrer Hände wie eine Tagelöhnerin den Lebensunterhalt zu verdienen.« Außerdem habe sie neben der Pflege der Kranken auch die niedrigsten Arbeiten verrichtet: »Wenn die sel. Elisabeth Kochtöpfe säuberte und wegen anderer Beschäftigung der Mägde einfache und armselige Speisen aus Kräutern oder Hülsenfrüchten ohne Gewürz und unschmackhaft, so gut sie es konnte, selbst zubereitete oder wegen zu dürftiger Kleidung unter Kälte litt, kam sie oftmals dem schwachen Feuer zu nahe. Sie hatte nämlich ihre Kleider ohne Rücksicht auf sich selbst an die Armen verschenkt. Da geschah es dann manchmal, dass sie bei der Arbeit ihrer Hände – denn müßig wollte sie niemals sein – in Gebet oder Beschauung versunken mit Augen, Händen und Herz mehr dem Himmel zugewandt war (in dieser Haltung pflegte sie stets zu beten, wenn sie allein war) und eine Flamme oder ein Funke ihre armseligen Kleider ergriff, große Löcher hineinbrannte und sie verdarb. Aber sie bemerkte den Brand nicht, bis eine der Mägde zurückkehrte, den Geruch wahrnahm und das Feuer ausschlug. Elisabeth, durch die lauten Vorwürfe der Mägde wieder zu sich gekommen, suchte hier und dort einfache abgewetzte Lappen jeglicher Farbe zusammen, nähte sie eigenhändig an und beseitigte den Brandschaden so gut wie möglich. In dieser Weise besserte sie auch alte, zerrissene Stellen ihres verschlissenen Gewandes aus, indem sie es, obwohl der Nadel unkundig, mit billigen Fetzen flickte.«

Nächsten. Erfüllt von ihrem tiefen Glauben und religiösem Eifer nahm sie die niedrigsten Arbeiten im Hospitalbereich und die unangenehmsten Verrichtungen bei der Krankenpflege bereitwillig, ja fröhlich auf sich – sogar die harten Bußübungen bis hin zur blutigen Geißelung, die Konrad von Marburg ihr auferlegte. Dennoch war nicht – wie oft erzählt wird – die allgemeine körperliche Erschöpfung die Hauptursache für den frühen Tod der Vierundzwanzigjährigen, sondern wohl eher eine schwere Infektion, an der auch Magister Konrad erkrankt war. Elisabeth starb am Morgen des 17. November 1231 und wurde drei Tage später vor dem Altar in der Kapelle ihres Hospitals beigesetzt.

Die Heiligsprechung

Schon am folgenden Tag soll sich an ihrem Grab ein Wunder ereignet haben. Die Kunde davon und von weiteren Wundern (allein 175 wurden vor der Heiligsprechung protokolliert!) bestärkte alle, die davon hörten, in der Überzeugung, dass hier eine Heilige gestorben war, zu der man nun wallfahrten könne, um Hilfe zu erbitten. Die Pilgerbewegung nahm in kurzer Zeit solche Ausmaße an, dass schon im Frühjahr 1232 das Fundament zu einer größeren Kirche gelegt wurde, mit den für eine Hospitalkirche stattlichen Maßen von 10 × 34 m. Gleichzeitig bemühte sich Konrad von Marburg um die Kanonisation Elisabeths. Er war inzwischen vom Papst auch mit der Ketzerverfolgung beauftragt worden, die er ohne Ansehen der Person so unerbittlich betrieb, dass ihn Ritter, die sich von ihm bedroht fühlten, im Juli 1233 nahe bei Marburg ermordeten.

Dennoch wurde das Heiligsprechungsverfahren auf Betreiben der landgräflichen Familie bald fortgesetzt und dank übereinstimmender Interessen der Beteiligten, aber auch aufgrund überzeugender Beweisführung in erstaunlich kurzer Zeit abgeschlossen. Neu im Spiel war dabei der Deutsche Orden, dem das Marburger Hospital von Landgraf Heinrich Raspe übertragen worden war, obwohl es nach dem Willen Elisabeths zunächst die Johanniter übernommen hatten. Die Verbindung der Ludowinger zum Deutschen Orden hatte Tradition, denn Landgraf Hermann I. war schon 1197 in Akkon bei der Umwandlung der Spitalsbruderschaft in einen Ritterorden dabeigewesen. Und 1234 trat Landgraf Konrad, der Bruder Heinrich Raspes, selbst in den Orden ein, der der landgräflichen Familie zahlreiche Schenkungen verdankte. Papst Gregor IX. als Dritter im Bunde hoffte, dass die neue Heilige mit ihrem Lebensweg der weitverbreiteten kirchenkritischen Armutsbewegung ein Vorbild mit disziplinierender Wirkung sein werde. Und Kaiser Friedrich II. befürwortete die Heiligsprechung ohnehin, da sowohl die Ludowinger als auch der Deutsche Orden zu seinen treuesten Parteigängern zählten. So kam es, dass bei der abschließenden Zusammenkunft von Kaiser, Papst und Landgraf in Perugia am 27. Mai 1235 das Verfahren abgeschlossen und Elisabeth heiliggesprochen wurde.

Der Kaiser am Grab Elisabeths

Niemals vorher oder nachher hat ein Ereignis so viel weltliche und geistliche Prominenz sowie einfaches Volk in Marburg zusammengeführt wie die Translatio der heiligen Elisabeth am 1. Mai 1236: Kaiser Friedrich II. und sein achtjähriger Sohn Konrad IV. waren gekommen, ebenso der Deutschordensmeister Hermann von Salza, die Erzbischöfe von Mainz, Trier, Köln und Bremen, der Bischof von Hildesheim und eine große Zahl anderer, nicht namentlich genannter Bischöfe. Natürlich war auch die landgräfliche Familie dabei: Landgraf Heinrich Raspe und sein Bruder, Landgraf und Ordensritter Konrad, Elisabeths vierzehnjähriger Sohn Hermann und ihre Schwiegermutter, Landgräfin Sophie, ferner thüringische und andere Adelige sowie Äbte, Prälaten und Kleriker in großer Zahl und schließlich, wie es in einem Bericht heißt, »eine überquellende und herbeigeströmte Menge, die so stark war, daß man sie nicht leicht schätzen konnte«. All das war ein Hinweis darauf, welches Ausmaß die Elisabeth-Verehrung schon kurz nach ihrem Tod angenommen hatte.

Der Stauferkönig Friedrich II., seit 1220 römisch-deutscher Kaiser, hielt sich in seiner gesamten Regierungszeit (1212–1250) nur dreimal nördlich der Alpen auf. Der Besuch in Marburg 1236 gehört zu seinem dritten und letzten Aufenthalt in Deutschland. Im Frühjahr 1236 kam er mit großem Gefolge aus Speyer nur für einen Tag nach Marburg. Das zeigt, welche Bedeutung er der Translatio der Heiligen beimaß. Am nächsten Tag war er schon wieder auf dem Rückweg, denn seine Anwesenheit in Wetzlar am 2. Mai ist urkundlich belegt.

Ein zeitgenössischer Chronist berichtet, dass der Prior des Deutschen Hauses zu Marburg drei Tage vor der Ankunft des Kaisers nachts zusammen mit sieben Ordensbrüdern das Grab Elisabeths geöffnet habe, um die Translatio vorzubereiten. Er habe den Leichnam der Heiligen, der unverwest und wohlriechend gewesen sei, in Purpur gehüllt, in einen Bleisarg gebettet

Elisabethstatue am Goldenen Schrein in der Elisabethkirche (vor 1250).

und das Grab wieder verschlossen. Bei dieser nächtlichen Aktion zur Vorbereitung der feierlichen Zeremonie trennte man den Kopf Elisabeths vom Rumpf und präparierte den Schädel sorgfältig für seine künftige Bestimmung als Reliquie.

Die eigentlichen Feierlichkeiten begannen in der Morgendämmerung des 1. Mai. Der Kaiser, in ein Büßergewand gekleidet, erschien barfuß mit seinem Gefolge. Für den liturgischen Ablauf war der Erzbischof von Mainz zuständig, in dessen Diözese Marburg lag. Ihm assistierten der Erzbischof von Trier und der Hildesheimer Bischof Konrad. Der Kaiser legte selbst Hand an bei der Hebung der Grabplatte und schmückte das Haupt Elisabeths mit einer goldenen, edelsteinverzierten Krone. Nicht weniger kostbar war der goldene Becher, den er als Geschenk hinzufügte. Dabei handelte es sich um ein prachtvolles Trinkgefäß aus ottonischer Zeit, eine in Gold gefasste, aus einem einzigen Stück Achat geschnittene Schale, groß genug, um den Schädel Elisabeths aufzunehmen. Krone und Schale, durch

Goldschmiede schon bald darauf kunstvoll vereinigt, dienten in der Folgezeit als kostbares Reliquiar, das sich nach wechselvoller Geschichte heute im Staatlichen Museum in Stockholm befindet. Marburg als viel besuchter Wallfahrtsort nahm nun für lange Zeit eine Sonderstellung unter den hessischen Städten ein. Rückblickend urteilte der Chronist Wigand Gerstenberg 1506: »Aber ess wart balde hirna eyne gute stad, wante sent Elisabeth brachte den von Marburg alle selikeyd unde glucke.«

Der Beginn der Wallfahrten und der Bau der Wallfahrtskirche
Die Zukunft des Hospitals war aber noch unsicher. Elisabeth hatte es den Johannitern übertragen. Dem widersprachen ihre Schwäger Heinrich Raspe und Konrad. Sie übertrugen es dem Deutschen Orden, der die Möglichkeiten, die sich ihm hier eröffneten, richtig einschätzte. Verbunden damit war auch die Übereignung weiterer Ländereien. Hinzu kamen die Einkünfte aus dem Patronat über die Marburger Kirchen. Welchen Anteil die Spenden der Pilger an der Absicherung des Hospitals und der Finanzplanung für das neue ehrgeizige Bauvorhaben hatten, ist leider nicht überliefert.

Noch 1235, also kurz nach der Heiligsprechung, hatte der Orden, unterstützt durch einen päpstlichen Ablass für alle Förderer, mit dem Bau einer Ordens- und Wallfahrtskirche begonnen, in die die ursprüngliche Grabstätte der Heiligen einbezo-

PILGERREISEN – TOURISMUS IM MITTELALTER

ZEITZEUGE

»Nicht nur aus den Kirchenprovinzen Mainz und Trier, sondern auch aus den weiter entfernten Provinzen Köln, Bremen und Magdeburg kamen bekanntlich unzählige Menschen nach Marburg, um hier zu beten und Heilung zu finden. Pilgerscharen, die sich auf dem Rückweg befanden, kamen Neuankommende entgegen, sodass es ein ständiges Kommen und Gehen war. Wer Heilung erlangt hatte, tat die Gnade Gottes den Ankommenden kund. Reiche Spenden wurden dargebracht, mit denen eine steinerne Kirche über dem heiligen Grab der Elisabeth errichtet wurde ... Nur mit größter Mühe konnte man die Kirche betreten oder verlassen.« So berichtet der Augenzeuge Caesarius von Heisterbach aus dem Jahr 1233.

gen wurde (heute erkennbar an dem von der Hauptachse der Kirche abweichenden Mausoleum im Nordchor). Der Entwurf für diese Kirche war erstaunlich und kühn, nicht nur wegen der ungewöhnlichen Größe, sondern auch wegen des modernen Baustils, der den gotischen Kathedralen in Frankreich nacheiferte und gerade eben auch in Trier und Magdeburg angewandt wurde. Aber während sich in Magdeburg die Arbeiten noch lange hinzogen, konnte in Marburg die erste frühgotische Hallenkirche, deren Finanzierung gerade in den ersten Jahrzehnten dank intensiver Spendenwerbung auch in anderen Diözesen gesichert war, nach nur 48 Jahren vollendet und am 14. August 1283 geweiht werden. Nur an der Westfassade mit den beiden 80 m hohen Türmen wurde noch bis etwa 1340 gearbeitet.

Auch in der Stadt oben herrschte in dieser Zeit rege Bautätigkeit, die zur zweiten großen Stadterweiterung führte und um 1260 mit der erneuten Verlagerung des Mauerrings nach Westen die Größe der Kernstadt für 600 Jahre festlegte. Dieser Bauboom war eine Folge des großen Pilgeransturms, der ja nicht nur Spenden zur Finanzierung des Kirchenbaus in die Kasse des Deutschen Ordens fließen ließ, sondern ebenso – ähnlich wie heute der Tourismus – Gastronomie und Beherbergungswesen in der Stadt förderte. Noch stärker aber trug die politische Entwicklung zum Aufblühen der Stadt bei, denn in der Mitte des 13. Jhs. tauschte Marburg seinen bisherigen Status als periphere Bastion im äußersten Westen des thüringischen Machtbereichs ein gegen die neue Funktion als Zentrum und Ausgangspunkt für die Entstehung eines eigenständigen Herrschaftsbereichs.

Sophie von Brabant und Heinrich das Kind

Als 1239 Landgraf Konrad als Nachfolger Hermann von Salzas zum Hochmeister des Deutschen Ordens gewählt wurde und 1246 Landgraf Heinrich Raspe als Gegner Friedrichs II. sogar die Königskrone erlangte, schien sich der Aufstieg der Ludowinger unaufhaltsam fortzusetzen. Aber dem Aufstieg folgte jeweils kurz darauf der jähe Absturz. Konrad starb 1240 und Heinrich Raspe – nach dritter Ehe kinderlos – 1247. Elisabeths Sohn Hermann, der nach Erreichen seiner Volljährigkeit 1238 als »jüngerer Landgraf« wohl von seinem Onkel die Verwaltung der hessischen Territorien erhalten hatte, war bereits 1241, nur 19 Jahre alt, gestorben. Damit war die Erbfolgefrage offen.

Der Streit um das thüringische Erbe

Den ersten Anspruch erhob der Wettiner Markgraf Heinrich der Erlauchte von Meißen, dessen Mutter Jutta eine Stiefschwester Heinrich Raspes war. Ihm hatte der Kaiser 1243 die Nachfolge zugesichert, allerdings war diese Zusage anfechtbar, da es sich nur um eine Eventualbelehnung handelte. Daher forderte Elisabeths Tochter Sophie, die mit Herzog Heinrich II. von Brabant verheiratet war, das landgräfliche Erbe für ihren dreijährigen Sohn Heinrich, *das Kind von Hessen*. Auf die Nachricht vom Eintritt des Erbfalls eilte Herzog Heinrich nach Hessen, wo er im Mai 1247 in Marburg einen Altar für den Nordchor der noch unfertigen Elisabethkirche stiftete. Durch weitere urkundlich belegte Maßnahmen bekräftigte er den Erbanspruch für seinen Sohn. Als er 1248 überraschend starb, trat Sophie an seine Stelle und handelte unmissverständlich als Regentin. Das Siegel an der ersten Urkunde in Hessen trug die Inschrift: *Siegel Sophias, der Tochter der heiligen Elisabeth, Herzogin von Brabant und Herrin Hessens*. Auch die Anfangsformel der ersten von ihr in Marburg ausgestellten Urkunde, in der sie dem Deutschen Orden ihren Schutz zusagte und ihm alle Schenkungen bestätigte, ließ an ihrem Herrschaftsanspruch keinen Zweifel: *Herrin von Thüringen und Hessen* nannte sie sich, denn im Streit mit den Wettinern ging es ihr natürlich um das thüringische Gesamterbe. Aber auch der Besitz Hessens war bedroht, da der Erzbischof von Mainz nach dem Aussterben der Ludowinger das hessische Lehen endlich einziehen wollte. Das betraf allerdings nicht Oberhessen mit Marburg, das Eigenbesitz (Allod) der Thüringer war, sondern Niederhessen mit Kassel.

Dass Sophie 1248 in einer eindrucksvollen Szene am Marburger Marktbrunnen die Marburger Bürger veranlasst habe, ihrem Söhnchen Heinrich zu huldigen, und damit das Land

Hessen begründet habe, wie es die Bronzetafel heute am neuen Marktbrunnen verkündet, ist nur eine schöne Legende. Eine historische Tatsache aber ist, dass Marburg Sophie von Anfang an eine günstige Ausgangsbasis bot. Die Burg war ihr sicher und die Bürger der Stadt fühlten sich der Tochter der heiligen Elisabeth, die sie ja selber noch erlebt hatten, verbunden. Besonders wichtig aber war die Unterstützung durch den Deutschen Orden, nicht nur weil er über Kirche und Grab der Heiligen Elisabeth wachte, sondern auch, weil die hervorragend ausgestattete Kommende Marburg Schwerpunkt seiner Besitzungen im Westen war, während er im fernen Osten bei den Pruzzen neuen Territorialbesitz erkämpfte. Zahlreiche Ordensritter kamen aus dem hessischen Adel und sicherten Sophie die Unterstützung durch ihre Familien zu.

Es ist erstaunlich, mit welcher Tatkraft die vierundzwanzigjährige Herzogin von Brabant den Kampf um das Erbe für ihren Sohn aufnahm und in den Folgejahren mit und gegen unterschiedliche Machtkonstellationen zielstrebig zu Ende führte. Dabei scheute sie weder vor kriegerischen Auseinandersetzungen zurück, noch ließ sie sich von der Verhängung des Banns gegen sich und ihren Sohn abschrecken. Die von Sophie zum Schutz gegen die ständige Mainzer Bedrohung erbaute Burg Frauenberg, heute als Ruine ein beliebtes Ausflugziel der Marburger, erinnert an jene kriegerische Zeit.

Das Ergebnis ihres langjährigen Einsatzes wurde durch Verträge 1263 mit dem Erzbischof von Mainz, der ihr und Heinrich alle Mainzer Lehen übertrug, und 1264 mit dem Markgrafen von Meißen besiegelt, der dafür, dass Sophie auf Thüringen verzichtete, die Herrschaft Heinrichs in Hessen anerkannte. Noch aber fehlte die Anerkennung als Landgraf, die Heinrich dem Wettiner als Reichsfürst gleichgestellt hätte. Es dauerte noch fast 30 Jahre, in denen er seinen Herrschaftsanspruch durch kluges Regieren und kriegerische Tüchtigkeit rechtfertigte, bis ihn König Adolf von Nassau 1292 in den Landgrafenstand erhob. Das hat Sophie nicht mehr erlebt. Sie starb 1275 in der Marburger Residenz und wurde in der Abtei Villers in Brabant neben ihrem Mann begraben.

Stadtherr und Stadtgemeinde – Politik und Wirtschaft (13.–15. Jahrhundert)

Pflichten und Rechte der Bürger

Im 12. und 13. Jh. kam es in den deutschen Territorien zu zahlreichen Städtegründungen, die überwiegend auf die Initiative ehrgeiziger regionaler Machthaber zurückgingen. Kaufleute und Handwerker siedelten sich bereitwillig im Schutz einer Burg oder an verkehrsgünstig gelegenen Plätzen an, wo ihnen ein Markt Handel und Umsatz versprach. Bauern, die in den unruhigen, fehdereichen Zeiten in der Stadt Schutz suchten, verstärkten als Ackerbürger die Einwohnerzahl. Für das gedeihliche Zusammenleben in einer Stadt mussten Rechte und Pflichten definiert und verbindlich festgelegt sowie bei Missachtung Sanktionen angedroht und vollstreckt werden. In der Regel verlieh der jeweilige Landesherr den aufstrebenden Orten dafür eine Art Grundgesetz: das Stadtrecht, das jedoch keineswegs für alle Städte gleich war und für alle Zeiten Gültigkeit behielt, sondern, wenn sich die Machtverhältnisse aus politischen, wirtschaftlichen oder sozialen Gründen verschoben, den neuen Gegebenheiten angepasst wurde – oft erst nach heftigen, auch gewalttätigen Auseinandersetzungen.

Für die Frühzeit Marburgs gibt es zwar kein schriftlich überliefertes Stadtrecht, aber doch zahlreiche Hinweise darauf, dass es ein solches wohl spätestens seit dem Ende des 12. Jhs. gegeben hat: Markt, Münzprägung und Mauerbau gehören dazu, ebenso die Bezeichnung als *civitas/Stadt* 1222 und das Vorhandensein eines eigenen Stadtsiegels 1244 mit der von Selbstbewusstsein zeugenden Inschrift SIGILLUM BURGENSIUM DE MARBURG (»Siegel der Bürger von Marburg«). Die oberste Gewalt – und das galt besonders für Gerichtsverfahren und die Festsetzung von Abgaben – hatte stets der Landgraf bzw. der von ihm beauftragte Burgmann oder Schultheiß (1228 zum ersten Mal erwähnt) mit den zwölf vom Landgrafen

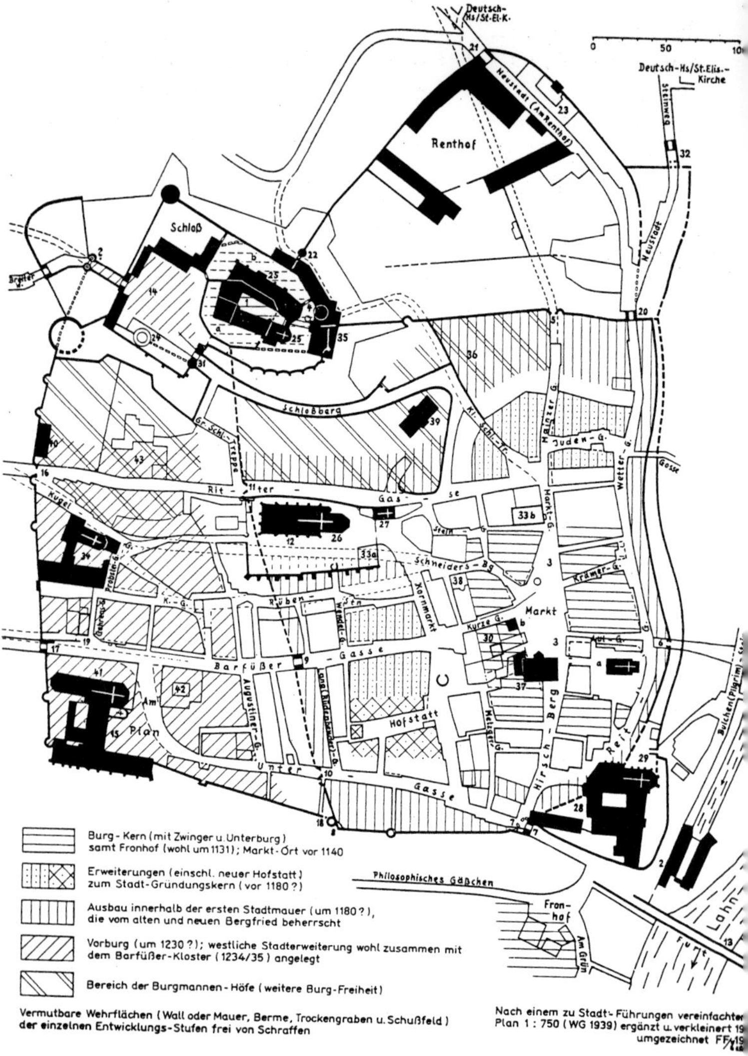

Burg, Alt- und Neustadt von Marburg an der Lahn im 12./13. Jahrhundert (Zeichnung von Willi Görich).

auf Lebenszeit ernannten, erstmals 1233 erwähnten Schöffen, die aus den reichen Familien der Stadt stammten. Unter dem Vorsitz des Schultheißen saßen die Schöffen zu Gericht und bildeten das Verwaltungsgremium der Stadt. 1284 wird erstmals ein Bürgermeister genannt, der, von den Schöffen aus ihrem eigenen Kreis gewählt, wohl in der Folgezeit zunehmend die Einflussnahme des landesherrlichen Schultheißen auf die Stadtverwaltung zurückdrängte. Da residierte Landgraf Heinrich I. aber schon nicht mehr oben im Schloss, zu dem die vorher nur zu Verteidigungszwecken dienende Burg ausgebaut worden war. Er hatte seinen Regierungssitz 1277 nach Kassel verlegt, in das – neben Marburg – zweite politische Zentrum Hessens, um die Bedrohung Niederhessens durch den Erzbischof von Mainz wirksamer abwehren zu können.

Interessant ist die erste erhaltene Stadtrechtsurkunde von 1311. Sie stammt von Bischof Ludwig von Münster, der von seinem Bruder, Landgraf Otto I., u. a. mit Burg und Stadt Marburg versorgt worden war. Als neuer Stadtherr legte er fest, dass »seine lieben und getreuen Bürger von Marburg ... und die von Weidenhausen, vom Pilgrimstein, der Neustadt und wer sonst noch zur Pfarrei Marburg gehört« ihm zusammen als Jahressteuer 300 Mark Kölner Pfennige zahlen sollten. Gleichzeitig verzichtete er großzügig auf jegliche Erhöhung, solange er lebe, und auf die Zahlung, falls die Stadt durch Brand oder anderes Unglück heimgesucht werde. Schon wenige Jahre später trat ein solcher Fall ein, als 1319 eine Feuersbrunst der Stadt großen Schaden zufügte.

Aufgebracht wurde die Summe, die der Stadtherr von der Bürgergemeinde forderte, durch die Erhebung von zwei verschiedenen Steuern: das Feuergeld, auch Herdschilling genannt, das in der Regel jeder Haushalt zahlen musste, und das sogenannte Geschoss, eine Abgabe, die sich nach dem Vermögen des einzelnen Bürgers oder Einwohners richtete, der darüber unter Eid Rechenschaft ablegen musste. Der Vermerk *iuravit nihil* in den städtischen Rechnungsbüchern bedeutete, dass der Betreffende geschworen hatte, kein besteuerbares Vermögen zu besitzen. Meineid wurde streng bestraft!

Außerdem kam je nach Geldbedarf des Landgrafen noch die Bede hinzu, die von ihm zweimal jährlich – etwa zur Finanzierung von Kriegslasten oder zur Schuldentilgung – »erbeten« und keineswegs immer bereitwillig von der Bürgerschaft aufgebracht wurde, manchmal sogar gewalttätigen Widerstand hervorrief – allerdings weniger in der Stadt Marburg als in anderen hessischen Städten, wie z. B. Kassel und Grünberg.

Immer wenn es um Abgaben ging, gab es ein Problem: Privilegierte Bürger waren von der Steuerzahlung befreit. Dazu gehörten die Burgmannen und landgräflichen Beamten sowie alle Geistlichen, Kirchen und Klöster. Da aber viele Bürger aus Sorge um ihr Seelenheil und aus Wohltätigkeit aus ihrem Besitz Schenkungen und fromme Stiftungen an Kirchen und Klöster machten, verringerte sich das steuerpflichtige Vermögen bedrohlich. Der berechtigten Forderung nach Einschränkung der Privilegien kam der Stadtherr durchaus nach. So bestimmte Bischof Ludwig 1331, dass alle »paffen, moniche, nunnen odir beckinen« in Marburg die gleichen Abgaben leisten sollten wie die anderen Bürger. Ähnliche, noch weitergehende Bestimmungen finden sich auch im Stadtrecht, das Landgraf Heinrich II. nach dem Tod Bischof Ludwigs 1357 neu festlegte: Neben der Verpflichtung, Steuern zu zahlen wie die übrigen Einwohner, wurde auch angeordnet, dass übereigneter Grundbesitz binnen Jahresfrist wieder an Marburger Bürger zu verkaufen sei, der dann wieder der üblichen Besteuerung unterliege. 1375 bestimmte Heinrich erneut, dass reguläre wie zusätzliche Steuern, also Bede, Geschoss und Ungeld, ohne Unterschied von allen »sii sin geystlich adir werntlich« zu zahlen seien.

Die Veränderungen des Marburger Stadtrechts im Mittelalter lassen immer wieder die Machtverschiebungen zwischen Patriziern, Zünften und einfachem Volk erkennen, die je nach allgemeiner politischer Lage von den Landgrafen gesteuert oder auch nur bestätigt wurden. Vereinfachend lässt sich sagen, dass zumindest in ruhigen Zeiten ein Ausgleich geschaffen wurde zwischen dem Schöffenkollegium, das sich aus dem Patriziat der reichen Familien rekrutierte, und dem Rat, der die Interessen der Zünfte und der Gemeinde vertrat. Deutlich wird dies daran, dass Rat und Schöffen gleichsam über Kreuz jeweils den Vertreter der anderen Partei zum Bürgermeister bzw. zum Unterbürgermeister, auch Ziegenbürgermeister genannt, zu wählen hatten. Mit

Wolf-Henning Petershagen

Ulm & Neu-Ulm

Kleine Stadtgeschichte

Mit der *Kleinen Stadtgeschichte* bietet Wolf-Henning Petershagen eine Zusammenschau der Entwicklung der beiden Städte – kompakt und fundiert, für Bewohner und Besucher.

192 S., 44 z. T. farb. Abb., kart.
ISBN 978-3-7917-3039-4
auch als eBook

Detlef Jena

Weimar

Kleine Stadtgeschichte

›Weimarer Klassik‹ und ›Bauhaus‹ zählen heute zum UNESCO-Welterbe. Detlef Jena liefert einen neuen Blick auf die Kulturstadt und ihre reiche Geschichte – originell, kurzweilig und kenntnisreich.

192 S., 39 z. T. farb. Abb., kart.
ISBN 978-3-7917-3084-4
auch als eBook

Bernd Blisch

Kleine *Wiesbadener* Stadtgeschichte

160 S., 40 Abb., kart.
ISBN 978-3-7917-2327-3

Jochen Bepler

Kleine *Wolfenbütteler* Stadtgeschichte

192 S., 35 Abb., kart.
ISBN 978-3-7917-2328-0

Volkmar Wittmütz

Kleine *Wuppertaler* Stadtgeschichte

176 S., 35 Abb., kart.
ISBN 978-3-7917-2523-9
auch als eBook

verlag-pustet.de

PUSTET.GESCHICHTE

REICH UND UNABHÄNGIG: DER DEUTSCHE ORDEN

Problematisch war die Stellung des Deutschen Ordens, der wegen seiner engen Verbindung zur Heiligen Elisabeth bevorzugter Adressat für Schenkungen frommer Bürger war. Daher gelang es ihm auch im Laufe der Zeit allen Einschränkungsversuchen zum Trotz, seinen Besitz in der Stadt immer weiter auszubauen. Dazu gehörten auch die Zahlungen und Sachabgaben, die zu seinen Gunsten auf vielen Häusern der Stadt lasteten. Um 1450 z. B. erhielten die Deutschordensherren jährlich u. a. 148 verschiedene Abgaben von Häusern, 149 von Gärten, 12 von Feldern und obendrein 89 Fastnachtshühner. Ohnehin hatte das Tutschin hus, das Deutsche Haus, vor den Toren der Stadt, verglichen mit den anderen geistlichen Orden wie Franziskanern oder Dominikanern eine privilegierte Stellung: Sein Bezirk rund um die Elisabethkirche war exempt, also nicht dem Landgrafen untertan. Daher half es auch wenig, wenn sich die Stadt wiederholt beim Landgrafen über die wirtschaftliche Konkurrenz beschwerte, weil unten im Deutschen Haus Wein und Bier verkauft wurden, der Stadt also dadurch der für ihre Kasse wichtige Weinpfennig entging, den die Wirte oben in der Stadt entrichten mussten. Aber der Wein des Deutschen Ordens schmeckte offensichtlich besser, denn die Besitzungen der Ballei Hessen, deren Verwaltungszentrum die Komturei in Marburg war, reichten bis in die Weinregionen an Main und Rhein, während der Rebensaft aus dem Weinberg oberhalb der Ketzerbach nicht unbedingt etwas für Genießer war. Ob Verbote des Landgrafen – wie das von 1395, das den Bürgern bei Strafandrohung untersagte, im Deutschen Haus Wein oder Bier zu kaufen – viel genutzt haben, ist nicht überliefert.

der Einrichtung des Kollegiums der Vierer, die nicht zu den Schöffen gehörten, sondern meistens Zunftmitglieder waren, wurden um 1384/85 die Einflussmöglichkeiten der nichtpatrizischen Einwohnerschaft erweitert. Diese nach vorangegangenen Unruhen im Stadtrecht von 1428 endgültig festgeschriebene »demokratische« Regelung sicherte fortan die Kontrolle im Markt-, Bau- und Finanzwesen, also der wichtigsten Stadtämter. Wer sich als Vierer wählen lassen wollte, musste es sich allerdings leisten können, nicht den ganzen Tag seinem Beruf nachzugehen. Das setzte gesicherten Wohlstand voraus, der den Amtsinhaber möglicherweise anfällig machte für eine Annäherung an die Gruppe der Schöffen. Nach wie vor aber waren alle Amtsinhaber von der Bestätigung durch den Landgrafen abhängig.

Voraussetzung für die Teilhabe am politischen Leben war das Bürgerrecht, dessen Erwerb an den Nachweis wirtschaftlicher Unabhängigkeit – etwa durch Hausbesitz – gebunden war. Außerdem war eine bestimmte Summe an die Stadt zu zahlen und das Versprechen abzulegen, alle Pflichten gegenüber der Stadt getreulich zu erfüllen. Gegen Ende des 14. Jhs. ließ die Stadt deutliches Interesse an der Aufnahme von Neubürgern erkennen. In einem Erlass von 1395 heißt es, die Stadt solle jeden als Bürger aufnehmen, wie, wann oder woher er komme. Und wenn er nicht in die Stadt hineinkommen könne (gemeint ist wohl: nach Schließung der Stadttore), aber seinen Fuß unter der Pforte hindurch in die Stadt strecke und das Bürgerrecht begehre, dann solle man ihn aufnehmen, sofern er nicht mit jemandem in Fehde lebe, einer Amtsunterschlagung schuldig sei oder Steuerschulden habe.

Handel und Gewerbe – die Basis wirtschaftlicher Blüte

Die erste Keimzelle Marburgs war der Markt. Von den Ludowingern gezielt gefödert und verkehrsgünstig gelegen an den Verbindungsachsen Leipzig–Köln und Frankfurt–Norddeutschland, mit einem günstigen Übergang über die Lahn, dazu im Schutz einer Burg, bot der Ort im 12. Jh. Kaufleuten und Handwerkern genug Anreiz, sich hier anzusiedeln. Der erstaunliche Aufschwung, durch die Elisabeth-Verehrung und den Status als landgräfliche Residenz noch einmal verstärkt, dauerte an bis in das 14. Jh. Die Verlegung des Regierungsmittelpunktes nach Kassel und die Vergabe der Stadt – immerhin für über 40 Jahre – an den Bischof von Münster hatten zwar einen Verlust an politischer Bedeutung zur Folge, der aber ausgeglichen wurde durch die solide wirtschaftliche Basis, die Handel und Handwerk gelegt hatten und die ihren sichtbaren Ausdruck in der städtebaulichen Entwicklung fand. Deutliche Zeichen dafür wa-

Nur reiche Bürger konnten sich den Bau eines Steinhauses erlauben: Markt 18 wurde nach dem Stadtbrand von 1319 errichtet.

ren die Errichtung des Franziskanerklosters, des Dominikanerklosters und besonders der Bau der mächtigen Pfarrkirche St. Marien (Weihe des gotischen Chores 1297). Am Marktplatz stand ein großes Kaufhaus, das zugleich als Warenhalle und Rathaus diente. Als es dem großen Stadtbrand von 1319 zum Opfer fiel, wurde die Kapelle des 1290 erbauten Kerners, des steinernen Beinhauses an der Pfarrkirche, zur Ratsstube umgewandelt. Nimmt man den in Dimension und Ausstattung mit der Wartburg konkurrierenden Umbau der Burg zum wohnlichen Residenzschloss hinzu – neu entstanden die Schlosskapelle (1288 geweiht), der Landgrafenflügel im Süden, der Frauenbau im Westen und der zweigeschossige Saalbau mit dem imposanten Fürstensaal im Norden –, dann muss Marburg von der Mitte des 13. bis zur Mitte des 14. Jhs. eine große Baustelle gewesen sein. Denn dazu kamen ja auch noch die Bauprojekte der Bürger und der Stadt sowie nach der Brandnacht von 1319 der Wiederaufbau. Soweit es sich um Steinbauten wie Markt 18 handelte, baute man »modern«, also gotisch, so wie es exemplarisch von den Spezialisten der Bauhütte an der Elisabethkirche vorgeführt wurde. Als Vorbild beeinflusste sie auch die Kirchenbauten in der Nachbarschaft wie in Wetter, Frankenberg oder Wetzlar.

Die Oberschicht: Wollweber und Tuchhändler

Ausschlaggebend für die wirtschaftliche Blüte Marburgs seit dem 13. Jh. war infolge der Zuwanderung niederländischer und rheinischer Weber die Textilproduktion und -vermarktung. Wollweber und Tuchhändler gaben für lange Zeit den Ton an. Im 14. Jh. erreichte die Marburger Tuchproduktion ihren Höchststand. Marburg gehörte auf diesem Sektor zu den führenden Städten des mittelrheinisch-hessischen Raumes, neben Speyer, Mainz, Kreuznach, Frankfurt, Seligenstadt, Königstein, Friedberg, Montabaur und Limburg. Der Fernhandel wurde über die zweimal jährlich stattfindende Messe in Frankfurt abgewickelt. Dort mieteten z. B. 1421 die Marburger Wollweber für 20 Messen, also für zehn Jahre, von dem einst in Marburg ansässigen Bürger *Siegfried zum Paradiese* das Haus *Zum Paradiese* an. Dieses bot ausreichend Platz für Verkaufsstände und außerdem 52 Betten für Zunftmitglieder. Da ein Schläfer in der Regel keinen Anspruch auf alleinige Benutzung eines Bettes hatte, dürfte die Zahl der Messeteilnehmer aus Marburg deutlich über 52 gelegen haben. Über den Messeplatz Frankfurt gelangten Marburger Tuche im 14. Jh. nachweislich bis nach Straßburg und Basel, im 15. Jh. bis Solothurn, München, Wien und Krakau.

Der großen Bedeutung dieses überwiegend exportorientierten Wirtschaftszweiges entsprechend enthalten die Stadtrechtsurkunden wiederholt detaillierte Bestimmungen zur Aufgabenverteilung, wie: »so wol wir unde gebiten, daz swer gewant mache (also Tuch herstellt), der insal ez nich sniden (also nicht auch weiter verarbeiten), unde wer iz snidet, der insal keinz machen« (Stadtrecht von 1311). Dadurch sollte das gedeihliche Nebeneinander der Zünfte erhalten und ruinöser Wettbewerb verhindert werden.

Bevorzugter Sitz der Wollweber war Weidenhausen. Dort stand auch ihr Zunfthaus. Selbstbewusst formulierten die Weidenhäuser 1365 ihre Regularien, die aber wohl ebenso für die Zunftmitglieder in den übrigen Stadtteilen Gültigkeit hatten. In sieben Artikeln wurden die Wahl der Zunftmeister, die Aufnahme neuer Mitglieder, die Erhebung von Umlagen, die Rechnungslegung bei der Neuwahl der Zunftmeister, die Aufforderung zur Streitschlichtung innerhalb der Zunft vor Anrufung des Gerichts und die Bestrafung bei Beleidigung der Meister geregelt. Und das alles, ohne eine Bestätigung seitens des Stadtherrn oder des Rats für nötig zu halten.

Neben den Wollwebern waren es die Kaufleute, deren Handelsbeziehungen über den lokalen und regionalen Bereich hinausgingen. Sie wickelten ihre Geschäfte in Messestädten wie Frankfurt, aber auch in Köln, Basel, Nürnberg und Leipzig ab. Gehandelt wurde, wie aus einem von Landgraf Hermann II. 1375 festgelegten Steuertarif hervorgeht, mit Weizen, Roggen, Gerste, Wein, Bier, Wolle, Stockfisch, Heringen und anderen Fischarten, mit Wachs, Tuchen aus Brabant, Aachen und Köln, Kupfer, Zinn, Messing, Erz, Blei, Eisen und Stahl, Alaun (Gerbmittel), Roden (roter pflanzlicher Farbstoff zum Färben), Leinen, Kleidungsstücken und Salz. Wahrlich eine stattliche Liste! Aber auch Waid (blaues Färbemittel aus Thüringen), Gewürze, Seilerwaren, Öl, Harz und Schuhe waren Handelsgüter.

Die zu Reichtum gekommenen Familien der Wollweber und Kaufleute bildeten die kleine städtische Oberschicht, in die nur selten der Aufstieg gelang, und wenn, dann nur durch Heirat und reichliches Vermögen. Aus ihr kamen die Schöffen, die nach ihrer Bestätigung durch den Landgrafen lebenslang im Amt blieben und die politischen Geschicke der Stadt bestimmten.

Die Zünfte

Die soziale Vielfalt Marburgs wurde vor allem geprägt durch die Zünfte, die eine wichtige Funktion im gesellschaftlichen, wirtschaftlichen, kulturellen und religiösen Leben der Stadt hatten und ihren Mitgliedern ein gewisses Maß an Lebenssicherheit garantierten. Auch die Verteidigung der Stadt und der Einsatz für den Landgrafen im Kriegsfall waren über die Zünfte geregelt. Nach einer Auflistung aus dem Jahr 1414 gab es zu Beginn des 15. Jhs. zwölf Zünfte, deren Bedeutung für das Gemeinwesen je nach Zahl der Mitglieder und ihren Vermögensverhältnissen unterschiedlich war. Neben den Wollwebern gab es die Zünfte der Bäcker, Fleischer, Schuhmacher,

Schneider, Lohgerber, Krämer, Vorhöker, Bender, Kanngießer, Spengler und Leinenweber. Reichte die Mitgliederzahl nicht oder infolge veränderter Wirtschaftsverhältnisse nicht mehr für eine eigene Zunft, dann kam es zum Anschluss an eine nahestehende Zunft oder zum Zusammenschluss zu einer neuen Zunft. So waren im 16. Jh. alle Metall verarbeitenden Berufe wie Huf-, Messer-, Nagel- und Kupferschmiede, Kupfergießer, Büchsenmacher, Harnischer, Sporenmacher, Schlosser, Uhrmacher und Seilwinder in der Schmiedezunft vereinigt.

Krisen und Kriege

Wirtschaftsbedingungen und Lebensumstände sind immer auch abhängig von der allgemeinen »Großwetterlage«. Das gilt für das Mittelalter in besonderem Maße. Sei es, dass aufkommende Seuchen mit schwerwiegenden Folgen sich schnell ausbreiteten oder Missernten zu Teuerung und Verelendung führten, sei es, dass ein Großbrand die Stadt vernichtete oder immer wieder feindliche Kriegsscharen vor den Stadtmauern standen. Für alle Bürger erwuchsen daraus Gefahren für Leib und Leben und nicht minder die Gefährdung der wirtschaftlichen Existenz. Nicht ohne Grund haben Todesangst und Seelennot in der mittelalterlichen Kunst so ergreifend ihren sichtbaren Ausdruck gefunden.

In der 1. Hälfte des 14. Jhs. erreichte in Marburg der im 13. Jh. begonnene wirtschaftliche Aufschwung vor allem dank des florierenden Tuchexports seinen Höhepunkt. Der erste Rückschlag durch den verheerenden Stadtbrand von 1319 wurde durch intensive Neubautätigkeit überwunden. Wer es sich leisten konnte, errichtete sein neues Haus zum besseren Schutz vor künftigen Bränden nun aus Stein, obwohl auch das keine absolute Sicherheit bot, wie das Beispiel des Patrizierhauses Markt 18 zeigt, das ebenfalls 1319 völlig zerstört wurde. Bei der Sanierung des 1323 neu errichteten Hauses, in dem oft landgräfliche Gäste an Tanzfesten teilnahmen, wurden 1975/77 überall Brandspuren entdeckt.

1347 brach in Marburg die Pest aus. Bis zu ihrem Abflauen 1351 forderte der Schwarze Tod in der Stadt, wie überall in

Europa, unzählige Opfer. Die Folge war ein empfindlicher Arbeitskräftemangel, der sich auf Handwerk und Handel negativ auswirkte und zu Preissteigerungen für gewerbliche Produkte führte, die wiederum den Absatz bei der Landbevölkerung erschwerten.

Weitere Beeinträchtigungen für Handel und Gewerbe brachten die kriegerischen Auseinandersetzungen mit sich, in die Landgraf Hermann II. zwischen 1367 und 1374 verwickelt war, als sich ein großer Teil des hessischen Adels im Sternerbund (so genannt nach dem sechszackigen Stern im Wappen des Bundeshauptmanns Gottfried von Ziegenhain) zusammengeschlossen hatte, um seine Selbstständigkeit zu behaupten. Im Verlauf des Sternerkrieges kam es 1373 auch zu einer Belagerung des Schlosses und der Stadt Marburg, die aber erfolgreich abgewehrt werden konnte. Die Marburger Bürger standen – anders als die von Kassel – mehrheitlich auf der Seite des Landgrafen. Der Chronist Wigand Gerstenberg berichtet über die Bedrängnis Hermanns II.: Als dieser einmal in Marburg am Marktbrunnen »mit weinenden Augen« klagte, dass für die wenigen Adeligen, auf die er noch zählen könne, ein kleines Brot ausreiche, um sie satt zu machen, da sollen die Bürger ihm ihre uneingeschränkte Unterstützung zugesagt haben. Konkret bedeutete das die Bereitschaft, mehr Abgaben zu zahlen und weiterhin Heeresfolge zu leisten. Dafür stärkte der Landgraf wiederholt ihre Stellung gegenüber den zwölf Schöffen (Gerichtswesen) und dem Rat (Verwaltung), wie dies besonders im Stadtrecht von 1428 zum Ausdruck kam.

Aber nicht alle Bürger waren mit der Entwicklung in der Stadt zufrieden. In der 2. Hälfte des 14. Jhs. ist eine verstärkte Abwanderung bisher tonangebender Familien aus Marburg in die freie Reichs- und Messestadt Frankfurt zu beobachten, wo sie das Bürgerrecht erwarben. Das hatte sicherlich politische, aber vor allem wirtschaftliche Gründe: schwindender Einfluss in Marburg sowie lokale und überregionale Veränderungen bei Produktion und Absatz. Interessant ist jedoch, dass gleichzeitig begüterte Familien aus kleineren Orten der Umgebung nach Marburg zuzogen, wo ihnen, wie der oben erwähnte Erlass von 1395 zeigt, der Erwerb des Bürgerrechts leicht gemacht wurde – vielleicht auch, weil die Lücken, die die Pest hinterlassen hatte, noch nicht geschlossen waren.

Ein verständlicher Grund für die Anziehungskraft der Stadt war der Schutz, den ihre Mauern boten, denn die letzten Jahrzehnte vor und die ersten nach 1400 waren erfüllt vom Kriegslärm der Auseinandersetzungen, die Landgraf Hermann II. bestehen musste, um sich gegen den Sternerbund und immer wieder von Neuem gegen die Erzbischöfe von Mainz zu behaupten, die nicht müde wurden zu versuchen, ihre alten Lehensansprüche auf hessische Territorien durchzusetzen. Das betraf vor allem Niederhessen, nicht aber Marburg, das zum Glück von direkter Kriegseinwirkung verschont blieb, wenn man von der permanenten Bedrohung durch die nahe Amöneburg absieht, deren mainzische Besatzung die Marburger wiederholt in blutige Händel verwickelte. Und natürlich musste die Stadt zu allen Kriegszügen des Landgrafen ihr Kontingent an Kriegsleuten mit entsprechender Ausrüstung stellen. Erst Hermanns Sohn, dem Landgrafen Ludwig I., gelang der entscheidende Schlag: In der Schlacht bei Großenenglis (nahe Fritzlar) fügte er 1427 den Mainzern eine schwere Niederlage zu, die den Erzbischof zum endgültigen Verzicht auf seine Vorherrschaftspläne zwang.

Das eroberte Mainzer Banner stiftete der Landgraf der Elisabethkirche, die inzwischen zur Grablege der landgräflichen Familie geworden war: Im Tod versammelten sich hier ihre Mitglieder, um der Heiligen möglichst nahe zu sein, nachdem sie sich im Leben, z. B. auf ihren Siegeln, stets stolz als Nachfahren der SANCTE ELIZABET oder BEATE ELYZABETH bekannt hatten. Seit dem 14. Jh. wurde bei wichtigen Verträgen die Berufung auf *Unsere Frau* üblich. 1469 wurde eine Urkunde ausgestellt im Namen der Dreifaltigkeit, der Jungfrau Maria *und unserer Hauptfrau, der heiligen Elisabeth*. Chronisten priesen Elisabeth als *Gloria Teutoniae* (Ruhm Deutschlands), und der hessische Elisabethtaler von 1502 zeigt auf der Vorderseite die Heilige mit Krone und ihrer Kirche und der Umschrift GLORIA REI PUBLICE (Ruhm des Landes). Wen wundert es da noch, dass in acht Generationen bis zu Philipp dem Großmütigen alle Landgrafen mindestens eine ihrer Töchter Elisabeth nannten. Bei Heinrich I. waren es von neun Töchtern sogar drei!

Das große Jahrhundert (1504–1604)

Hessen und Marburg am Beginn der Neuzeit

Es ist erstaunlich, wie konsequent die Herausbildung der Landesherrschaft in Hessen verlief. Wenn man die Entwicklung des Raums zwischen dem Gebiet an Fulda und Werra im Norden und Rhein-Main im Süden und zwischen Thüringen im Osten und Westfalen im Westen von der Mitte des 13. bis zum Ende des 15. Jhs., also über 250 Jahre hinweg, verfolgt, dann fällt auf, dass weder Erbteilungen noch vorübergehende Regentschaften, weder äußere noch innere Bedrohungen die Entstehung eines Territorialstaates aufhalten konnten, der an der

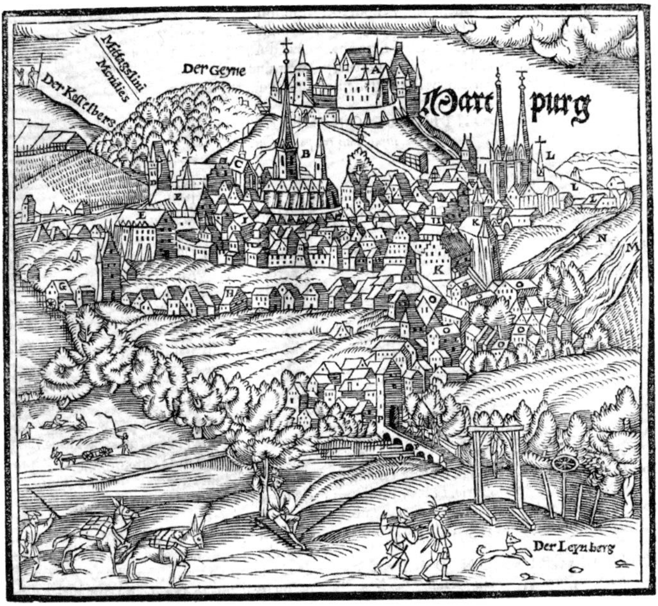

Marburg um 1550. Holzschnitt aus der Kosmographie von Sebastian Münster.

Schwelle zur Neuzeit dank seiner materiellen Ressourcen und seiner leistungsfähigen Verwaltungsstruktur gerüstet war, eine wichtige Rolle auf der deutschen und europäischen Bühne zu übernehmen. In der mittelalterlichen Endphase waren dafür von entscheidender Bedeutung die endgültige Überwindung der Mainzer Herrschaftsansprüche 1427, der Erwerb der Grafschaft Ziegenhain 1450 (und damit die Beseitigung des Sperrriegels zwischen Ober- und Niederhessen) und schließlich die Katzenelnbogener Erbschaft 1479, die nicht nur den Territorialbesitz bis zum Rhein-Main-Gebiet ausdehnte, sondern auch durch die damit verbundenen Rheinzölle eine solide Basis für die Staatsfinanzen legte.

Gleichzeitig rückte Marburg mit Beginn des neuen Jahrhunderts wieder stärker in den Mittelpunkt der hessischen Geschichte, nachdem die Landgrafen über lange Phasen Kassel als Regierungssitz bevorzugt hatten, um ihren gefährdeten Besitz in Niederhessen besser absichern zu können. Aber Marburg als Stadt der großen Heiligen und wichtigster Wallfahrtsort in Hessen behielt stets seine Sonderstellung. Die Landgrafen hatten die Burg nicht nur zur wichtigen Landesfestung ausgebaut, sondern ebenso zu einem stattlichen Schloss, das ihnen immer wieder auch als Residenz diente. Das war z. B. nach dem Tod Landgraf Ludwigs I. 1458 der Fall, als bei der Erbteilung seine Söhne Ludwig II. Niederhessen mit Kassel und Heinrich III. Oberhessen mit Marburg erhielten. 1479 eröffnete die reiche Katzenelnbogener Erbschaft neue Möglichkeiten.

In seiner relativ kurzen Regierungszeit befasste sich Wilhelm III. wiederholt sehr intensiv mit Fragen der Lokalpolitik. So gab er in schneller Folge sechs Marburger Zünften neue Zunftbriefe. Von weitreichender Bedeutung waren die umfangreichen Bestimmungen von 1491, die das Gerichtswesen und die öffentliche Sicherheit und Ordnung betrafen. So wurde beispielsweise das Würfelspiel um Geld verboten unter Strafandrohung von zwei Gulden, die je zur Hälfte an den Landgrafen und an die Stadt zu zahlen seien. Strafbar mache sich auch, wer nach dem Abendläuten ohne Licht auf der Straße angetroffen werde oder noch länger in der Schenke sitze (diese Anordnung sollte wohl die weit verbreitete Trunksucht ein-

VON DER WOHNBURG ZUM BEFESTIGTEN SCHLOSS

Landgraf Heinrich ließ den reichen Silberschatz seines verstorbenen Schwiegervaters nach Marburg bringen und begann mit umfangreichen Baumaßnahmen, die auch von seinem Sohn Wilhelm III. fortgesetzt wurden. Damals erhielt das Marburger Schloss im Wesentlichen die imposante Form, die heute schon von Weitem die Blicke auf sich zieht. Der Südflügel wurde aufgestockt und im Westen nach Beseitigung des Turms aus dem 13. Jh. der »Frauenbau« neu errichtet. Landgraf Wilhelm III., der ab 1489 in Marburg allein regierte, fügte im Osten das »Neue Schloss«, den Wilhelmsbau, hinzu, dessen repräsentative Säle mit Historienbildern und malerischen Stammbäumen ausgemalt wurden. Ab 1491 wurden sogar leibhaftige Wappentiere, also Löwen, im Zwinger des Schlosses gehalten. Im äußeren Schlosshof entstand der Marstall mit der Schmiede. Außerdem wurde die Befestigung im Westen verstärkt als Konsequenz aus der Weiterentwicklung der Waffentechnik. Der an der Nordwestecke als starke Geschützbastion errichtete Weiße Turm, der heutige »Hexenturm«, erfüllte allerdings seine Aufgabe nur kurze Zeit und diente später als Gefängnis.

dämmen). Wer gar nachts mit Lärm die Leute aufwecke, an ihre Fenster und Tore schlage, Wagen umwerfe und sonstigen Schaden in Haus, Gasse und Feld anrichte, der solle für vier Wochen aus der Stadt gewiesen und im Wiederholungsfall ebenso lange eingelocht werden. Noch wichtiger aber wegen ihrer grundsätzlichen Bedeutung waren die sehr detaillierten Anweisungen für das Gerichtswesen, das in puncto Zuständigkeit und Vorladungsberechtigung unter der Konkurrenz zwischen weltlichen und geistlichen Gerichten litt. Mit der erneuten strikten Anweisung, die auch für die Geistlichkeit gelten sollte, Streitfragen nur vor weltliche (= hessische) und nicht vor geistliche (= mainzische) Gerichte zu bringen, wurden die Bemühungen um eine einheitliche, landesinterne Gerichtsordnung fortgesetzt, die wenige Jahre später (1500) mit der Schaffung eines für Hessen insgesamt zuständigen Hofgerichts zum Abschluss gebracht wurden, das übrigens in Marburg und nicht etwa in Kassel eingerichtet wurde.

Das Landgrafenschloss, seit 500 Jahren unverändert, überragt die dichtgedrängten Häuser der Altstadt (in der Bildmitte der stattliche Bau der 1573–77 errichteten landgräflichen Kanzlei).

Landgraf Wilhelm III. starb im Februar 1500 an den Folgen eines Jagdunfalls im Burgwald – ohne Erben. Damit fiel Oberhessen an seinen Kasseler Vetter Wilhelm II. Dessen Ehefrau starb im Mai im Kindbett, sodass die Landgrafschaft – wie es der 1373 abgeschlossene und mehrfach erneuerte Erbverbrüderungsvertrag vorsah – beim Tod des kinderlosen Landgrafen an die Wettiner Herzöge zu fallen drohte. Und das in einem Moment, in dem der aus vielen Einzelteilen zusammengewachsene Territorialstaat wieder in einer Hand vereinigt, die finanzielle Ausstattung gesichert, die Macht des Adels zurückgedrängt und die Gerichts- und Verwaltungsordnung gerade vereinheitlicht worden waren. Daher hatte es Wilhelm II. verständlicherweise eilig, sich wieder zu verheiraten.

Noch im Oktober des gleichen Jahres feierte der 32-jährige Landgraf in Kassel Hochzeit mit der 15-jährigen Anna, Tochter des Herzogs von Mecklenburg, die als »gar schön und aus der massen seuberlich« gerühmt wurde. Es sollte sich aber bald zeigen, dass mehr in ihr steckte, ja, dass die junge Frau aus ähnlichem Holz geschnitzt war wie 250 Jahre zuvor Sophie von Brabant, der sie an energischem Durchsetzungswillen und taktischem Geschick nicht nachstand, als sie, ebenfalls auf sich allein gestellt, darum kämpfen musste, ihrem minderjährigen Sohn Philipp die ungeschmälerte Herrschaft in Hessen zu sichern.

Philipp der Großmütige (1504–1567)

Landgräfin Anna und die Zeit der Unmündigkeit

Philipp, der künftige Landgraf, wurde am 13. November 1504 im Schloss zu Marburg geboren. Trotz seiner anfangs etwas schwächlichen Konstitution bestand nun die berechtigte Hoffnung auf Fortsetzung der Dynastie. Die Zeichen der Zeit allerdings deuteten Unsicherheit und Turbulenzen an. Der Vater Philipps, Wilhelm II., erkrankte schwer und siechte an der *Malafrantzoß*, der Syphilis, dahin, die ihm, wie er selbst einmal bitter beklagte, »vbermessige Melancoley, Beswernus vnd Betrubnus« bereitete, sodass er seiner »Vernunft, Craft und Vermugen unsers Leibes gar beraubt« sei. Als er 1509 starb und – als vorletzter Landgraf – in der Elisabethkirche in Marburg seine letzte Ruhestätte fand, war sein Sohn gerade fünf Jahre alt.

Der Landgraf hatte, solange er noch im Vollbesitz seiner Kräfte war, 1506 in einem Testament festgelegt, dass fünf Berater unter Führung seines Vertrauten Konrad von Waldenstein als Regenten die Vormundschaft über Anna und Philipp sowie die Regierungsgeschäfte übernehmen sollten. Anna von Mecklenburg wehrte sich jedoch selbstbewusst gegen diese Bevormundung, da sie mit Recht ein Erstarken der Stände (der Vertretung der Ritterschaft, der Geistlichkeit und der Städte, d. h. der städtischen Führungsschicht) befürchtete auf Kosten der künftigen Machtbefugnisse ihres Sohnes. Mit Hartnäckigkeit und Geschick setzte sie durch, dass ihr kranker Mann 1508 sein Testament dahingehend änderte, dass Anna sowohl die Vormundschaft über Philipp als auch die Regentschaft übertragen wurde. Dieses zweite Testament stieß jedoch beim Adel

Landgraf Philipp der Großmütige. Holzschnitt von Hans Brosamer (um 1534).

auf entschiedene Ablehnung. Schon wenige Tage nach dem Tod Wilhelms II. 1509 versammelten sich die Stände und forderten ultimativ, die Landgräfin solle sich mit ihrem Witwengut begnügen, »dieweile vormals keine frau die lant regirt, auch sulch regiment kein frauenwerk sei.« Der Konflikt eskalierte zum Putsch, als die Stände kurz darauf ein ständisches Regiment mit dem Landhofmeister Ludwig von Boyneburg einsetzten, der zur Unterstützung der Ständeopposition Rückhalt bei den Wettiner Herzögen suchte, die ihrerseits hofften, die alte Erbverbrüderung zu ihrem Vorteil nutzen zu können. Sie sorgten 1509 zwar dafür, dass der in Kassel unter Aufsicht der Regenten stehende Philipp eine geregelte Erziehung erhielt, aber erst durch Vermittlung des Kaisers wurde es Anna gestattet, ihren inzwischen sechsjährigen Sohn »etliche zeit« im Jahr zu besuchen.

Ein neues Rathaus trotz Parteienstreit und leerer Kassen

Es folgten mehrere Jahre heftiger Auseinandersetzungen, die auch in anderen hessischen Städten ausgetragen wurden, wo die Schöffenpartei ihre traditionelle Machtstellung gegenüber Zünften und Gemeinde zu behaupten suchte. In Marburg lässt sich dieser Konflikt nicht nur am alljährlichen Ringen um die Besetzung des Bürgermeisteramtes verfolgen, sondern auch an einem wichtigen Bauprojekt. Der von den Schöffen dominierte Rat schmiedete Pläne für ein repräsentatives Rathaus, denn seit dem Stadtbrand von 1319 hatte er sich mit der Ratsstube im Kerner neben der noch unvollendeten Pfarrkirche und dann im gegenüberliegenden Schulgebäude begnügt. Nun sollte endlich auf dem Marktplatz ein Neubau errichtet werden, der sowohl den Bedürfnissen des Rats als auch denen der Bäcker- und der Fleischerzunft dienen sollte, die künftig nach dem Abriss der Schirnen ihre Verkaufsstände in dem Neubau erhalten sollten. Deswegen stieg am 21. Oktober 1510 der Rat »sampt etliche der vier«, also keineswegs alle vier Vertreter der Zünfte, hinauf zum Schloss, um pflichtgemäß die Erlaubnis des Regenten für den Rathausneubau einzuholen und auch um über die Finanzierung des zweifellos aufwändigen Projekts zu verhandeln. Die Erlaubnis wurde erteilt, da man sich in der politischen Grundhaltung einig war, jedenfalls was die Regenten und den Rat betraf. Als jedoch zwei Monate später die Regentschaftsregierung – wie zuvor schon erfolgreich in Kassel und anderen Städten – auch die Stadt Marburg zur Huldigung der Wettiner Herzöge aufforderte, stieß sie auf Widerstand bei Zünften und Gemeinde, der sich auch gegen den teuren Neubau richtete. Da auch die Sicherung der Finanzierung Schwierigkeiten bereitete, verging fast ein Jahr, ehe der Rat im September 1511 den Baumeister Klaus von Wetzlar mit Planung und Bauausführung beauftragen konnte. Wie bei solchen Gelegenheiten üblich, wurde auch diesmal auf Kosten der Stadt nach Ausweis der Stadtrechnungen kräftig dem Einbecker Bier zugesprochen: »tud 13 schillinge«. Immerhin, der Bau wurde begonnen und der Rohbau in den Jahren 1512 und 1513 nahezu fertiggestellt, allerdings weitgehend nur durch Anleihen bei auswärtigen Geldgebern finanziert.

Inzwischen begannen auf Landesebene die Machtverhältnisse sich zu verschieben, nachdem 1513 der Marburger Komtur des Deutschen Ordens, Dietrich von Cleen, und der Landmarschall Eitel von Löwenstein in das Lager der Landgräfin übergetreten waren. Auch von den Städten wurde Anna von Mecklenburg nun stärker unterstützt, nachdem infolge politischer und sozialer Spannungen die Zünfte und die Gemeinde die Oberhand gewonnen hatten. Diese waren daher erstmals auch auf dem Landtag in Treysa vertreten, auf dem Anna die Absetzung der Regierung Boyneburg und die unversehrte Übergabe ihres Sohnes forderte. Da die Front der Stände, die der Landhofmeister durch seine Selbstherrlichkeit zunehmend verärgert hatte, sich auflöste, gelang es der Landgräfin im April 1514 auf dem Landtag in Homberg/Efze, dass ein neues Regiment entsprechend dem Testament von 1508 gewählt wurde.

In Marburg hatte der Umschwung zur Folge, dass viele der durch ihre Gegnerschaft zur Landgräfin Anna kompromittierten patrizischen Schöffen die Stadt verlassen mussten und der auch für die Arbeiten am Rathaus zuständige Bürgermeister von 1512, Johann von St. Nabor, inhaftiert wurde. In einer umfangreichen Beschwerdeschrift beklagten sich Zünfte und Gemeinde im Oktober 1514 bei der Landgräfin, die nun wieder die rechtmäßige Ansprechpartnerin war, nicht nur über ungerechte Steuerbelastung durch die Schöffen und Unregelmäßigkeiten bei der Stadtregierung, sondern auch darüber, dass der Rathausbau größer, also wohl auch teurer als ursprünglich bewilligt, ausgefallen sei. Die Antwort zu diesem Punkt empfahl jedoch nur, dass das Rathaus »in gutem friden und einigkeit gemeiner stat Marpurg zu eren, nutz und gut, wie es angefangen ist, ausgebaut« werden solle.

Dennoch wurde zunächst nicht weitergebaut und 1516/17 nur noch das Dach auf den Rohbau gesetzt, da das Ringen um die Machtverteilung bei der Verwaltung der Stadt – wie auch in anderen hessischen Städten – unvermindert weiterging. Die zahlreichen Beschwerdeschreiben dieser Jahre an die Landgräfin enthalten nun wiederholt auch bittere Klagen über das rücksichtslose Vorgehen landgräflicher Beamter (die in immer größerer Zahl aus den patrizischen Familien der Städte kamen) bei der Erhebung von Abgaben oder auch über die Missachtung von Weiderechten in der Umgebung der Stadt. Der eher beschwichtigende Tenor der Antworten auf diese Klagen ließ erkennen, dass die Landgräfin nun nicht mehr so

Das 1512–1526 erbaute Rathaus mit dem 1581 von Eberhard Baldewein geschaffenen Renaissancegiebel.

sehr die Unterstützung der antipatrizischen Bürger gegen die Stände brauchte und auf einen Ausgleich mit der Schöffenpartei bedacht war.

1518 übernahm Philipp, den der Kaiser noch vor seinem 14. Geburtstag für volljährig erklärt hatte, die Regierung. Mit Bravour siegte er 1523 in der Fehde gegen den Reichsritter Franz von Sickingen und wehrte damit eine ernste Bedrohung seiner südhessischen Gebiete ab. Danach galt das Interesse des neuen Stadtherrn in Marburg zunächst der Verstärkung der westlichen Schlossbefestigung durch den Bau eines neuen, dreigeschossigen Eckrondells mit 27 m Durchmesser und 8 m dicken Mauern. Mit der Ausführung betraute er den Baumeister Hans von Lich, der zuletzt für den Rathausneubau verantwortlich gewesen war und noch immer auf seine Bezahlung wartete. Auch die Werkmeister und Tagelöhner warteten noch auf ihren Lohn, die »darumb teglich ansuchen und beclagen«. Diesen Notstand gab die Stadt offen zu, als sie im Jahr 1523 den Landgrafen bat, ihr die Aufnahme einer Anleihe von 1000 Gulden zu gestatten, um mit der einen Hälfte noch ausstehende Löhne und aufgelaufene Zinsen zu bezahlen und mit der anderen den Rathausbau zu Ende zu führen, der nun schon sechs Jahre lang mit leeren Fensterhöhlen, immerhin aber überdacht, mitten in der Stadt stand. Die fast vollständig überlieferten Baurechnungen geben ausführlich Auskunft über die 1523 wieder aufgenommenen und bis 1526 zügig zu Ende geführten Arbeiten. Nun stand endlich ein repräsentatives Bürgerhaus im Zentrum der Stadt, das vielfältigen Anforderungen gewachsen war. Es diente nicht nur dem Rat für seine Zusammenkünfte in der großen Ratsstube im 1. Stock, deren Fenster mit 13 farbigen Medaillons der zwölf Schöffen und des Schultheißen geschmückt waren (nur zwei davon haben die wechselvollen Zeiten bis heute überdauert), sondern auch den städtischen Bediensteten wie Schreibern und Polizei, der Aufbewahrung des Stadtarchivs sowie den Geschäften der Fleischer in der Schirne im Untergeschoss und der Bäcker, deren Schirne sich in einem Anbau zum Marktplatz hin befand. Der große Festsaal im 2. Stock stand gegen eine Gebühr allen Bürgern, die es sich leisten konnten, für Feste wie Hochzeiten und Kindstaufen zur Verfügung: »der erbar rat hat Curt Schomacher zugelassen, sein hochzeitsgeste in die grosse salstoben zu setzen unden zu danzen«, heißt es beispielsweise im Ratsprotokoll vom 24. Oktober 1527.

Der chronische Geldmangel der Stadt zwang zum Sparen bei der schmückenden Ausgestaltung. Den einzigen figürlichen Schmuck auf der Schauseite zum Marktplatz fertigte der Marburger Bildhauer Ludwig Juppe, der zuvor schon vier prachtvolle Altäre für die Elisabethkirche geschaffen hatte. Für das neue Rathaus gestaltete er 1524 das repräsentative Relief über dem Eingang zum Treppenhausvorbau, das – möglicherweise auf ausdrückliche Anweisung des Landgrafen – eine klare politische Aussage enthielt. Dominierend im Zentrum steht Elisabeth, die *Hauptfrau des Landes Hessen*, mit Krone und ihrer Kirche, dazu das großformatige landgräfliche Wappen. Erst im unteren Drittel wird der Bezug zur Stadt hergestellt durch zwei Wap-

EXPERTENSTREIT

Ursprünglich war das Rathaus verputzt und weiß gekalkt, die Eckquadern schwarz gestrichen. Auf alten Fotos ist zu erkennen, dass noch Ende des 19. Jhs. Reste des Putzes vorhanden waren. Als 1991/92 das gesamte Außenmauerwerk und auch der mittelalterliche Dachstuhl, dessen Balken die Außenmauern auseinanderzudrücken drohten, aufwändig saniert wurden, stritten Fachleute und Bürgerschaft darüber, ob nicht das ursprüngliche Aussehen von 1525 wiederhergestellt werden sollte. Die heftige Diskussion endete abrupt, als Oberbürgermeister Drechsler erklärte, er sei durchaus für die weiße Rathausfassade, aber erst, wenn vorher auch die Elisabethkirche wieder ihren ursprünglichen rosa-rötlichen Außenanstrich erhalten habe. Das aber wollte niemand.

penschilde mit den städtischen Hoheitszeichen Helm und unzialem M, gehalten von den Pranken des hessischen Löwen.

Damit wurde unmissverständlich zum Ausdruck gebracht, wer in der Stadt von nun an das Sagen hatte, denn Landgraf Philipp hatte 1523 eine neue Stadtordnung erlassen. Während das Stadtrecht von 1428 einen begrenzten Interessensausgleich zwischen der Schöffenpartei und den immer wieder auf stärkere Beteiligung drängenden Zünften und Gemeinde geschaffen hatte, wurde nun dekretiert, dass vor allem bei der Besetzung aller wichtigen Ämter der Landgraf das letzte Wort habe. Und daran sollte sich bis zur Einführung der kurhessischen Gemeindeordnung von 1835 nichts mehr ändern.

Der Beginn der Reformation

Die von der Angst um das Seelenheit geprägte Frömmigkeit der Gläubigen hatte den kirchlichen Institutionen und insbesondere dem Deutschen Orden in Marburg Schenkungen und Stiftungen in Form von Häusern, Grundstücken und Zinsansprüchen in großer Zahl eingebracht. Der Fluch der guten Tat aber war, dass das Vermögen der Geistlichkeit von jeglicher steuerlichen Belastung befreit war. Da außerdem die Burgmannen und landgräflichen Beamten in ähnlicher Weise privilegiert waren, lastete die Steuerpflicht zu Beginn des 16. Jhs. nur noch auf etwa der Hälfte aller potentiellen Steuerzahler. Kein anderer Beschwerdepunkt findet sich daher über zwei Jahrhunderte hinweg so kontinuierlich in den Eingaben der Stadt bei ihrem Stadtherrn wie die Klage über die Sonderstellung der Geistlichkeit, aber offensichtlich hatte sie nie nachhaltigen Erfolg.

Aber nicht nur in Marburg, sondern überall in Deutschland wuchsen nach 1500 Zorn und Empörung über die ungerecht verteilte Abgabenlast, verbunden mit heftiger Kritik an den offensichtlichen Missständen in der Kirche. Im Frühjahr 1525 brach sich der angestaute Unmut Bahn in den Bauernaufständen, die vor allem in Süddeutschland kurzfristig erfolgreich waren. Zahlreiche Burgen und Klöster gingen in Flammen auf, ehe die überrumpelte Obrigkeit zum Gegenschlag ausholen konnte. Landgraf Philipp eilte seinen Standesgenossen erst im Süden, dann im Nordosten zu Hilfe und ließ, wie die Niederschlagung der Unruhen in Fulda und Hersfeld und der Sieg bei Frankenhausen bewiesen, keinen Zweifel aufkommen, dass er Aufruhr im eigenen Bereich nicht dulden werde. Andererseits war er klug genug einzusehen, dass es durchaus auch in seinem Land Grund zur Klage gab. Daher schickte er im August einen seiner Räte aus mit dem Auftrag »alle clag, so burger und baur tun« und ihre Forderungen anzuhören, in ihrer Gegenwart aufzuschreiben und darüber dem Landgrafen zu berichten. In seltener Eintracht formulierten daraufhin »burgermeister, rat, zunfte und ganz gemeine zu Marpurg« im September 1525 in einer umfangreichen Liste 36 Forderungen und Beschwerden, die das städtische Leben in seiner ganzen Vielfalt von Alltagsbedürfnissen, Kirche, Handel, Zünften und öffentlicher Ordnung widerspiegelten.

Die Marburger Beschwerden waren im Grundsatz weitgehend identisch mit denen anderer Städte, sodass Philipp über die erregte Stimmung in der Bevölkerung informiert war. Sofern die Forderungen politischer Natur waren, ging er nur soweit darauf ein, dass er offensichtliche Missstände durch klare Anweisungen an seine Beamten abzustellen bemüht war. Dagegen ließ er keinen Zweifel daran aufkommen, dass er den schon von seinen Vorgängern begonnenen Aufbau einer zentralen, auf den Landesherrn als oberste Instanz aus-

FORDERUNGEN UND KLAGEN DER MARBURGER BÜRGER 1525

Die Klageschrift begann mit der Bitte um Einsetzung eines »geschickten« Pfarrers, damit »das heilig evangelium und wort gottis eintrechtlich zu Marpurg verkundigt werde, damit kein ufrur unter dem volg entsteen moge«, und endete mit der vielsagenden Forderung, dass »eebrecher, gotslesterer und hurerei ... verboten und gestraft werde, sie seien geistlich odir werntlich.« Allein 13 Artikel betrafen die geistlichen Orden und Bruderschaften und die von diesen beanspruchten Privilegien bzw. eingerissene Missstände, wie z. B., dass die Stadt »mit geistlichen personen zuviel belestigt« werde. Oder dass die Nonnen, die einst nur sieben gewesen »und zu kranken leuten gegangen sein«, nun mehr als 20 seien, »dieselbigen gehen zu nimant«. Und im Spital des Deutschen Ordens, dessen Betten durch reiche Stiftungen »umb gots willen« für mittellose Kranke bestimmt waren, würden nun nur noch vermögende Kranke aufgenommen. Beklagt wurde auch, dass die Nonnen durch ihre Tuchproduktion die Leinweber in den Ruin trieben, dass die Geistlichen am Ort »von irem wein, so sie verschenken und selbst trinken, kein ungelt geben« oder dass die Schmiede der Deutschherren neuerdings auch Lehrlinge annähmen. Die umgehend erteilte Antwort ging Punkt für Punkt auf die Beschwerden ein und versprach Abhilfe oder forderte auf, sich gütlich zu einigen. Nur der Punkt mit dem Begehren, »kraft altem herkommen und lobelichen privilegien burgermeister und die vierer on zutun e.f.g.«, also ohne Beteiligung des Fürsten, wählen zu dürfen, wurde mit Stillschweigen übergangen, denn darauf wollte sich der Landgraf nicht einlassen. Immerhin wies er zur Verhinderung von Amtsmissbrauch und Korruption bald darauf alle seine Beamten an, »das ir allen unsern undertanen, auch sunst iederman, wer in unserm furstentumb zu schaffen hait, on alle weigerung, auch on alle geschenke, vereherung oder einich vorhinderung gepurlichs rechten furderlich verhelfet«.

gerichteten Verwaltung zielstrebig fortzusetzen gedachte. Soweit die Forderungen jedoch den Bereich der Kirche und des Glaubens betrafen, deckten sie sich durchaus mit seinen eigenen Bestrebungen.

Die Begegnung mit Martin Luther auf dem Reichstag in Worms 1521 hatte auf den 17-jährigen Landgrafen noch keinen großen Eindruck gemacht. Aber er verfolgte in den nächsten Jahren die öffentliche Diskussion über die rechte Auslegung des Evangeliums aufmerksam, zumal ab 1523 die destabilisierenden Auswirkungen der religiösen Konflikte im Volk immer deutlicher erkennbar waren. So verweigerte der Landgraf dem Erzbischof von Mainz das bis dahin übliche Geleit für die von Amöneburg aus im Land tätigen Sendrichter mit der Begründung, dass er sie nicht vor der Wut des Volkes schützen könne.

Die erste Begegnung mit Melanchthon

Im Mai 1524 kam es zu einer interessanten Begegnung. Philipp war unterwegs zu einem fürstlichen Armbrustschießen in Heidelberg. Vor Frankfurt begegnete der fürstlichen Kavalkade ein anderer Reitertrupp, zu dem Philipp Melanchthon gehörte. Der Landgraf verwickelte ihn sogleich in ein kurzes Gespräch über die aktuellen theologischen Kontroversen und forderte den Wittenberger auf, ihm die offenen Fragen schriftlich zu beantworten. Melanchthon ließ sich drei Monate Zeit, ehe er den Standpunkt der lutherischen Reformatoren in seiner *Epitome renovatae ecclesiasticae doctrinae* zusammenfasste. Diese »Kurzfassung der erneuerten kirchlichen Lehre« war zwar an den Landgrafen gerichtet, wurde aber schnell auch als Flugschrift gedruckt und verbreitet. Darin forderte Melanchthon den bzw. die Fürsten auf, dafür zu sorgen, dass das Evangelium unverfälscht gepredigt werde, denn das recht verkündete Evangelium errege keinen Aufruhr, sondern schaffe Frieden und Ruhe. Wenn aber das Volk durch irreführende Auslegung der Heiligen Schrift zur Empörung aufgestachelt werde, dann sollten die Fürsten mit Schwertgewalt die Bösen abschrecken.

Die Politik Philipps während der Bauernkriege und in der Folgezeit ließ erkennen, dass Melanchthon ihn überzeugt hatte. Der Landgraf verhinderte einerseits durch militärischen Einsatz außerhalb seiner Grenzen und andererseits durch sein begrenztes Eingehen auf die Beschwerdepunkte seiner Untertanen – wie in Marburg – erfolgreich einen flächendeckenden Aufruhr

EIN FRANZISKANER PREDIGT, »WAS DAS EVANGELIUM SEYE«.

ZEITZEUGE

In Marburg war der Boden dafür schon länger vorbereitet. Eine Chronik berichtet, dass schon 1517, »um die Zeit, als D. Luther sich dem Bapst widersetzet«, der Franziskaner Jakob Limburg aus dem Barfüßerkloster in einer Predigt erklärt habe, das Evangelium sei seit 500 Jahren »niemals recht gepredigt« worden, »worauf der ganze Convent sich wider ihn empöret, ihn mit Gewalt von dem Predigtstuhl gerissen und alsbalt in einen Kerker, welcher gegen den Stattgraben ein offenes Fenster gehabt hat, geworfen« habe. Von dort aus habe er die Bürger 14 Tage lang gelehrt, »was das Evangelium seye«, bis die Mönche das bemerkten und ihn »auf das Gewölbe der Kirche bey das Crucifix gesetzet«. Nach drei Monaten sei er in einem verhangenen Karren an einen unbekannten Ort abtransportiert worden.

in seinem Land. Außerdem stellte er sich nun eindeutig auf die evangelische Seite und begann in enger Verbindung mit Luther und Melanchthon die kirchliche Neuordnung.

Über die verbreitete antiklerikale Stimmung in der Stadt war der Landgraf gut unterrichtet. Unter den Beamten, von denen viele an den von hessischen Studenten bevorzugten Universitäten Erfurt, Wittenberg oder Leipzig studiert hatten, war die neue Lehre schon verbreitet, als der Landgraf ihr noch ablehnend gegenüberstand. Sein Kanzler, Johannes Feige, der Luther vom Studium in Erfurt her kannte, gehörte dazu und auch der Richter am Hofgericht, Johannes Eisermann, die beide bald eine wichtige Rolle bei der Gründung der neuen Universität spielen sollten. Daher stießen die ersten Maßnahmen Philipps in der Bürgerschaft auf große Zustimmung, als er 1525 den Theologen Adam Krafft aus Fulda, obwohl dieser nicht ordiniert war, zu seinem Hofprediger ernannte und im Februar 1526 anordnete, den beweglichen Besitz der drei Marburger Klöster und des Deutschen Hauses zu inventarisieren, damit angesichts der bevorstehenden Veränderungen nichts entwendet oder in außerhessische Klöster in Sicherheit gebracht werde. Zum letzten Mal fand am Fronleichnamstag 1526 nach altem Brauch eine Prozession statt.

Die Homberger Synode 1526
Nachdem der Reichstag zu Speyer den Reichsständen freie Hand gegeben hatte, in Fragen der Religion nach eigenem Gewissen zu entscheiden – »wie ein yder solichs gegen Gott vnd Keyserliche Maiestat hofft vnd vertrawt zu uerantworten« –, lud Philipp im Oktober 1526 »alle Untertanen geistlichs und weltlichs Stands« ein, »ein freundlich und christlich Gespräch zu halten«. Die diplomatische Formulierung ließ offen, ob es sich bei dem Treffen in Homberg/Efze um einen Landtag oder um eine Synode handelte. Aus Marburg nahmen Bürgermeister Goldschmidt, der Schöffe Blanckenheim in Begleitung eines Stadtknechts, der Landkomtur Daniel von Lehrbach, der Stadtpfarrer Johann Diemar und der Franziskanerprior Nikolaus Ferber teil – zumindest die drei Kleriker als entschiedene Gegner der neuen Lehre.

Der Franziskaner bestritt die Rechtmäßigkeit der Zusammenkunft und warf dem Landgrafen vor, sich am Klostergut bereichern zu wollen. Aber sein Protest blieb wirkungslos. Die Homberger Synode endete mit der Verabschiedung von 195 Artikeln, in denen die Richtung für eine neue Kirchenordnung in Hessen bestimmt wurde, die von Luther allerdings wegen der sehr detaillierten Festlegungen als ein »hauffen gesetze« kritisiert wurde. Geregelt wurden u. a. die Einsetzung der Pfarrer, ihre Aufgaben in der Gemeinde und ihre regelmäßige Visitation, außerdem die Aufhebung der Klöster und die Aufteilung ihres Besitzes, der sowohl für sozial-karitative als auch für bildungspolitische Zwecke verwendet werden sollte.

Während sich die Dominikaner in Marburg in ihr Schicksal fügten und ihr Kloster am Lahntor freigaben und ebenso die Kugelherren, leisteten die Franziskaner unter ihrem Prior Ferber heftigen Widerstand und verließen erst 1528 unter Zwang Marburg und Hessen. Auch der Komtur des Deutschen Ordens, Daniel von Lehrbach, blieb bei seinem Protest und konnte sich mit seinen Ritterbrüdern im Deutschen Haus, wenn auch mit Einschränkungen, behaupten, da die Reichsunmittelbarkeit des Ordens einen gewissen Schutz bot. Der dem Orden angehörende Stadtpfarrer Diemar las unbeirrt weiter in der Pfarrkirche die lateinische Messe, bis er daran gehindert und zusammen mit seinen vier Messdienern gewaltsam aus dem Pfarrhaus vertrieben wurde. An seine Stelle trat nach einer Zwischenlösung der Hofprediger Adam Krafft, der am Himmelfahrtstag 1527 feierlich den evangelischen Gottesdienst in der Pfarrkirche einführte. 1528 schenkte ihm der Landgraf das stattliche Haus am Barfüßertor, einst Stadthaus des Klosters Arnsburg.

Mit wachsender Sorge verfolgte Philipp die immer heftiger mit Streitschriften ausgetragene Kontroverse zwischen Wittenberg und Zürich, da insbesondere die Meinungsverschiedenheiten zwischen Martin Luther und Huldreich Zwingli in der Abendmahlslehre die protestantische Bewegung zur Freude der kaiserlichen Partei zu spalten drohten. Der Landgraf, der eigentlich auf der Seite Luthers stand, war jedoch beeindruckt, nachdem Zwingli ihm seine Schrift *Amica exegesis* zugesandt hatte. Als er den Reformator aus Zürich im April 1529 über seinen Plan unterrichtete, ein Kolloquium mit Luther und Melanchthon zu veranstalten, »das man sich desselbigen Artikels (des Sacraments halben) auff grundt der heilgen Geschrift vergleichen und in einhelligem christlichem Verstande leben mocht«, sagte Zwingli sogleich seine Teilnahme zu. Ähnlich reagierten Oecolampadius in Basel, Bucer und Hedio in Straßburg, Agricola in Augsburg, Schnepf in Tübingen, Brenz in Schwäbisch-Hall und einige andere. Luther dagegen weigerte sich zunächst, die Einladung anzunehmen, und rückte in seiner Antwort die potentiellen Gesprächspartner aus der Schweiz in die Nähe von Schwarm- und Rottengeistern, mit denen eine Verständigung nicht möglich sei. Er fügte sich erst, als Philipp noch einmal drängte und auch sein Landesherr, Kurfürst Johann Friedrich, ihm nicht beistand. Die Zusage aus Wittenberg endete mit einem Gebet, »das wir ia nicht umbsonst, sondern zu Nutz und nicht zu Schaden zusammenkomen. Amen.« So kam es im Oktober 1529 zum Marburger Religionsgespräch, dem ersten und einzigen Gipfeltreffen der bedeutendsten protestantischen Theologen der Reformationszeit. Dass dieses Ereignis in der deutschen Geschichte unter dem Stichwort »versäumte Gelegenheiten« registriert wurde, war nicht die Schuld seines Initiators.

Das Gipfeltreffen der Reformatoren 1529

Während Luther mit seinen Gefährten von Wittenberg unbesorgt durch sächsisches und hessisches Gebiet reisen konnte, führte die Reiseroute aus der Schweiz und Süddeutschland teilweise durch feindliche Territorien. Dennoch waren am 30. September endlich alle wohlbehalten in Marburg eingetroffen. Luther hatte im Gasthof am Bärenbrunnen Quartier bezogen. Die Verhandlungen begannen am nächsten Morgen um sechs Uhr im Schloss – Anfang Oktober sicherlich eine kühle Situation. Dafür wurde hitzig und leidenschaftlich diskutiert, zunächst in Gruppen, dann im Plenum. Die Gefahr, dass es beim Austausch über unvereinbar scheinende Standpunkte blieb, suchte Philipp dadurch zu bannen, dass er, von seinem Kanzler Feige unterstützt, in Einzelgesprächen eine Annäherung zu erreichen bestrebt war. Seine Mahnung, dass man über alle Meinungsverschiedenheiten hinweg »dennoch Brüder und Christus Glieder unter einander« bleiben müsse, ließ Luther ungerührt: »Aber wir wollen des Brüdern und Glieders nicht, friedlich und guts wollen wir wohl.« Als man sich nach drei Tagen in der Abendmahlsfrage noch keinen Schritt näher gekommen war, weil Zwingli an seiner Interpretation »Dies *bedeutet* meinen Leib« festhielt und Luther darauf beharrte, dass es »Dies *ist* mein Leib« heißen müsse, einigte man sich auf Drängen des Landgrafen am Schluss wenigstens darauf, in 14 Artikeln festzuhalten, worüber Einigkeit bestand (u. a. was Glaube, Taufe, Beichte, Erbsünde, Obrigkeit und Priesterehe betraf). Im 15. Artikel ging es um das Abendmahl: Man war sich einig über die Austeilung in beiderlei Gestalt und über die Ablehnung der Messe, aber es blieb beim Dissens, »ob der war Leib und Blut Christi leiblich im brot und wein sey.« Als man sich trennte, verabschiedete sich Zwingli, wie ein Augenzeuge berichtete, von Luther mit den Worten »Nun Gott weis, das in dieser Welt kein Mensch ist, mit deme ich lieber eines sein wollte, denn eben jhr, Luthere.« Worauf Luther geantwortet habe: »Ich beger auch mit niemanden uneins zu sein, aber doch Gottes Wort und die Wahrheit muß ich lieber halten, denn aller welt freundschaft.«

Das klang definitiv und auch in der Folgezeit blieb der dogmatische Graben zwischen Lutheranern und Reformierten

DER »ENGLISCHE SCHWEISS«

HINTERGRUND

Es gab außer der Uneinigkeit noch einen anderen Grund für die eilige Abreise der Konferenzteilnehmer am 5. Oktober: In der Stadt war eine ansteckende, grippeähnliche Seuche, der »englische Schweiß«, ausgebrochen. Daher war, wie Osiander berichtet, auch die Zahl der Zuhörer im Schloss begrenzt worden. Luther schrieb an seine Frau: »Sie seiend hier toll geworden mit Schweißschrecken, gestern haben sich bey fünfzig geleget, deren seyend eins oder zwey gestorben.« Aber er schloss mit der beruhigenden Mitteilung: »Wir sind noch alle frisch und gesund und leben wie die Fürsten.« In Marburg starben jedoch an dieser Krankheit, die sich von England aus über ganz Mitteleuropa ausgebreitet hatte, allein im Jahr 1530 etwa 300 Menschen, darunter auch Johann von der Leyten, der Maler, dem die Schnitzaltäre von Ludwig Juppe in der Elisabethkirche ihre eindrucksvolle Farbfassung verdanken. Euricius Cordus, Mediziner und Gründer des ersten Botanischen Gartens für wissenschaftliche Zwecke in Deutschland, verfasste über die Krankheit eine Abhandlung, die als erste medizinische Publikation in Marburg gedruckt wurde. Darin riet er, die Patienten in saubere Betten zu legen und die Krankenzimmer gut zu lüften – ganz im Gegensatz zur bisherigen rabiaten Schwitzbehandlung, die den Patienten die »bösen Säfte« austreiben sollte.

zum Schaden des politischen Protestantismus unüberbrückbar. Daher ist es müßig, darüber zu spekulieren, ob es bei längerer Dauer der Konferenz vielleicht doch noch zu einer Annäherung gekommen wäre und dadurch die Geschichte einen anderen Verlauf genommen hätte …

Auch wenn Philipp sein Hauptziel nicht erreicht hatte, nämlich die divergierenden theologischen Ausformungen der protestantischen Bewegung auf einen Nenner zu bringen, um mit den gleichgesinnten Reichsständen für die unvermeidlichen politischen Auseinandersetzungen gerüstet zu sein, so hatte er doch die Erkenntnis gewonnen, dass nicht nur die Wittenberger Luther und Melanchthon, sondern auch die oberdeutschen Reformatoren wie Martin Bucer und Erhard Schnepf gute Ratgeber in Glaubensfragen bei der kirchlichen

Neuordnung in Hessen sein würden. Zwingli, den er gerne in seine Dienste genommen hätte, lehnte ab. Er fiel als Feldprediger 1531 in der Schlacht bei Kappel.

Offenheit und Eigenständigkeit seines Urteils waren ein wichtiger Wesenszug Philipps. Das zeigte sich beim relativ toleranten Umgang mit Minderheiten in seinem Land wie der Täuferbewegung, die auch in Marburg Anhänger fand, und ganz besonders auch bei der Universitätsgründung.

Die erste protestantische Universität

Einer der wichtigsten Beschlüsse der Homberger Synode war die Zustimmung zur Gründung einer Landesuniversität als Schlussstein eines neuen dreigliedrigen Bildungssystems aus Elementarschulen für Jungen und Mädchen (natürlich getrennt), Paedagogium (als Vorbereitung auf die Universität) und Hochschule. Unstrittig war von Anfang an, dass die neue Universität nicht in der Festungsstadt Kassel, sondern in Marburg entstehen sollte, da hier schon das Hofgericht ansässig war und genügend freier Raum in den aufgehobenen Klöstern zur Verfügung stand. Auch die zentrale Lage in der Landgrafschaft sprach für Marburg und ein wenig wohl auch noch der theologisch motivierende genius loci: Elisabeth – nun zwar nicht mehr als Heilige, aber immer noch als *Hauptfrau des Landes Hessen.* Nachdem am 30. Mai 1527 durch den ersten Rektor Johann Eisermann die Immatrikulation eröffnet worden war, fand am 1. Juli die feierliche Inauguration der Universität statt. Eine gesetzliche Grundlage erhielt die Universität erst zwei Jahre später durch den Privilegienbrief des Landgrafen vom 31. August 1529. Darin bekräftigte Philipp, dass er die Universität »zur Ehre Gottes, gemeiner Christenheit, besonders unserem Fürstentum Land und Leuten, denen wir zum Besten vorzustehen von Gott verordnet sind, zu Gute« habe errichten lassen. Und er versprach, das Universalstudium »mit trefflich gelehrten und hocherfahrenen Doktoren, so wir allenthalben inner- und außerhalb unserer Lande berühmtest haben bekommen und an uns bringen mögen, zu besetzen und mit trefflichen Impens, Kosten und Stipendien ehrlich und wesentlich unterhalten und fundieren lassen, damit christliche und andere gute heilsame

Lehre auf allerlei Weise zu Dienst und Lobe dem, der sie gegeben hat, und zur Liebe des Nächsten gebraucht und getrieben werde.« Ferner, dass die Studenten, die »fleißig und wohl studiert, sich redlich und wesentlich gehalten und von der Obrigkeit als fromm und tauglich anerkannt wurden«, bevorzugt eingestellt würden. Und sofern Rektor, Lehrer und Studenten »sich in den landesherrlichen Geboten und Verboten gewärtig und gehorsam halten ... wollen wir Fleiß haben, ... unsere Universität Marburg von Tag zu Tag mehr auch mit anderen besseren und notdürftigen Privilegien, Gnaden, Freiheiten zu bedenken und zu begnaden zur Erhaltung der Universität, auch Aufziehung verständiger und ... gottseliger Leute, Prediger und Regenten zur Förderung gemeines christlichen Nutzens«.

Bis dahin hatten alle Universitäten, die seit dem 14. Jh. in Deutschland gegründet worden waren, ihre Legitimation von Papst und Kaiser erhalten. Philipp, der von einer eigenen Universität in seinem Land erhoffte, dass sie ihm leistungsfähige und zuverlässige Staats- und Kirchendiener ausbilden werde, hielt zwar die Bestätigung durch den Papst für überflüssig, nicht aber – im Hinblick auf die Anerkennung der in Marburg verliehenen akademischen Grade – die Bestätigung durch den Kaiser, die er jedoch erst 1541 aushandeln konnte als Gegenleistung für politische Konzessionen im Zusammenhang mit seiner unseligen Doppelehe. 1523 hatte er Christine, die Tochter Herzog Georgs von Sachsen, geheiratet, mit der er, obwohl er für sie »nie liebe und brunstlichkeit« empfunden hatte, zehn Kinder hatte, darunter seine späteren legitimen Erben Wilhelm IV., Ludwig IV., Philipp II. und Georg I. 1540 schloss er mit Billigung Luthers und Melanchthons eine Nebenehe mit Margarete von der Saale.

Kanzler Johann Feige, der schon der Mutter Philipps als treuer Ratgeber gedient hatte, konnte beim feierlichen Gründungsakt am 1. Juli 1527 elf Professoren und 88 Studenten begrüßen, die in das frei gewordene Klostergebäude der Dominikaner oberhalb des Lahntors einzogen, und mit ihnen das gleichzeitig gegründete Paedagogium, dessen Schüler zur Vorbereitung auf das Universitätsstudium von zwei Magistern »in Grammatices, Rhetorices und Musices praeceptionibus fleißig

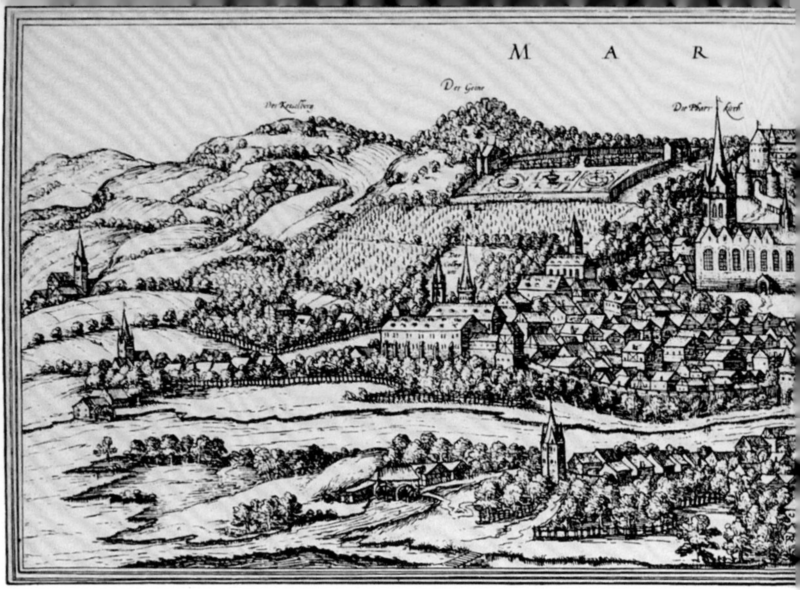

Marburg um 1572, als »Metropole berühmt durch die Universität«. Radierung im Städtebuch von Georg Braun und Franz Hogenberg.

und getreulich instruiert« werden sollten. Das Franziskanerkloster kam erst im folgenden Jahr als Universitätsgebäude hinzu und als Wohnheim der Stipendiaten 1532 noch das Kloster der Kugelherren unterhalb des Kalbstors (heute dient die ehemalige Franziskanerkirche den Sportstudenten, die Dominikaner-/Universitätskirche den Protestanten und die Kugelkirche den Katholiken). Der komplette Buchbestand der drei Klöster, vermehrt um den aus Haina und anderen Klöstern, bildete den Grundstock der Universitätsbibliothek, die zunächst oben im Schloss untergebracht wurde. Die Juristen konnten auf die Bibliothek des Hofgerichts zurückgreifen.

Die ersten Professoren

Nach dem Privilegienbrief von 1529 sollte sich das Professorenkollegium wie folgt zusammensetzen: zwei Theologen (berufen wurden Adam Krafft und Lambert von Avignon, beide in fürstlichen Diensten bewährt und weiterhin viel beschäftigt, sodass zu ihrer Entlastung bald noch Erhard Schnepf berufen wurde), zwei Juristen (Johann Eisermann gen. Ferra-

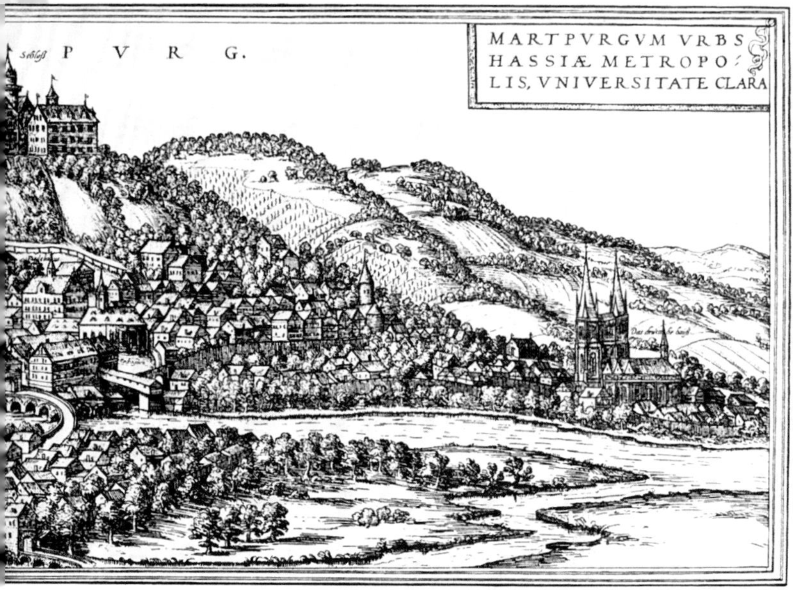

rius Montanus und Johann Emmerichi, beide zugleich Richter am Hofgericht), ein Mediziner (Euricius Cordus, berühmt nicht nur als Arzt, sondern auch als Dichter) und zunächst vier Professoren für die Artistenfakultät, an der die drei Sprachen Hebräisch, Griechisch und Latein sowie Rhetorik, Dialektik, Poesie, Historie, Mathematik und Grammatik gelehrt werden sollten. Nach 1564 bestand das Professorenkollegium auf Dauer in der Regel aus vier Theologen, vier Juristen, drei Medizinern und acht Ordinarien der Artistenfakultät.

Bei der Berufung der Professoren hielt sich Philipp keineswegs eng an die Vorschläge aus Wittenberg. Er wollte bewusst für das *universale studium Marburgense* ein größeres Spektrum bei den Lehrmeinungen sicherstellen. Anhänger Luthers und Zwinglis ebenso wie Humanisten sollten gleichberechtigt lehren können, vorausgesetzt, dass auf ihre Lehre »insgesamt … der sicherste Zensor, nämlich das Wort Gottes, angewandt wird.« Die Kosten für den Universitätsbetrieb, im Wesentlichen also die Besoldung der Lehrkräfte, sollten aus den bisherigen Einnahmen der Klöster gedeckt werden. Diese bestanden jedoch zum großen Teil aus Naturalabgaben, die von der fürstlichen Finanzverwaltung erst kapitalisiert werden mussten. Dabei kam es immer wieder vor, dass der Universität nicht genügend Bargeld für die Besoldung der Professoren zur Verfügung stand. Ihr wiederholtes Bemühen um Finanzhoheit blieb jedoch erfolglos, da die Regierung sich die Möglichkeit der Kontrolle nicht nehmen lassen wollte. Immerhin stellte Kanzler Feige, als die Mittel nicht ausreichten, 1532 erstmals einen Etat auf. Danach waren für Besoldungen, deren Höhe zwischen 120 und 200 Gulden je nach Bedeutung des Faches oder des Lehrstuhlinhabers stark differierte, jährlich 1281 Gulden erforderlich, während die Einnahmen nur 1067 Gulden betrugen. Zur Deckung des Differenzbetrages wurden zusätzlich die Einnahmen aus den Pfründen aufgehobener Pfarreien und ähnlichen Quellen in Kassel und Rotenburg herangezogen.

Es wäre falsch, aus der heutigen breiten Akzeptanz der Philipps-Universität in der Bevölkerung zu folgern, das sei schon in der Anfangszeit der Universität so gewesen. Eher das Gegenteil war der Fall. Denn während heute das pulsierende Leben in der Stadt ohne den Wirtschaftsfaktor Universität schnell zum Erliegen käme, war anfangs die wirtschaftliche Bedeutung der Universität für Marburg gering, weil die Zahl der Professoren und Studenten in der knapp 4000 Einwohner zählenden Stadt noch keine Rolle spielte. Das universitäre Leben beschränkte sich weitgehend auf den Bereich der ehemaligen Klöster, die nach dem Willen des Landgrafen und Konzept des Kanzlers unter der Aufsicht von Professoren ein Ort des gemeinsamen Studierens, Wohnens und Speisens sein sollten, um etwaige Defizite in der Erziehung aus der Vor-Studienzeit auszugleichen: Dadurch sollte »die jugent zu christlicher zucht und guten sitten angehalten und das freie, wuste, wilde leben, wesen und wandel ingezogen werden.«

Diese maximal-ideale Zielsetzung, die in den Anfangsjahren der Universität und bei leicht überschaubaren Studentenzahlen noch verwirklicht werden konnte, wurde jedoch unterlaufen, als die Zahl der Studenten stieg und damit auch der Anteil derer, die nicht auf ein Stipendium angewiesen waren und sich Unterkunft und Verpflegung in einem der Bürgerhäuser leisten konnten. Einem Ratsprotokoll von 1553 ist zu entnehmen, dass man sich schon bald um zahlungskräftige Studenten stritt: »Die magistri nehmen die pesten jungen von edlen und unedlen zu sich in die cost, so doch die universitet hierher gelegt, das zu ufkommen und gedeihen der stadt gereichen solt, derwegen gepeten werden, das die costgenger bei einem burger oder probst zu tisch gehen.«

Die studiosi gefährden die Sicherheit und Ordnung

Einnahmen aus Mieten und Verzehr machten die Studenten nun für die Bürger interessant, allerdings auch zu einem Anlass ständiger Klage. Denn die Studenten, die ihre Degen sogar beim Besuch der Lehrveranstaltungen nicht ablegten und in der Stadt mit anderen Jugendlichen besonders nachts Unfug trieben, waren eine ständige Gefahr für Sicherheit und Ordnung. Daher beschloss der Rat 1543: »Es sal den studenten und handwerksgesellen die lange messer und wehr zu tragen verboten werden und das sie sich nit nach 9 uhr uf der gasen finden lassen, und man sal uf die suntag und montage zu nacht scharwacht gehalten werden«, also Sicherheit durch bewaffnete Nachtwächter! Dem pflichtete auch der Landgraf bei, der seine Beamten anwies, »das ir … zu nacht die scharwacht bestellet und ordenung machet, damit solchem laufen, juchzen und unrat, so darus entstehen mochte«, Einhalt geboten werde. Und er drohte Konsequenzen an, falls man seine Anweisung nachlässig befolgen sollte.

Die Obrigkeit meinte es ernst, aber die Studenten kümmerten sich wenig darum. In den folgenden Jahren versuchten Landgraf und Rat mit immer neuen Strafandrohungen und Maßnahmen, die Zügellosigkeit der Studenten einzudämmen. Anordnungen, wie Verbot des Weinausschanks nach neun Uhr, Ablieferung von *feurbuchsen*/Feuerwaffen bei Betreten der Stadt, Aufenthalt auf der Straße nach dem Abendläuten nur mit Beleuchtung und Begründung (andernfalls Verhaftung und Geldstrafe) oder Übergabe verhafteter Studenten an den Rektor zur Bestrafung, richteten wenig aus. So wurde den Studenten 1546 vorgehalten, dass sie »ein solich rohe und wuste leben fhureten, des trugen s.f.g. (Seine Fürstliche Gnaden) groissen und ungnedigen misfallen. Dan s.f.g. hetten zu ufrichtung der schule solichen grossen uncosten zu solichen hendeln nit ufgericht, sondern das sie prediger uferziehen und andere gelerten leute, die der christlicher gemein und landen und leuten dienen mochten.« Der Landgraf erwartete daher, dass »diejenigen, so alhier von iren altern und freunden zu studiren abgefertigt weren, sich erbar und s.f.g. reformation gemeß halten und ihres studirens abwarten sollen, und das die professores diejenigen, so sich unerbar hielten oder der reformation und ordnung zuwider handelten«, bestrafen sollten. Die Studenten sollten um neun Uhr ins Bett gehen, »lenger nit zechen, darmit sie zu iren studiis den morgen desda geschickter seien. Wolt aber einer studiren nach 9 urhen, das sal ime unbenommen sein.« Dass sich »die professores, studenten und burgerschaft alhier fridlich, erbarlich und one einiche beswerung eins teils gegen den andern« verhalten sollten, blieb jedoch ein frommer Wunsch. Die nächtlichen Störungen rissen nicht ab und die gewalttätigen Auseinandersetzungen zwischen Studenten und Bürgerschaft hatten 1551 sogar Tote und Verletzte zur Folge.

Als Philipp 1557 wieder einmal in Marburg residierte, erließ er eine umfangreiche Polizeiordnung, die u. a. die Anweisung enthielt, dass der Wachtmeister in jeder Nacht mit 15 Bürgern in der Stadt wachen solle. Zur Regelung des Einsatzes »mit iren wehren und rustungen« solle ein Verzeichnis aufgestellt und, wer sich drücke, bestraft werden. Eine starke Bürgerwehr also sollte es nun richten: 15 Mann plus Anführer nur für den Bereich zwischen Ritterstraße und Untergasse, Barfüßer Tor und Wettergasse! Selbst wenn die Häuser vor der Stadtmauer am Steinweg, Pilgrimstein und in Weidenhausen in die nächtlichen Kontrollgänge einbezogen wurden, war das ein erstaunlicher Aufwand zur Sicherung der öffentlichen Ruhe und Ordnung.

Möglicherweise war der beklagte Verfall der Sitten in den 40-er und 50-er Jahren auch eine Folge der unruhigen und unsicheren Zeiten, in die Philipp durch seine unglückliche Politik und Gefangenschaft nicht nur sein eigenes Land, sondern die protestantische Partei im Reich insgesamt geführt hatte. Aber auch in der Folgezeit blieb das Thema »Disziplinlosigkeit der Studenten« für die Universität aktuell, die bis 1867 eine eigene Gerichtsbarkeit hatte. So unerfreulich diese Begleiterscheinungen auch waren, die Gründung der ersten protestantischen Universität an sich zählt – nicht zuletzt wegen der identitätsstiftenden Ausbildung einer hessischen Führungselite – zu den herausragenden und nachhaltigen Verdiensten Philipps, die ihm auf Dauer einen besonderen Rang unter den Fürsten des Reiches sicherten.

Ludwig IV., Landgraf von Hessen-Marburg (1567–1604)

Marburg war zuerst in der Frühzeit Hessens nach 1247, dann 1308–1311 und noch einmal 1458–1500 landgräfliche Residenz, bot den Landgrafen aber auch in den Zwischenzeiten, in denen Hessen von Kassel aus regiert wurde, in dem immer besser ausgestatteten Schloss eine fürstliche Bleibe. Besonders Landgraf Philipp weilte gerne in Marburg, das so verkehrsgünstig in der Mitte seines Landes lag und mit dem Hofgericht und der Universität die beiden wichtigsten zentralen Institutionen Hessens beherbergte. Dennoch stand die dauerhafte Verlegung der Residenz von Kassel nach Marburg nicht zur Debatte. Die schwierigen Auseinandersetzungen um sein Testament, die sich über mehrere Jahre hinzogen und die Atmosphäre am Kasseler Hof schwer belasteten, endeten 1562 damit, dass Philipp in die Aufteilung des gerade erst geschaffenen Einheitsstaates auf seine vier legitimen Söhne einwilligen musste, um die Zustimmung zur standesgemäßen Versorgung seiner sieben Söhne aus der Nebenehe mit Margarethe von der Saale zu erhalten. Als Landgraf Philipp 1567 starb, erhielt Wilhelm IV. Kassel mit Niederhessen (etwa die Hälfte des Ganzen), Ludwig IV. Marburg mit dem *Land an der Lahn*, also Oberhessen einschließlich Gießen und Nidda (ein Viertel), und die beiden jüngsten Söhne Philipp II. und Georg I. teilten sich die Katzenelnbogener Grafschaft mit den Residenzen Rheinfels (St. Goar) und Darmstadt (je ein Achtel). Bei dieser von sachkundigen und loyalen Räten sorgfältig vorbereiteten Aufteilung waren sich die vier Brüder erstaunlich einig – vor allem darüber, dass wichtige zentrale Institutionen wie das Hofgericht und die Universität in Marburg sowie die

Hohen Hospitäler unter der gemeinsamen Aufsicht von Wilhelm und Ludwig ihre Zuständigkeit für das gesamte, nun geteilte hessische Territorium behalten sollten.

Marburg wurde 1567 also wieder und nun zum letzten Mal Residenzstadt – eine Funktion, für die die Stadt aufgrund ihrer traditionsreichen, gewachsenen Strukturen in Oberhessen gute Voraussetzungen bot. Landgraf Ludwig IV., der neue Landesherr, war gerade 30 Jahre alt und seit 1563 mit Hedwig von Württemberg, der ältesten Tochter Herzog Christophs, verheiratet. Ihm war Marburg von vielen Aufenthalten her vertraut. Seine beiden Erzieher in Kassel hatten hier studiert und sein fünf Jahre älterer Bruder Wilhelm hatte 1566 mit einem rauschenden Fest im Marburger Schloss seine Hochzeit mit der zweiten Tochter des Herzogs von Württemberg, Sabine, gefeiert.

Die schon von Landgraf Philipp begründete enge Verbundenheit Hessens mit dem lutherisch geprägten und vorbildlich verwalteten Herzogtum Württemberg war noch dadurch verstärkt worden, dass Philipp 1561 seinen Sohn Ludwig auf Betreiben seines ältesten Sohnes Wilhelm aus der konfliktgeladenen Kasseler Atmosphäre heraus an den Hof in Stuttgart geschickt hatte. Dort war Ludwig, dem sein Vater in einem Begleitschreiben an Herzog Christoph eine Neigung zu Trunksucht, zu Spiel und nächtlichem Herumtreiben nachgesagt hatte, nicht nur von der kinderreichen herzoglichen Familie herzlich aufgenommen worden, sondern hatte auch eine sorgfältige Unterweisung im lutherischen Glauben und einen anschaulichen Einblick in effektive Verwaltungsstrukturen erhalten.

Die Lehren, Erfahrungen und Eindrücke seiner Stuttgarter Zeit waren für die Regierungstätigkeit Ludwigs in Marburg von prägender Bedeutung. Das zeigte sich schon bald beim Ausbau der Verwaltung seines Landes. Äußere Anzeichen dafür waren 1572 der Anbau der Rentkammer auf der Südseite des Schlosses und 1573/77 der stattliche Neubau der Kanzlei an der Zufahrt von der Stadt hinauf zum Schloss. Hier wie bei weiteren Bauten in der Stadt wurde nun nach den neuen Regeln der Renaissance gebaut, die der vom Landgrafen schon 1568 zu seinem Baumeister berufene geniale Eberhard Baldewein souverän beherrschte.

DIE FÜRSTENHOCHZEIT IM MARBURGER SCHLOSS ANNO 1566

Am liebsten hätte Wilhelm IV., der älteste Sohn Philipps, seine Hochzeit mit Sabine von Württemberg in Stuttgart gefeiert. Doch Herzog Christoph winkte ab, denn das mehrtägige rauschende Fest anlässlich der Vermählung seiner ältesten Tochter Hedwig mit Wilhelms Bruder Ludwig hatte zwar die Zeitgenossen tief beeindruckt, aber enorme Kosten verursacht. Wilhelm entschied sich nach einigem Hin und Her für Marburg, weil er hier die Zahl der einzuladenden Gäste mit dem Hinweis auf die beengten Raumverhältnisse im Schloss, das »mit Gemachen so übel versehen« sei, begrenzen konnte. Und die Stadt sei zu abgelegen, »das sich nicht gebuehren will, fürstliche Personen in die Heuser zu legen.« Zudem fehle es an Ställen, sodass die Pferde der Gäste und ihres Gefolges auch auf die umliegenden Dörfern verteilt werden müssten. Tatsächlich mussten dann während des Festes in der Stadt 1873 Pferde untergestellt werden – in der Wettergasse allein 80, im Kugelhaus 20, in der Reitgasse 15 usw.

Im Schloss wurden durch Umbau zusätzliche Schlafräume geschaffen und alle Stuben mit Betten vollgestellt, die man aus Kassel, Ziegenhain, Melsungen, Rauschenberg und anderswoher holte. Und wenn sie wegen der Enge nicht passten, wurden sie gegebenenfalls auch gekürzt. In einem Jungfrauenzimmer z. B. standen fünf Betten, von denen eins für das pfalzgräfliche Fräulein Anna Elisabeth bestimmt war, während sich 13 andere Jungfrauen die restlichen vier teilen mussten. Für die fürstlichen Lagerstätten brauchte man Bettvorhänge aus farbigem Samt oder Damast, die zusammen mit weiterem Bettzeug, Wand- und Tischteppichen in Kisten und Fässern aus Kassel herbeigebracht wurden. Da das Geschirr für so viele Gäste nicht ausreichte, ließ der Landgraf neues Silbergeschirr anfertigen und auch bei seinem Bruder in Darmstadt ausleihen. Zur Bewirtung der Gäste und ihres Gefolges waren u. a. 77 Ochsen, 185 Hammel, 191 Kälber, ca. 3000 Hühner, 33 Hausschweine, 3 Tonnen Heringe und 960 Forellen erforderlich. Während der Schlosshaushalt normalerweise ca. ein bis zwei Fuder Wein (ein Fuder sind etwa 1000 Liter) pro Woche verbrauchte, wurden in der Festwoche auf dem Schloss und in der Stadt über 60 Fuder vertrunken und dazu jede Menge Bier.

Neben Musik und Tanz bereitete den Gästen ein Fußturnier besonderes Vergnügen, da die Jahreszeit und das Fehlen einer geeigneten Rennbahn ein Turnier zu Pferde verhinderte. Als Preise waren ein goldener Landsknechtsspieß und ein goldenes Schwert ausgesetzt. Obwohl Wilhelm einige Mühe gehabt hatte, die spezielle Turnierordnung und passende Rüstungen zu beschaffen, konnte er hinterher seiner Schwester Christine von dem »sehr lustigen Fueßtornier« zufrieden berichten, »daß auch etzliche welsche und andere Herrn sagten, sie hetten ir Leben lang so kein lustigen Tornier gesehen«.

Alles in allem konnte Landgraf Wilhelm zufrieden sein mit dem Verlauf des Festes, auch wenn das Februarwetter zeitweise Probleme bereitet hatte. Im Brief an seine Schwester in Schleswig berichtet Wilhelm, der mit großem Gefolge seiner Braut und den Gästen aus Württemberg zum Empfang vor der Stadt entgegengeritten war: »Da wir die Braut endtpfiengen, wars gar schön Wetter und schiene die Sonne, sobaldt aber die Endtpfengnus geschehen, erhub sich in einem augenblick ein so grausamb ungestumer Windt, dergleichen kein Mentsch seines Lebens erhort oder gesehen, dan er zerris die Feddern und andern Geschmuck, so die Fürsten und Graven uff iren Hüten fürtten an kleine Stucken ... Darüber sich auch der Eintzog biß in die finster Nacht verzogen, dan zwischen acht und newnen kamen wir erstlich herauf und obschon viel Fackeln und Bechpfannen angezündt, lies doch der grausam Windt keine prennen, sondern wir musten im Finstern herauf ziehen, darüber es gar so lang wart.« Die eigentlich noch vorgesehenen Hochzeitszeremonien wurden daraufhin auf den nächsten Tag verschoben, zum Bedauern des Bräutigams: »also mußte ich wider meinen willen die Nacht allein zu Bette gehen.«

Ein technisches Meisterstück gelang Baldewein, als er 1572 begann, den gestiegenen Wasserbedarf des fürstlichen Haushalts im Schloss so großzügig sicherzustellen, dass nach der Fertigstellung der Leitungen und vor allem der »Wasserkunst« am Grün, mit der das Wasser aus der Lahn über mehr als 100 Höhenmeter hinauf zum Schloss gepumpt wurde, auch noch ein neuer Brunnenkumpf für die Häuser in der Ritterstraße gespeist werden konnte. Die Leitung dorthin wurde neben der

EIN FÄHIGER ARCHITEKT FÜR SCHLOSS UND STADT
Ursprünglich war Baldewein wohl ein gelernter Schneider, dann Uhrmacher und Mechaniker – als solcher hat er astronomische Kunstuhren und Globen erdacht und konstruiert –, aber vor allem als Architekt setzte er Akzente, die auch heute noch zu den Glanzpunkten im Marburger Stadtbild zählen. Dazu gehört besonders der Renaissancegiebel, mit dem er 1581 den Treppenhausvorbau des Rathauses schmückte. Die kunstvolle Uhr schuf Meister Christoff Dohrn aus Lich, der als originellen Schmuck mehrere bewegliche Figuren hinzufügte: die Justitia, deren Augen seltsamerweise nicht verbunden sind, den Tod mit Stundenglas, den Türmer mit Trompete und auf der Giebelspitze den flügelschlagenden Gockel (der Raum im Uhrengiebel diente übrigens bis in die 30er-Jahre des 19. Jhs. als Arrestlokal für jugendliche Übeltäter, von denen man dann diskret sagte: »Der hat bei der Uhr gesessen!«). Eine weitere Baumaßnahme am Rathaus verbesserte die Logistik bei festlichen Veranstaltungen im großen Saal des 2. Obergeschosses, deren Zahl sich aufgrund gestiegener Repräsentationsbedürfnisse erhöht hatte: Der Rat beauftragte Baldewein, zur Hofstatt hin einen Küchentrakt anzubauen, um seine Gäste besser versorgen zu können. Dieser Anbau wurde 1912 bis auf die Fassade zum Marktplatz hin abgebrochen, um Platz für einen größeren Anbau zu schaffen.

neuen Treppe verlegt, die der Landgraf hatte bauen lassen, damit sein Leibarzt, der unten im Forsthof wohnte, schneller zu ihm heraufkommen konnte. Weitere Baumaßnahmen trugen den neuen Bedürfnissen im Schloss Rechnung, wo nun wesentlich mehr Bewohner zu versorgen und häufiger Gäste zu bewirten waren. Auf der Nordterrasse wurde daher 1587/90 ein großes Back-, Brau- und Schlachthaus errichtet und in der Vorburg ein neuer Marstall. Die Ausmaße des Wirtschaftstraktes sind heute durch die Aufmauerung der Fundamente wieder sichtbar, und der Marstall ist heute Wohnheim der von Philipp dem Großmütigen gegründeten Stipendiatenanstalt. Im inneren Schlosshof wurde der hölzerne Altan abgebrochen, das Treppenhaus in der Südwestecke aufgestockt und mit einem stattlichen Portal versehen. Für all das zeichnete der fürstliche

Baumeister verantwortlich. Erwähnt werden muss auch noch, dass Baldewein die Herrenmühle an der Weidenhäuserbrücke so umbaute, dass neben dem herkömmlichen Mahlwerk noch eine Walkmühle betrieben werden konnte und vor allem ein Sägewerk zum Schneiden von Brettern und Dielen, die nun nicht mehr in der Ferne eingekauft werden mussten.

Die fürstlichen, städtischen und privaten Baumaßnahmen, die im letzten Drittel des 16. Jhs. der Stadt noch einmal ein neues Profil gaben, und der allgemeine wirtschaftliche Aufschwung, der die Einwohnerzahl Marburgs fast auf 6000 steigen ließ, rechtfertigten den Anspruch, Hauptstadt und Zentrum eines Territoriums zu sein, das eine wichtige Brückenfunktion zwischen Nord und Süd wahrnahm. Dazu trugen natürlich auch die Universität und das Samthofgericht bei. Professoren, Richter und Verwaltungsbeamte verstärkten die städtische Oberschicht, die sich einen aufwändigeren Lebensstil leisten konnte und auch am höfischen Leben auf dem Schloss teilnahm. Aber auch im einfachen Volk breitete sich offensichtlich ein bescheidener Wohlstand aus, denn der hessische Jurist Otto Melander spottete: »Jetztund ist kein armes Bauernweib, welches nit Schleyer trägt mit gülden Leisten und gülden Armband. So lassen sie auch ihren Männern keine Ruhe, sie verkaufen denn Schwein, Kühe und Früchte und kaufen ihren hoffärtigen Weibern dargegen gülden Gürtel, Hembder, Köller mit Seiden ausgenehet, Röck mit Belag und Leisten, so rosen, viol oder grünferbig.«

Anders als etwa sein jüngerer Bruder, Landgraf Philipp II. in Rheinfels, der 1583 starb und einen Schuldenberg hinterließ, war Ludwig IV. ein sparsamer und auf geordnete Finanzen bedachter Landesvater mit patriarchalischen Zügen. Das hinderte ihn nicht, standesgemäß Hof zu halten, Feste mit Spiel, Turnier und Tanz zu veranstalten, auch Reisen an befreundete Fürstenhöfe zu unternehmen oder selbst hochrangige Gäste zu empfangen. Eng und vertraut war der Kontakt zu seinem Bruder in Kassel, Landgraf Wilhelm IV. Willkommen war nicht nur als Gast, sondern auch weiterhin als bewährter Ratgeber in politischen und religiösen Fragen Herzog Christoph, sein Schwiegervater aus Stuttgart, der Ludwig in seiner streng lutherischen und gleichzeitig auf Ausgleich

Elisabethbrunnen bei Schröck von 1596.

mit dem Kaiser bedachten Grundhaltung bestärkte, die auch von seinem Bruder in Darmstadt, Landgraf Georg I., geteilt wurde. Dem württembergischen Einfluss war es wohl auch zu verdanken, dass Ludwig am Südhang unterhalb seines Schlosses bis nach Ockershausen hin Tausende von Weinstöcken pflanzen ließ, die jedoch in dem raueren hessischen Klima schlecht gediehen, sodass der Weinbau 1590 wieder aufgegeben wurde. Zum Reigen der höfischen Feste gehörte alljährlich im Mai am Geburtstag des Landgrafen und zum Gedenken an die Ahnfrau Elisabeth die *Bornfahrt* des ganzen Hofes zum Elisabethbrunnen im Schröcker Wald. Die noch heute kräftig sprudelnde Quelle ließ Ludwig 1596 in einer Brunnenkammer fassen, vor die eine prachtvolle, mit Säulen, fürstlichen Insignien und den Wappen seiner Räte geschmückte Renaissancefassade gesetzt wurde.

Zu dieser Zeit war Landgräfin Hedwig schon gestorben und Ludwig in zweiter Ehe mit Maria von Mansfeld verheiratet. Da auch diese Ehe kinderlos blieb, wuchsen Ungewissheit und

Sorge, welcher Zukunft die Landgrafschaft Hessen-Marburg entgegenging. Dabei schoben sich konfessionelle Gegensätze, die nach dem Augsburger Religionsfrieden im protestantischen Lager zwischen Lutheranern und Reformierten gewachsen waren, immer mehr in den Vordergrund. Nach dem Willen ihres Gründers sollte die Marburger Universität offen sein für die unterschiedlichen protestantischen Bekenntnisrichtungen und die Gedanken der Humanisten. Das machte sie attraktiv für eine wachsende Zahl von Studenten aus allen protestantisch geprägten Ländern, sogar aus der Schweiz. Diese konfessionelle Offenheit wurde jedoch zunehmend eingeengt, als Ludwig bei der Berufung von Theologen, seiner religiösen Überzeugung entsprechend, gezielt Vertreter der lutherischen Orthodoxie ins Amt brachte, so 1576 den Württemberger Aegidius Hunnius, dessen theologische Qualifikation zwar unbestritten war, der aber als Professor in der Universität und als Superintendent in der Landeskirche die schon bestehenden Spannungen verschärfte, nicht zuletzt durch seinen Hang zur Polemik gegenüber den Reformierten. Ludwig verzichtete zwar aus Rücksicht auf seinen Bruder in Kassel, mit dem er ja gemeinsam für die Universität verantwortlich war und sich auch stets brüderlich verbunden fühlte, auf die Übernahme der von den lutherischen Reichsständen 1580 vereinbarten Konkordienformel, einer Zusammenfassung der lutherischen Bekenntnisschriften. Dennoch setzte er kirchenpolitisch in den Gemeinden seines Landes konsequent die Ausrichtung auf das streng lutherische Bekenntnis fort. Die konfessionelle Distanz zwischen dem oberhessischen und dem niederhessischen Fürstentum verstärkte sich noch, als nach dem Tod Wilhelms IV. 1592 Ludwigs Neffe Moritz in Kassel die Regierung übernahm, dessen Neigung zum Calvinismus bekannt war. In Darmstadt dagegen trat 1596 sein anderer Neffe als Ludwig V. die Nachfolge Landgraf Georgs I. an, der die lutherische und gleichzeitig kaisertreue Politik seines Vaters fortsetzte. Damit zeichnete sich ab, dass die potentiellen Erben des kinderlosen Onkels in Marburg in verschiedenen politischen und konfessionellen Lagern standen. Ludwig, der ja mit den Problemen einer Erbauseinandersetzung vertraut war, bemühte sich daher bei der Abfassung seines Testaments, die

Epitaph für Landgraf Ludwig IV. in der Pfarrkirche.

Folgen der unvermeidlichen Erbteilung dadurch zu begrenzen, dass er nicht nur die künftige Grenzlinie festlegte, die Marburg Kassel und Gießen Darmstadt zuordnete, sondern auch die Teilung an die Bedingung knüpfte, die konfessionelle Ausrichtung seines Landes auf das lutherische Bekenntnis nicht zu verändern.

Landgraf Ludwig IV. von Hessen-Marburg starb am 9. Oktober 1604. Sein feierliches Begräbnis war das letzte eines hessischen Fürsten in Marburg. Seine letzte Ruhestätte fand er in der Pfarrkirche. Er hinterließ ein gut verwaltetes, wohlgeordnetes Land. Für die Stadt Marburg endete das vielleicht glänzendste Kapitel ihrer Geschichte. Nun musste sich zeigen, ob die beiden wichtigsten Errungenschaften des 16. Jhs., Hofgericht und Universität, so gefestigt waren, dass sie ihre zentrale Bedeutung für Hessen behaupten und damit die künftige Entwicklung der Stadt sichern konnten.

Das gefahrvolle Jahrhundert (1605–1700)

Der Streit um das Erbe Ludwigs IV.

»Was nun … unseren Erben an Land und Leuten in der Teilung und Vergleichung zukommen wird, bitten wir sie nicht allein zum Höchsten und Fleißigsten, sondern wollen ihnen auch hiermit bei Verlust desjenigen, so ihnen hierinnen verordnet und sie von uns zu erben haben, auferlegt und befohlen haben, daß sie unsere gehorsame Unterthanen bei unserer wahren Religion, der in Gottes Wort, den prophetischen und apostolischen Schriften gegründeten … Confession und Apologie, so biß anhero bei uns gehalten worden … in gnädigem Schutz und Schirm haben.«

Auch wenn in dem Erbvertrag nicht ausdrücklich vom lutherischen Bekenntnis, das nicht verändert werden dürfe, die Rede war, so konnte an dem, was Ludwig IV. gemeint hatte, kein Zweifel bestehen: Wer am konfessionellen status quo in einem der beiden Erbteile etwas veränderte, der sollte seinen Erbanspruch verlieren! Und doch ließen beide Neffen schnell erkennen, dass ihnen der letzte Wille ihres Onkels gleichgültig war. Landgraf Ludwig V. von Hessen-Darmstadt, der endlich an Bedeutung mit der Kasseler Linie gleichziehen wollte, nahm zwar sogleich die ihm zugesprochene Hälfte in Besitz, erhob aber dennoch Einspruch gegen das Testament mit der wenig überzeugenden Begründung, ihm und seinen beiden Brüdern stünden drei Viertel des Ganzen zu, dem Kasseler Vetter nur ein Viertel. Als er damit beim hessischen Hofgericht nicht durchkam, wandte er sich an den Reichshofrat – wohl auch in der Hoffnung, dass sich die kaisertreue Haltung der Darmstädter Linie auszahlen werde. Landgraf Moritz von Hessen-Kassel dagegen scheute nicht vor einem eindeutigen Verstoß gegen die wichtigste Testamentsbestimmung zurück. Obwohl seine Räte eher zur Vorsicht geraten hatten, »weil sonst zu befürchten sei, daß derselbe (also Landgraf Ludwig V.) zum Schutz der oberhessischen Theologen wol gar die Kaiserliche Majestät zu Hülfe rufen werde«, ordnete er 1605 nicht nur in Niederhessen, sondern auch in seinem – geerbten – Teil Oberhessens die Einführung der sogenannten »Verbesserungspunkte« an. Hinter dieser unverfänglich klingenden Formulierung verbarg sich tatsächlich die Einführung des reformierten, also calvinistischen Bekenntnisses mit der Austeilung von Brot statt der geweihten Hostie beim Abendmahl und dem Bilderverbot in den Kirchen. Während in Kassel die Neuerung ohne größeren Widerstand hingenommen wurde, kam es in Oberhessen an vielen Orten zu Unruhen.

Tumult in der Pfarrkirche: Lutherisch oder reformiert?

Besonders die *Marpurgischen Kirchen Händell* erregten wegen ihrer Heftigkeit über die hessischen Grenzen hinaus Aufsehen. Auf Befehl des Landgrafen hatte Kanzler Clotz die maßgeblichen Marburger Theologen zur Annahme der Verbesserungspunkte aufgefordert. Als sie dies strikt ablehnten, wurden sie entlassen, konnten aber am 14. und 21. Juli 1605 noch einmal in der völlig überfüllten Pfarrkirche predigen. Dabei nahmen an der Abendmahlsfeier nach lutherischer Art an die tausend Menschen teil. In höchster Eile schickte der Landgraf daraufhin zwei überzeugte Calvinisten aus Kassel und Ziegenhain, die Superintendenten Schönfeld und Schoner, zur Unterweisung der widerspenstigen Gläubigen nach Marburg. Gleichzeitig zitierte Kanzler Clotz erst Bürgermeister, Rat und Vierer zu sich in die Kanzlei und, um ganz sicher zu gehen, am 23. Juli auch noch die Vertreter der Zünfte, um sie über den Willen des Landgrafen zu informieren. Jeder der 100 Erschienenen musste seine persönliche Einstellung zu den Verbesserungspunkten zu Protokoll geben, wobei die – meistens ausweichenden – Aussagen kritisch kommentiert wurden. So wurde z. B. hinter der Aussage des Schneidermeisters Hen, er bekenne sich dazu, was Gottes Wort und Befehl gemäß sei, vermerkt: »bonus«, also gut. Die Antwort seines Zunftgenossen, des Meisters Ebert, er wolle beim kleinen Katechismus bleiben, »doch Gottes wort

Die Pfarrkirche St. Marien unterhalb des Landgrafenschlosses war im Mittelalter die eigentliche Stadtkirche (im Gegensatz zur Elisabethkirche im Deutschordensbereich, die außerhalb der Stadtmauern lag).

nicht under die banck stossen«, erhielt dagegen den Zusatz: »Du bist ein esell«. Abschließend warnte der Kanzler eindringlich, dass sich »niemand wollte understehen, einige uffwigelung zu suchen oder anzurichtten, deswegen sich dan ein jeder vor auffruhren und auffstandt bey der straff, so daruff stehet, wurde wissen zu hueten.«

Solche Einschüchterungsmaßnahmen verstärkten die Unruhe in der Stadt. Am folgenden Tag versammelten sich Zünfte und Gemeinde im Rathaus, forderten die Wiedereinsetzung der vertriebenen Prediger und erklärten, eher sterben zu wollen, als von der bisherigen Lehre abzuweichen. In diesem Sinn wurde eine ausführliche Bittschrift verfasst, die auch Bürgermeister, Rat und Vierer billigten.

In der Überzeugung, durch sein persönliches Auftreten die Marburger bekehren zu können, kam Landgraf Moritz am 28. Juli mit großem Gefolge in die Stadt, redete zuerst lateinisch den Professoren und Studenten ins Gewissen und sprach dann vor der Vesperpredigt von den Stufen der Pfarrkirche herab so eindringlich und beschwichtigend zu den Bürgern, »daß es wohl nicht ohne Frucht abgegangen sei«. Dabei ging er »gnedig und sanfftmütig« auch auf die Bittschrift ein und verließ die Stadt in der Erwartung, die beiden von ihm eingesetzten Superintendenten könnten nun ihren Auftrag ungehindert erfüllen.

Tatsächlich konnte Gregorius Schönfeld am 5. August störungsfrei über das Thema »Brotbrechen beim Abendmahl« predigen. Am folgenden Tag jedoch, als sein Kollege Valentin Schoner über das Bilderverbot predigte, kam es auf das Gerücht hin, alle Bilder würden aus der Kirche entfernt, zu einem gewaltigen Tumult.

Als Landgraf Moritz, der gerade in Gemünden (Wohra) weilte, die Nachricht von dem Aufruhr in Marburg erhielt und hörte, dass die Aufrührer »ihre Wehr und Waffen in den Heuser gebutzt und allen Pulver in der Stadt auffgekaufft« hätten, ließ er durch Boten mitteilen, dass er zu keinen Zugeständnissen bereit sei, sondern auf der Erfüllung seiner berechtigten Forderung nach »gebührlichem Gehorsamb« bestehe. Danach rückte er mit neun eilig herbei befohlenen Fähnlein Soldaten (wohl mehr als 2000 Mann) in Marburg ein, die samt Pferden in den Bürgerhäusern einquartiert wurden. Moritz befahl die Ablieferung aller Waffen auf dem Rathaus und redete im Sonntagsgottesdienst am 9. August in der Pfarrkirche nach der Predigt seinen Untertanen ins Gewissen, »daß er Fug und Macht hätte, das hölzern Bild, welches da vor Augen hinge (deutet auf das Cruzifix), hinweg zu thun, so wolle er anjetzo dasselbe abwerfen lassen. Darauf ihre fürstlichen Gnaden alsbald aus der Kirche sich verfüget, die Werkleute aber, Maurer, Zimmerleute, Schreiner mit ihren Hauen, Hämmern, Aexten an das Cruzifix gemacht, daselbige herunter gerißen und zerschlagen haben.« Ohnmächtig mussten die Marburger zusehen, wie alle zum »Götzendienst« verleitenden Bilder, Skulpturen und sogar das große, über dem Altar hängende vergoldete Kruzifix aus der Kirche entfernt und auf dem Kirchhof rücksichtslos zerschlagen und verbrannt wurden.

HINTERGRUND

GEWALTTÄTIGER VOLKSZORN

Im Gottesdienst am 6. August 1605 in der Pfarrkirche predigte Superintendent Schoner über das in den zehn Geboten der Bibel ausgesprochene Bilderverbot. Schon vorher hatte der Küster in der Überzeugung, nun sei die ehrwürdige Ausstattung von St. Marien in Gefahr, die Bürger aufgeschreckt, »es were derhalben nun zeit, zuzusehen, zu wachen und zu wehren«. Das war der Funke, der die ohnehin angespannte Stimmung in der Stadt explodieren ließ. Die Sturmglocke wurde geläutet, eine erregte Menge rottete sich zusammen und drang mit Rufen wie »Höre auff du Pfaff! Werfft den alten Schelmen mit Cantzel und allem herunter!« auf Schoner ein, der sich nur mit Mühe auf die den Professoren und Geistlichen vorbehaltene Empore retten konnte. Nach deren Erstürmung jedoch wurden alle, die sich dorthin geflüchtet hatten, schwer misshandelt. Dazu heißt es in der Flugschrift, die kurz nach den Ereignissen in Marburg gedruckt und zur Verteidigung des Vorgehens des Landgrafen verbreitet wurde: »Der Tumult aber und das Geschrei des Pöbels nahm so überhand, daß weder Bürgermeister noch Rat, weder Rentmeister noch Rector oder einiger Mensch hat etwas gelten oder schaffen mögen. ... Herrn Dr. Schönfeld nahmen sie zuförderst, stürzten ihn die Stiege herunter in die Sacristei, schleppten ihn mitten in den Chor zwischen den beiden Altären; da raufte und schlug ihn, wer hinzukommen mochte und konnte. Die vorn waren, schlugen ihn in's Angesicht; die auf den Seiten schlugen ihn auf das Haupt, warfen ihn auf die Erde, traten ihn mit Füßen«, bis man ihn für tot hielt und vor die Tür warf. Erst in der nahen Kanzlei konnten sich die Angegriffenen in Sicherheit bringen. Die siegreiche Menge zog »mit hellem hauffen und in grossem Triumph« zum Rathaus und beriet das weitere Vorgehen zum Schutz der Kirche und der Stadttore.

Da die Einquartierung schwer auf allen Haushaltungen lastete, baten die Bürger den Landgrafen um Audienz, die ihnen gnädig gewährt wurde. Daraufhin begaben sich am 13. August die obersten Repräsentanten der Stadt und der Zünfte hinauf zum Schloss und leisteten untertänigst mit einem Fußfall Abbitte. Moritz akzeptierte zwar, »daß ihr aber ewer hochverweißliche und frefendliche Uberfahrung erkennet und abbittet«, betonte jedoch – schon ganz absolutistisch – seinen festen Willen, »den Trotz und Hochmut zu brechen, euch zu demütigen, daß ihr hinfüro ewere von Gott vorgesetzte hohe Obrigkeit in Underthenigen Ehren besser haltet«.

Am folgenden Tag wurde der größte Teil der Soldaten abgezogen, aber die der Anstiftung beschuldigten Personen blieben weiter in Haft. Auch die Waffen wurden den Bürgern zunächst nicht zurückgegeben, da der Landgraf »kein richtig vertrauen in die hochstraffbare burgerschaft Marpurgk« hatte, von der er »fast die allerwenigsten unschuldigt befindet«. So Unrecht hatte er damit nicht, denn seine Gewährsleute berichteten, dass die von ihm eingesetzten Prediger gemieden oder die calvinistischen Gottesdienste zwar besucht, aber die Abendmahlsfeiern boykottiert würden. Oder auch, dass viele Marburger lieber in die Gottesdienste nach lutherischem Ritus in der dem Deutschen Orden gehörenden Elisabethkirche gingen. Selbst der Weg nach Bauerbach oder Schröck war den Marburgern nicht zu weit, denn beide Dörfer unterstanden dem Erzbischof von Mainz, der zwar den evangelischen Gottesdienst duldete, aber jede Veränderung ablehnte. Auf lange Sicht jedoch setzte Moritz überall seine Verbesserungspunkte durch – nicht selten mit Drohungen und Gewalt. Davon künden noch heute sichtbare Spuren an und in vielen Kirchen Nordhessens, deren wertvolle Ausstattung weitgehend dem zerstörerischen Glaubenseifer des calvinistischen Landesherrn zum Opfer fiel.

Vetternstreit und 30 Jahre Krieg

Das Testament Ludwigs IV. hatte die Grenzlinie zwischen Marburg und Gießen gezogen. Die aus Marburg vertriebenen Professoren hatten es also nicht weit, dorthin zu gelangen, wo sie mit offenen Armen aufgenommen wurden und auch schnell wieder zu Amt und Würden kamen. Denn Landgraf Ludwig V. gründete 1607 in Gießen seine eigene Landesuniversität und finanzierte sie mit den Geldern, die eigentlich als sein Anteil an die Marburger Universität überwiesen werden sollten.

In den Jahren vor dem Beginn des Dreißigjährigen Krieges wuchs die unheilvolle Distanz im Familienstreit zwischen Kassel und Darmstadt. Moritz trat 1609 der Union der protestantischen Reichsstände bei, die sich vom Kaiser bedroht fühlten und in Verbindung mit den Niederlanden, England und Frankreich standen. Auf der anderen Seite sammelten sich die katholischen Mächte – neben dem kaiserlichen Österreich vor allem auch Spanien – in der Liga. Offiziell schloss Ludwig V. sich ihr zunächst nicht an, aber es war kein Geheimnis, zu welcher Partei er sich hingezogen fühlte.

1613 hatte der Reichshofrat im hessischen Erbstreit zugunsten der Darmstädter Linie entschieden. Das Urteil konnte niemanden überraschen, denn der Verstoß des Kasseler Landgrafen gegen die wichtigste Bestimmung des Testaments – keine Veränderung im konfessionellen status quo! – war zu offensichtlich. Dennoch legte Moritz Berufung ein und erreichte durch hartnäckiges Prozessieren einen Aufschub der Urteilsvollstreckung um volle zehn Jahre. Zu dieser Zeit wütete in Deutschland schon seit fünf Jahren jener Krieg, in dem es um macht- und religionspolitische Interessen deutscher wie auswärtiger Mächte ging und dessen im wahrsten Sinne des Wortes verheerende Auswirkungen das Jahrhundert prägen sollten. In diesem Krieg standen sich die beiden Vettern in Hessen als Feinde gegenüber.

Dabei war Landgraf Ludwig V. am Anfang klar im Vorteil. Im April 1623 entschied der Reichshofrat endgültig zu seinen Gunsten: Moritz wurde verurteilt, seine Hälfte Oberhessens mit Marburg herauszugeben und außerdem die dort seit 1605 erzielten Einnahmen zurückzuzahlen. Dieses Urteil verstärkte noch die Notlage des Kasseler Landgrafen. Da sich die Union aufgelöst hatte, war er ohne Bundesgenossen politisch und militärisch am Ende. Ungehindert konnte der Befehlshaber der Liga, der kaiserliche Feldherr Tilly, durch Hessen nach Norden vordringen. Dabei besetzte er mit zwei Kompanien Reiter auch Marburg, sodass die mit der Vollstreckung des Urteils beauftragten kölnischen Kommissare im März 1624 beim Einzug in die Stadt keinen Widerstand fanden. Die schwache niederhessische Besatzung im Schloss gab nach kurzer Beschießung auf und konnte nach Ziegenhain abziehen. Bürger, Beamte und Professoren wurden zur Huldigungszeremonie für den neuen Landesherrn in die Kanzlei bestellt. Die reformierten Professoren wurden entlassen und in einer Kutsche nach Kassel geschickt, wo sie am Collegium Mauritianum und ab 1629 an der neu gegründeten Universität ihre Lehrtätigkeit fortsetzten. Noch im März kam Ludwig V. persönlich nach Marburg und sorgte für die Wiedereinführung des lutherischen Bekenntnisses, sodass nach 20-jähriger Unterbrechung der Gottesdienst in der Pfarrkirche am Palmsonntag erstmals wieder nach altem Ritus gefeiert werden konnte – in der Kirche, die durch die Grabstätte des strengen Lutheraners Ludwig IV. und durch den Zerstörungsakt des überzeugten Calvinisten Moritz zu einem Ort mit einer hohen symbolischen Bedeutung geworden war.

Landgraf Ludwig V. von Hessen-Darmstadt war am Ziel seiner Wünsche: Er besaß nun auch Oberhessen mit der prestigeträchtigen Stadt Marburg und fühlte sich jetzt endlich dem Kasseler Vetter ebenbürtig. Das unterstrich er auch dadurch, dass er sich vom Kaiser die alleinige Verantwortung für die Marburger Universität bestätigen ließ. Nachdem er nicht nur das Ansehen der Universität durch die Wiedereinsetzung der 1605 vertriebenen Theologen gestärkt, sondern auch die von ihm in Gießen gegründete Universität nach Marburg verlegt hatte, wurde am 24. Mai 1625 auf dem Schloss mit einem Festakt, dem *Actus restaurationis Academiae Marpurgensis*, die Erneuerung der Universität gefeiert und zwei Jahre später ihr 100-jähriges Bestehen. In einem Rückblick darauf heißt es, »daß innerhalb deren hundertjährigen Zeit über fünfzehenhundert Studenten alhier ihre Ehren Titul empfangen / also daß 28 Theologiae, 196 Juris, 45 Medicinae Doctores und über 1300 Magistri auf dieser Universität creiret worden« seien. Und das Jubelfest habe »bey groser Menge versamleten Volkes seinen Anfang genommen … mit einer Predigt / Music / Orationen, Ablesung der Academische Gesetzen / köstlicher Mahlzeit / Promotion Doctorum und Magistrorum, Verehrung eines güldenen Bechers und geprägten Müntz auf dieses Jubelfest.« Ludwig V. erlebte diese Feier jedoch nicht mehr. Er starb 1626, wurde aber nicht, wie er es gewünscht hatte, in der Marburger Pfarr-

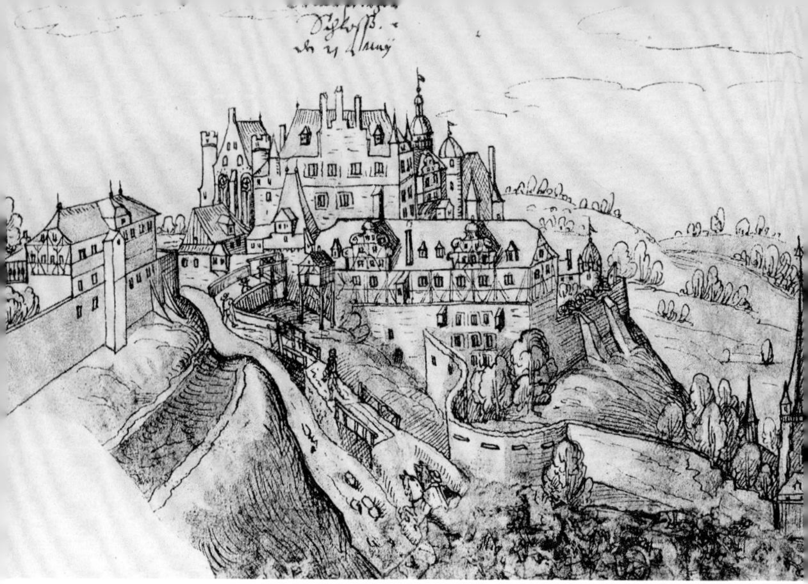

Das Landgrafenschloss 1632. Tuschezeichnung von Valentin Wagner.

kirche, die nun Lutherische Pfarrkirche hieß, beigesetzt, sondern in Darmstadt. Sein Sohn Georg II. ließ allerdings für ihn in der Pfarrkirche ein prachtvolles Epitaph anfertigen, das an Größe und symbolischer Formensprache neben der Grabstätte Ludwigs IV. bestehen konnte und auch heute noch beeindruckt. Georg II. fühlte sich in der Stadt seiner Vorfahren so wohl, dass er demonstrativ im Marburger Schloss seine Hochzeit mit Sophie Eleonore, einer Tochter des Kurfürsten von Sachsen, feierte.

In Kassel dagegen gab es keinen Grund zum Feiern. Moritz hatte sich und sein Land im Widerstreit der Mächte durch Starrsinn und ungeschicktes, glückloses Agieren reichspolitisch ebenso wie gegenüber seinen Landständen und auch finanziell in eine verzweifelte Lage manövriert, aus der er 1627 keinen anderen Ausweg sah als zurückzutreten. Die Regierung des am Rande des Ruins stehenden Landes übernahm sein ältester Sohn Wilhelm V., dessen Machtbereich faktisch zunächst auf die Hauptstadt und Festung Kassel beschränkt war, denn Niederhessen war von den Truppen Tillys besetzt und die meisten anderen Gebiete, wie die Herrschaft Schmalkalden und die

Niedergrafschaft Katzenelnbogen, an den erfolgreichen Darmstädter verpfändet. Daher bemühte er sich als Erstes um den Ausgleich mit Georg II. Er verzichtete u. a. ausdrücklich auf alle Ansprüche in Oberhessen und damit auch auf jegliche Zuständigkeit für die Marburger Universität. Damit schien der innerhessische Konflikt beigelegt.

Aber nach wie vor herrschte Krieg. Der siegreiche Feldzug Wallensteins in Norddeutschland und das Restitutionsedikt des Kaisers, das die Rückgabe aller seit 1552 durch die Protestanten eingezogenen geistlichen Besitztümer anordnete – für Hessen-Kassel bedeutete das den Verlust der Reichsabtei Hersfeld –, verschoben 1629 das machtpolitische Gewicht zugunsten des katholischen Lagers, sodass sich die protestantischen Reichsstände erneut bedroht sahen, zumal dem reformierten Bekenntnis ausdrücklich die Anerkennung versagt wurde. Landgraf Wilhelm V. war daher der Erste, der ein Bündnis mit Gustav Adolf schloss, nachdem der Schwedenkönig 1630 zum Schutz der Protestanten die politische Bühne in Deutschland betreten hatte. Seine militärischen Erfolge kamen auch dem Kasseler Landgrafen zugute, allerdings um einen hohen Preis, denn die hessischen Lande, und besonders Niederhessen, waren Durchzugs- und Quartiergebiet für Freund und Feind mit den im Krieg zwangsläufigen Belastungen. Das schwedische Eingreifen in den Krieg veränderte erneut das Kräfteverhältnis im Reich. Verwüstungen und Zerstörungen nahmen kein Ende.

Das Auf und Ab des Krieges brachte es mit sich, dass Marburg immer wieder unter den durchziehenden kaiserlichen, schwedischen, niederhessischen, französischen und anderen Truppen zu leiden hatte, die wiederholt auch in der Stadt ihr Winterquartier nahmen und fast immer den Bürgern hohe Kontributionen auferlegten. Diese waren entweder sofort bar zu zahlen oder wurden, wenn das unmöglich war, durch Schuldverschreibungen abgelöst. Aufs Ganze gesehen kam Marburg dank der Zugehörigkeit zu Hessen-Darmstadt und damit zur kaiserlichen Partei dennoch eher glimpflich davon, denn bis in die Endphase des Krieges blieben der Stadt Belagerung und Plünderung erspart. Niederhessen dagegen war allen Kriegsgräueln nahezu schutzlos ausgesetzt, da Wilhelm V. als

GEHEIMDIPLOMATIE ANNO 1630/31

Auffallend häufig haben energische, entscheidungsfreudige Frauen wie Sophie von Brabant oder Anna von Mecklenburg in kritischen Situationen der hessischen Geschichte eine neue Wendung gegeben. Im 17. Jh. waren es die Landgräfinnen Juliane von Nassau-Dillenburg und Amelie Elisabeth von Hanau.

Juliane, die zweite Frau des Landgrafen Moritz, hatte, geprägt von ihrem reformierten Elternhaus, einen nicht geringen Anteil an der rigorosen Durchführung der Verbesserungspunkte. So hatte sie 1605 an der Seite ihres Mannes die dramatischen Ereignisse in Marburg verfolgt. Nach seinem Rücktritt war sie mit ihren Kindern – insgesamt hatte sie 14 – nach Rotenburg übergesiedelt. Als sie erfuhr, dass ihr Stiefsohn Wilhelm V. unter der Last der von seinem Vater hinterlassenen Probleme ernsthaft an Rücktritt dachte, ergriff sie die Initiative. Sie schickte im Frühjahr 1630 ihren Rat Hermann Wolff in geheimer Mission zunächst in die Niederlande, um die Bereitschaft für ein Bündnis mit Schweden zu erkunden. Dort fühlte man sich jedoch von der kaiserlichen Partei im Reich nicht bedroht. Schließlich überzeugte Juliane ihren Stiefsohn von der Notwendigkeit, mit dem Schwedenkönig direkten Kontakt aufzunehmen. Wieder wurde Hermann Wolff auf Reisen geschickt, diesmal – um keinen Verdacht zu erregen! – mit dem vorgetäuschten Auftrag, die Möglichkeit eines Bildungsaufenthalts für Julianes Söhne am dänischen Hof zu erkunden, insgeheim aber mit der Weisung, unverbindlich die Bedingungen für ein Bündnis mit den Schweden zu sondieren. Gustav Adolf machte jedoch sofort ein konkretes Bündnisangebot. Da Wolff unterwegs feindliches Gebiet durchqueren musste, wurden zwei Vertragstexte formuliert: die harmlose, unverfängliche Version sollte er mit nach Kassel nehmen, die ernst gemeinte aber in Lübeck deponieren. Wolff entschied jedoch unterwegs, weil man in Lübeck »auß ubermeßiger zagheit und furcht nicht gut schwedisch« war, beide Dokumente bei sich zu behalten. Das mit dem Text des Geheimvertrags verbarg er geschickt: »Zue Bremen hab ich ein eigen stuhlküssen dartzue gekauft und die sachen in ein wachsduch und mit werck gestopfet, also darinnen gemacht, daß man darahn nichts fühlen können.« So abgesichert, führte er seine Mission glücklich zu Ende. Das Bündnis zwischen Hessen-Kassel und Schweden, das auf die Initiative Julianes 1631 zustande kam, sollte sich über alle Wechselfälle des Krieges hinweg bewähren bis zum Friedensschluss von 1648, der Hessen-Kassel endgültig im Besitz Oberhessens mit Marburg bestätigte.

treuester Bundesgenosse Schwedens auch nach dem Tod Gustav Adolfs 1632 am Bündnis festhielt, das er durch die Einbeziehung Frankreichs zu stärken suchte. Als 1636 die Reichsacht über ihn verhängt und dem Darmstädter Landgrafen die Verwaltung Niederhessens übertragen wurde, nahmen Mord und Plünderungen überhand. Allein im Jahr 1637, das wegen der extremen Schreckensherrschaft des kaiserlichen Kriegsvolkes als »Kroatenjahr« unvergessen blieb, wurden in Niederhessen 18 Städte, 48 Schlösser und etwa 300 Dörfer zerstört. Im Herbst dieses Jahres starb Landgraf Wilhelm V., nur 35 Jahre alt, in Friesland, wohin er sich mit seiner Familie und dem Rest seiner Truppen hatte zurückziehen müssen. Und wieder war es eine resolute, durchsetzungsfähige Frau, die in einer fast aussichtslosen Situation der hessischen Entwicklung eine neue Wendung gab.

Ein schlimmes Ende: Der Hessenkrieg

Landgräfin Amelie Elisabeth, von ihrem Mann testamentarisch zur Regentin bestimmt, erreichte, ehe noch der Kaiser eingreifen konnte, die Huldigung des Landes für ihren noch unmündigen Sohn Wilhelm VI. Durch geschicktes, kluges Verhandeln mit Hessen-Darmstadt und dem Kaiser gewann sie eine zweijährige Atempause. Als sie aber in der Religionsfrage nicht weiterkam, entschloss sie sich 1639/40 zur Erneuerung des Bündnisses mit Schweden unter Einbeziehung von Frankreich. Sie kehrte nach Kassel zurück und machte dadurch unmissverständlich klar, dass sie die Besitzansprüche ihres Sohnes durchzusetzen gewillt war. Dabei richtete sie ihren Blick über Niederhessen hinaus besonders auf die Rückgewinnung Oberhessens, eingedenk des Spruchs von Ludwig von Boyneburg: »Wer Kassel und das Schloss zu Marburg hat, der hat das ganze Land.«

Amelie Elisabeth spielte geschickt die Rolle der armen verlassenen Witwe, wurde aber z. B. von dem dänischen Gesandten respektvoll als *Heroine unseres Jahrhunderts* und *hermaphroditisches Ingenium* charakterisiert. Gestützt auf Gutachten von elf (!) Rechtsfakultäten, verbündet mit Schweden, Frankreich und Brandenburg und im Vertrauen auf ihr mit schwedischen und französischen Subsidien aufgerüstetes Heer unter dem Oberbefehl ihres kampferprobten Generals Geyso, kündigte sie 1644 den Hauptakkord von 1627 auf. Das kam einer Kriegserklärung an Hessen-Darmstadt gleich und führte zu einem letzten heftigen Aufflammen der großen Kriegsfackel, um deren Löschung sich schon die Unterhändler der kriegsmüden Mächte in Osnabrück und Münster bemühten. Während der Friedensverhandlungen ließen militärischer Erfolg oder Misserfolg jeweils die Waagschale Kassels oder Darmstadts steigen oder fallen.

Amelie Elisabeth, die streitbare Enkelin Wilhelms von Oranien, setzte auf eine Politik der Faustpfänder. Im Mai 1645 begann Geyso daher, das von Darmstadt verwaltete Oberhessen zu besetzen. Am 31. Oktober erschien er mit seinen Truppen vor den Mauern der Stadt Marburg und bereitete die Belagerung vor, da der darmstädtische Kommandant Willich im Einvernehmen mit Regierung und Rat eine freiwillige Übergabe ablehnte. Schanzen wurden gebaut und Laufgräben angelegt. Nachdem Geyso als günstigste Stelle für einen Angriff die südliche Stadtmauer ausgekundschaftet hatte, ließ er etwa dort, wo heute die Schulstraße verläuft, in der Nacht seine Geschütze in Stellung bringen, darunter drei 36-Pfünder und einen 12-Pfünder. Die Verteidiger, die wegen des dichten Novembernebels die nächtlichen Angriffsvorbereitungen zwar hören, aber trotz der in das Vorfeld hinausgeschleuderten brennenden Pechkränze nichts sehen konnten, arbeiteten die ganze Nacht über fieberhaft an der Verstärkung der Mauer durch Steine, Balken und Mist. Zwischen den Häusern an der Untergasse wurden die Durchgänge mit Palisaden verbarrikadiert. Nach Mitternacht begann die Beschießung der Stadt mit Feuerkugeln, aber da die Bürger vor ihren Häusern große Fässer mit

Wasser bereitgestellt hatten, wurden zwar 15 Häuser zwischen Untergasse und Markt beschädigt, aber ein Brand verhindert. Trotz des Beschusses – die Artillerie am Schloss feuerte insgesamt 336 Kugeln ab – hatten die Angreifer nur geringe Verluste und es gelang ihnen bis zum Morgen, eine breite Bresche zu schießen. Angesichts der drohenden und stellenweise auch schon begonnenen Erstürmung brach unter den Einwohnern Panik aus. Ohne Wissen und Einwilligung des Kommandanten und des Rats eilten einige, von einem Trommler begleitet, durch eine Pforte am Grün hinaus und baten um Waffenstillstand. Geyso erklärte sich dazu bereit, nachdem Bürgermeister und Rat den Kommandanten von der Aussichtslosigkeit einer längeren Verteidigung der Stadt überzeugt und die Übergabebedingungen akzeptiert hatten. Am 15. November »hat sich die sache also zur pacification geschicket und ist mit dem Herrn Generalmajor traktieret, daß 600 Musquetirer eingenommen und etzliche tage alimentieret werden, bis andere anstalten getroffen«. Willich, der ohnehin nur über zwei Kompanien Soldaten verfügte, zog sich zur weiteren Verteidigung auf das Schloss zurück.

Nun begannen schlimme Wochen für die Stadt. In den meisten Häusern waren bis zu 19 Mann einquartiert, die verpflegt werden mussten. Der Rat wurde mit Klagen über die unerträgliche Belastung überhäuft, beispielsweise mit der dringenden Bitte eines Bürgers, der im Sterben lag, man möge ihm die drei Tambours aus seiner Stube nehmen, damit er in Ruhe sterben könne. Jeden Monat musste die ohnehin verschuldete Bürgerschaft 600 Reichstaler an Stationierungskosten aufbringen, an denen sich die privilegierten Bürger, also landgräfliche Beamte und Professoren, nicht zu beteiligen hatten. In den Ratsprotokollen findet sich dazu die empörte Notiz: »Sie sehen alles Elend, Lasten und Unkosten der Stadt, aber es will keine christliche Kondolenz noch Billigkeit in ihr Herz.« Dazu kam die ständige Bedrohung vom Schloss, da die Verteidiger alles, was sich unten in der Stadt bewegte, unter Beschuss nahmen.

Anfang Januar 1646 verstärkte Geyso die Truppen in der Stadt auf 3000 Mann, da er endlich auch das Schloss einnehmen wollte. Er selbst quartierte sich im Komtursgebäude des

Deutschen Ordens ein. Die Kosten dafür und für nächtliche Gelage mit seinen Offizieren, bei denen große Mengen Wein getrunken wurden, ließ sich der unerbittliche Landkomtur von der Stadt erstatten, insgesamt 2000 Gulden. Am 8. Januar begann die Beschießung des Schlosses, das »kreuzweis durchlöchert« wurde. Nach acht Tagen ergab sich die ausgehungerte und durchfrorene Besatzung und erhielt freien Abzug. Sie zog mit wehenden Fahnen ab nach Gießen. Voller Zorn über den Verlust der prestigeträchtigen Universitätsstadt ließ Landgraf Georg II. den 70-jährigen Willich vor ein Kriegsgericht stellen und hinrichten.

Nach weiteren Kämpfen und Verlusten war Georg II. zu einem Waffenstillstand mit Amelie Elisabeth bereit, um bei den laufenden Friedensverhandlungen nicht völlig ins Hintertreffen zu geraten. Im Herbst jedoch wendete sich das Kriegsglück. Der kaiserliche Feldherr Melander Graf Holzapfel fiel mit 21 000 Mann in Niederhessen ein und wandte sich dann Marburg zu, das sich nach den Erfahrungen des Vorjahres in einem wesentlich besseren Verteidigungszustand befand. Dennoch gelang es den Kaiserlichen gleich in der ersten Nacht nach ihrer Ankunft am 29. November, die im Vorfeld liegenden Stadtbereiche Ketzerbach, Steinweg, Weidenhausen, Grün und Schwanhof zu besetzen, wobei ihnen zugute kam, dass sich viele Offiziere und Soldaten aus der Darmstädter Zeit in Marburg auskannten. Am 4. Dezember wurde die Stadt aus schweren Geschützen, die aus der Festung Gießen herangebracht worden waren, und 35 Kanonen drei Stunden lang sturmreif geschossen. Der Versuch, mit Leitern in das der Universität gehörende Dominikanerkloster einzudringen, misslang. Auch sonst wehrten sich die Verteidiger, unter ihnen auch Studenten, tapfer, aber der von Norden gegen das Kesseltor vorgetragene Sturmangriff hatte schließlich Erfolg. An die 500 Mann, geführt von dem Feldwebel Golzenbach aus Marburg, konnten von den Terrassen zwischen Pilgrimstein und Neustadt aus durch das Haus eines Professors in die Stadt eindringen, hielten sich aber dann mit Plündern auf, sodass dem Stadtkommandanten Stauff mit seinen Soldaten und einem Teil der Bürger ein geordneter Rückzug auf das Schloss möglich war. Die Verluste bei dieser Eroberung der Stadt waren ungleich höher als im Vorjahr. Die Kaiserlichen verloren 400 Mann, von der Schlossbesatzung fielen 16, darunter zwei Offiziere. Die Zahl der gefallenen Bürger ist nicht bekannt, da Ratsprotokolle und Kirchenbücher für diese Zeit lückenhaft sind. Drei oder vier Tage lang wurde in den Häusern der Stadt nach Kriegsrecht geplündert und die Not der Bürger noch einmal gesteigert. Ein Teil der Beute – ganze Wagenladungen mit Raubgut und auch Vieh – wurde nach Gießen abtransportiert und dort, obwohl die Geistlichkeit Einspruch erhob, verkauft. Seitdem verzieht man in Marburg verächtlich die Mundwinkel, wenn von Gießen die Rede ist!

Nach der Eroberung der Stadt begannen die Kaiserlichen noch im Dezember mit der Beschießung des Schlosses, hatten jedoch dabei hohe Verluste, da die Verteidiger sich wirkungsvoll zu wehren verstanden und dank eines Geniestreichs schließlich die Oberhand behielten: Oberstleutnant Stauff hatte erfahren, dass der kaiserliche Oberbefehlshaber Melander mit seinem Stab täglich um die gleiche Zeit im Haus des Rentmeisters Seip am Grün zu speisen pflegte. Daher ließ er am 18. Dezember zur Mittagszeit neun Kanonen auf dieses Haus richten und alle zugleich abfeuern – mit buchstäblich durchschlagendem Erfolg. Eine Kugel traf tatsächlich das Speisezimmer. Ein Soldat wurde getötet und Melander so schwer verletzt, dass er sich gezwungen sah, den Oberbefehl niederzulegen. Und nicht nur das. Die Belagerung des Schlosses wurde aufgegeben und der Abzug der kaiserlichen Truppen aus der ausgeplünderten Region um Marburg beschlossen. Als Letztes wurden noch die vier Tortürme und Teile der Stadtmauer gesprengt. Aber Oberhessen war für Landgraf Georg verloren.

Der militärische Erfolg blieb Landgräfin Amelie Elisabeth auch im letzten Kriegsjahr treu. Ihre Verbündeten Frankreich und Schweden brachten Darmstadt in unmittelbare Bedrängnis und ihr Feldherr Geyso siegte in der letzten Schlacht des Dreißigjährigen Krieges am 14. Juni 1648 bei Grevenbroich gegen eine kaiserliche Übermacht. Der Erfolg stärkte die Position Hessen-Kassels bei den Friedensverhandlungen in Münster und Osnabrück, wo die nordhessischen Gesandten zu Wortführern für die reichsständischen Interessen wurden und sehr wesentlich zu einer Schwächung des katholischen Kaisertums beitrugen. Zu der komplizierten Neuregelung der territorialen Besitzverhältnisse gehörte die nun für 300 Jahre endgültige Aufteilung der Marburger Erbschaft mit der Grenzziehung zwischen Marburg und Gießen. Hessen-Kassel erhielt die Zuständigkeit für die gesamthessische Universität Marburg zurück, sollte aber künftig das lutherische Bekenntnis der Bevölkerung respektieren. Gemeinsam blieben auch das Samthofgericht in Marburg, das Samtarchiv in Ziegenhain und das hessische Wappentier, der Löwe. Hessen-Darmstadt aber war mit seinen Expansionsplänen nach anfänglichen Erfolgen gescheitert. Den Frieden im 50-jährigen Vetternstreit hatten beide Seiten teuer erkauft.

Mühevolle Ruhe nach dem Sturm

Marburg hatte 1618 fast 6000 Einwohner, bei Kriegsende nur noch etwa die Hälfte. Die Gründe für diesen Rückgang waren weniger die unmittelbaren Kriegsverluste als vielmehr die immer wieder auftretenden Pestepidemien – die schlimmste forderte 1633 allein 400 Opfer – und teilweise auch der Wegzug derjenigen, die anderswo – z. B. im gut befestigten Frankfurt – mehr Sicherheit und bessere Chancen für Handel und Gewerbe erhofften. Viele Häuser in der Stadt standen leer, waren beschädigt und drohten einzustürzen. Drei Beispiele für den allgemeinen wirtschaftlichen Niedergang mögen genügen: 1618 wurden in der Stadt (ohne den Weinausschank im Deutschen Haus) 270 Fuder Wein getrunken, für die 1700 Steuer-Gulden in die Stadtkasse flossen, 1651 waren es bei einem Verbrauch von 33 Fudern nur 259 Gulden. Vor dem Krieg brachten die fünf Jahrmärkte der Stadt 136 Gulden an Standgeldern ein, 1648 nur noch 47. Hatte 1618 jeder der beiden Schweinehirten bis zu 300 Schweine ausgetrieben, so waren es bei Kriegsende nur noch ganze 40. Viele Bürger waren infolge der wiederholten Einquartierungen und Kontributionen auf Jahre hinaus hoch verschuldet, ebenso die Stadt. Zinsen und Tilgung der im

Krieg angehäuften Schulden belasteten die Stadtkasse noch bis in die Anfänge des 19. Jhs.! Fast 200 Jahre sollte es dauern, bis die Einwohnerzahl wieder den Vorkriegsstand erreicht hatte.

Die Wiederaufrichtung der Universität

Die Wechselfälle der Politik und des Krieges hatten nicht nur der Stadt, sondern auch der Universität zugesetzt. Der Friedensvertrag hatte zwar den gesamthessischen Charakter der völlig darniederliegenden Marburger Universität wiederher-

ROHE, RAUE STUDENTENBRÄUCHE

Auch im 17. Jh. gaben Disziplinlosigkeit, Verrohung und Unmäßigkeit der Studenten ständig Anlass zu Klagen, Kritik und Strafandrohung – aber stets nur mit geringem oder gar keinem Erfolg. Besonders der Pennalismus, bei dem sich die Studienanfänger oft rohen, erniedrigenden, kostspieligen und erpresserischen Ritualen unterziehen mussten, erwies sich als unausrottbar. Das übliche Waffentragen hatte nicht selten bei Streitigkeiten untereinander oder mit Bürgern blutige, manchmal auch tödliche Folgen. Hinzu kamen die Duelle, die trotz Verbots und strengster Strafandrohung stattfanden. Vor diesem Hintergrund spricht aus dem Eintrag in den Universitätsannalen zum Jahr 1618 »sine caede«, also ohne Totschlag sei das Jahr verlaufen, fast so etwas wie Erleichterung. Selbst der Respekt vor der Universitätsspitze ließ zu wünschen übrig. Als 1643/44 Rektor Schupp einen Studenten rügte, antwortete dieser: »Bleibe er mir vom Leibe, daß er keine Maulschellen kriege«. 1644 klagte der Prorektor über die verbreitete Trunksucht: »Das Biersaufen nimmt jetzo überhand, welches hiebevor allhie nicht also gebräuchlich gewesen ist, und weil es nicht soviel kostet als der Wein, so wird das saufen jetzo gemein. Die hiesige Bierbrauer sollen auch solche Sachen in das Bier tuen, dadurch den Leuten die Köpfe toll gemacht werden, darauf überladen sie sich mit Brandwein und sauffen Toback und sind dann gleichsam rasend und begehen viel Böses.« Mit »Tobacksaufen« bzw. -trinken war das im 17. Jh. aufkommende Rauchen gemeint. Die Feuerordnung von 1678 verbot übrigens strengstens das »Tabacktrinken« auf »der Streu in den Stuben«, also im Bett.

Ein Appell der Universität an die Studenten: »Für die Gebildeten und nicht für die Ungebildeten«. Kupferstich aus Daniel Meisners Politischem Schatzkästlein (1623).

gestellt, aber die Frage offen gelassen, was mit den beiden Universitäten geschehen solle, die 1607 in Gießen und 1629 in Kassel gegründet worden waren.

Georg II. war durchaus bereit, seine lutherische Universität aus Gießen nach Marburg zu verlegen, geriet aber dadurch in Konflikt mit den Kasseler Bestrebungen, in Marburg wieder einen deutlichen reformierten Akzent zu setzen. Also blieb es bei der Universität in Gießen, während sich in Kassel die Einsicht durchsetzte, »daß Marburg vor anderen Orten zur Academie gleichsam gemünzt, bequem und wohlgelegen sei«. Kassel habe ja die Residenz und auch sonst sein Auskommen. Daher bekräftigte der neue Landgraf Wilhelm VI. am 1. Januar 1653 in Kassel seinen Entschluss, »in unserer Stadt Marpurgk eine Academie und Universität« einzurichten. Dies sei auch aus wirtschaftlichen Gesichtspunkten erforderlich, um »die auf den Knien sitzende arme Bürgerschaft« zu unterstützen, denn Marburg habe »von der hohen Schule seine vornehmste Nahrung bezogen und könne ohne solche nicht bestehen«. Damit trug

AUS DER LATEINISCHEN WERBESCHRIFT FÜR DIE UNIVERSITÄT 1653

»... der durchlauchtigste und erhabene Fürst und Gebieter, unser Herr, Wilhelm VI., ... ordnete an, unter großen Kosten die berühmte Universität, die mit hochgelehrten und hochberühmten Männern in allen Fakultäten und allen Sprachen ausgestattet wurde, für sein Marburg, die Metropole von Nordhessen – das darum mit den demütigsten Bitten auf die dringlichste Weise bat – wiederherzustellen: diese Stadt, einen sehr geeigneten Musensitz, empfehlen die vorteilhafte Lage, die gesunde Luft, das milde Klima, die liebliche Gegend und eine ungewöhnlich reizvolle Landschaft, ... eine Stadt, die das freundliche Wesen der Bürger und ihre außerordentlich große Zuneigung zu den Männern der Wissenschaft in hohem Maße würdig gemacht hat, dieses glänzende Gut wieder in ihren Schoß aufzunehmen ... Du vor allem eile, von wo auch immer, herbei, wißbegierige und nach allen ruhmvollen Dingen strebende Jugend, Blüte des adligen Sinnes und der Tugend, Hoffnung des Vaterlandes und der Kirche; fliege herbei mit schnellen Flügeln, komm schnell zu dieser illustren Stätte – Werkstatt und Umschlagplatz der Wissenschaften –, die von unserem großen Fürsten Deinetwegen eröffnet werden soll ... Der Lohn ist wissenschaftliche Bildung und Ehre, der Preis ist Anstrengung und Fleiß. ... Wobei auch, wie früher, der gemeinschaftliche Umgang mit Reiterübungen jeder Art nicht fehlen wird.« (Übersetzung von Wilhelm Mattes)

er den seit 1649 immer wiederholten Bittschriften aus der »an einem unfruchtbaren Felsen fundierten Stadt« Marburg Rechnung, denn »außerhalb der Gelehrten und fürstlichen Bedienten sein die Einwohner eytel Crämer und Handwerksleute und sonst arm Völklein, deren Nahrung einzig und allein von der Universität herrührt«.

Also wurde im Juli 1653 in Anwesenheit Landgraf Wilhelms VI. die Wiederaufrichtung der Marburger Universität im Fürstensaal des Schlosses mit Predigt und Festschmaus gefeiert. Zunächst nahmen zwölf Professoren ihre Lehrtätigkeit auf. 146 Studenten wurden neu immatrikuliert. Für die wiederbelebte Universität verfasste Vizekanzler Heinrich

Dauber die neuen Statuten. Im guten Glauben, von der Universität Streitereien fernhalten zu können, wie er sie in Holland zwischen orthodoxen Theologen und Anhängern des Rationalisten Descartes und seiner alles infrage stellenden These *de omnibus est disputandum* erlebt hatte, formulierte er in Artikel 4 und 5 das strikte Verbot der cartesianischen, an den Naturwissenschaften orientierten Lehre. Damit legte er der weiteren Entwicklung insbesondere der theologischen und der philosophischen Fakultät Fesseln an, die die geistige Freiheit erheblich beeinträchtigten und gerade deshalb immer wieder Streit und Professorengezänk auslösten.

Einer der ersten, der davon betroffen wurde, war der angesehene Forscher und Erfinder Denis Papin, den der aufgeschlossene, an technischen Frage interessierte Landgraf Karl 1688 auf den Lehrstuhl für Mathematik berief. Papin, der im Rahmen der Hugenottenverfolgung Frankreich verlassen hatte, entwickelte in Marburg das Prinzip der Dampfmaschine, fühlte sich hier aber als Naturwissenschaftler eingeengt und auch durch kleinliche Streitereien in der reformierten hugenottischen Gemeinde genervt, sodass er froh war, als ihn der Landgraf 1695 nach Kassel rief.

Das gelehrte Jahrhundert (1700–1800)

Ein namhafter Professor und ein Student mit großer Zukunft

Nach dem Friedensschluss von 1648 gab es zwei hessische Universitäten, die nur 30 km voneinander entfernt, aber nicht nur durch eine Landesgrenze, sondern auch durch ihre unterschiedliche konfessionelle Ausrichtung getrennt waren. Die Marburger Universität profitierte davon, dass in Kassel eine Reihe tüchtiger Herrscher regierten und notfalls fähige Frauen die Regentschaft bis zur Volljährigkeit des Erbprinzen ausübten. Landgraf Karl, der 1677 die Regierung von seiner Mutter übernommen hatte, hatte 1685 als Erster der protestantischen Fürsten sein Land für die Glaubensflüchtlinge aus Frankreich nach Aufhebung des Edikts von Nantes geöffnet. In Marburg gab es daher gegen Ende des 17. Jhs. eine kleine hugenottische Gemeinde, zu der auch mehrere Professoren der Universität gehörten, darunter der Theologe Thomas Gautier und der Naturwissenschaftler Denis Papin, den der Landgraf der Royal Society of London abgeworben hatte.

Auf die Initiative des Landgrafen ging 1723 auch die Berufung des Philosophen Christian Wolff zurück, des bedeutendsten Vertreters der Aufklärungsphilosophie in Deutschland. Wolff hatte in seiner Rede als Prorektor in Halle über die *Praktische Philosophie der Chinesen* auf Übereinstimmungen mit der christlichen Lehre hingewiesen und damit seine Kontroverse mit den pietistischen Theologen um August Hermann Francke auf die Spitze getrieben. Ihr erbitterter Protest veranlasste den preußischen König, Wolff unter Androhung der »Straffe des Stranges« zum Verlassen des Landes binnen 48 Stunden aufzufordern. Rektor, Dekane und Professoren der Marburger Universität äußerten größte Vorbehalte gegen die Berufung Wolffs wegen seiner »mit der theologischen Fakultät zu besagtem Halle habenden strittigkeiten und gefährlichen prinzipiis«. Man solle daher erst noch einmal die Lehren Wolffs prüfen,

HINTERGRUND

DIE ZWEIHUNDERTJAHRFEIER DER UNIVERSITÄT 1727

Natürlich gab es eine Predigt in der Universitätskirche, dann einen Festumzug, an dem sich 470 Studenten beteiligten, zahlreiche Promotionen und diverse Reden. Die interessanteste hielt sicherlich der frisch gewählte Dekan der philosophischen Fakultät, Professor Wolff. Er sprach in seiner »Oration von der Harmonie der himmlischen Körper, besonders von den Planeten und verglich damit das Regiment auf der Hohen Schule.« Obwohl der Landgraf ein Fest »ohne anrichtung ohnnötiger banqueten und übermäßigen Trinkens« angeordnet hatte, wurde im Rathaus ausgiebig und festlich gespeist. Dabei ging es oben im großen Festsaal, wo die Honoratioren von Universität, Regierung und Stadt tafelten, sehr gesittet zu. Die Gäste im Stockwerk darunter allerdings schlugen heftig über die Stränge. Es wird berichtet, »daß in dem unteren Rathaussaale gegen fünfhundert Studenten gespeist worden, wobei sie sich recht lustig gemacht ... dabei aber keine desordres und alles ohne das geringste Unglück abgegangen, indem sie vorher alle die Degen ablegen und dem Fechtmeister in Verwahrung geben mußten, was jedoch nicht hinderte, daß sie alle Fenster, Bouteillen, Gläser, Tische und Bänke in tausend Stücke zerschmissen, da der Schaden auf 200 Taler zu schätzen, die Fenster aber auf hochfürstlichen Rentkammerbefehl von dem Rentmeister bezahlt worden.« Wahrscheinlich war dieses Bacchanal der Grund, warum heute nur noch zwei von ursprünglich 13 farbigen Medaillons aus der Erbauungszeit des Rathauses die Fenster jenes Saales schmücken.

»damit hiesiger Universität, ... die bis dahin ... in ihrem Flor und purität der Lehre bestanden, nichts widriges begegnen möge«. Der Landgraf ging jedoch über diese kleinlichen Bedenken hinweg und ordnete an, Wolff, den er schon zum Hofrat ernannt hatte, »nicht nur ohne anstand zu introduciren und gewöhnlicher maßen anzuweißen, sondern demselben auch die ihme gnädigst verordnete Besoldung gehörigen Orts zu assigniren und verabfolgen zu laßen; Allermaßen Wir dan, da derselbe zu gefehrde der Studirenden Jugend etwa einige gefährliche principia haegen sollte, wie man ihm ... ohne grund beyzumeßen gesucht hatt, Wir schon darauf ein wach-

»Vivat der Herr Prorector hoch«. Studentische Feier auf dem Marktplatz (Aquarell um 1740). Links am Rathaus ist die 1779 abgebrochene Brotschirn erkennbar.

sames auge halten laßen werden.« Die Besoldung war, verglichen mit einem durchschnittlichen Professorengehalt, fürstlich: 800 Reichstaler zuzüglich einiger besonderer Zulagen, Naturalien und freier Wohnung (im stattlichen Haus an der Ecke Marktgasse/Wettergasse). Dazu kamen noch die reichlich fließenden Kolleggelder, die das Gesamteinkommen schon 1724 auf etwa 2000 Taler brachten. Aber Christian Wolff war seinen Preis wert. Die Themen seiner Vorlesungen umfassten Mathematik, Physik, Geographie, Astronomie, Kriegskunst, Logik, Metaphysik und praktische Philosophie einschließlich der Politik, des Natur- und des Völkerrechts. Zu den Neuerungen, die er einführte, gehörte, dass er seine Privatvorlesungen auch in den Ferien fortsetzte und sich auch nicht scheute, seine Vorlesungen in deutscher Sprache zu halten.

Die Erwartungen des Landgrafen erfüllten sich: wurden 1720 noch 74 Studenten immatrikuliert, waren es 1724 schon 100 und im Jubiläumsjahr 1727 sogar 174. Die Gesamtzahl aber stieg selbst in diesen Jahren selten über 400. In den Vorlesungen des renommierten Professors drängten sich oft hundert Studenten und mehr, sodass manche abgewiesen werden mussten. Nicht ohne Stolz schrieb Wolff im Frühjahr 1730: »Es wird mit Logis hier bald ein Mangel verspüret werden, weil sich von Tage zu Tage mehrere einfinden, die zur Mathematick und meiner Philosophie lust haben.«

Als Christian Wolff sich 1723 für Marburg entschied, hätte er auch einem Ruf nach Russland an die Akademie der Wissenschaften in St. Petersburg folgen können. Dafür schickte ihm die dortige Akademie 1736 drei Stipendiaten, die sich bei dem berühmten Professor »mit den philosophischen, mathematischen und philologischen Wissenschaften vertraut machen« sollten. Einer dieser drei Studenten, über deren Studiengang Wolff der Akademie regelmäßig berichtete, war Michael Lomonossow, der 1755 maßgeblich an der Gründung der später nach ihm benannten Universität in Moskau beteiligt war. Nach erfolgreichem Studium heiratete Lomonossow die Marburger Bürgerstochter Elisabeth Christine Zilch, die ihm 1741 mit der gemeinsamen Tochter nach Russland folgte, wo sie sich »als Staatsrätin als eine ser würdige Frau« erwies. Wolff kehrte 1740, dem Ruf des jungen Preußenkönigs Friedrich II. folgend, nach Halle zurück. Nur ungern hatte ihn der Landgraf ziehen lassen. Die Marburger verehrten ihm zum Abschied »ein kostbares Praesent von Silber-Werk«. Der so Geehrte behielt die Stadt, »welche gar wohl erfahren hat, wieviel ihnen meine Gegenwart genützet und daher alle Liebe beständig for mich gehabt« hat, in guter Erinnerung.

Eine Reithalle für die Studenten und ein Erlass gegen das Borgen

Zweifellos war der deutliche Aufschwung der Universität im 18. Jh. vorrangig dem Ansehen Christian Wolffs zu verdanken, der erstmals auch Studenten von Rang und von weit her in größerer Zahl zum Studium nach Marburg zog, wo sich der Hauch von Provinzialismus bald zu verflüchtigen begann. Aber auch die landgräfliche Regierung war bemüht, die beiden hessischen

Universitäten in Marburg und Rinteln (seit 1648) zu fördern. Um seine nach akademischen Würden strebenden Untertanen im Lande zu halten, hatte Landgraf Karl schon 1723 verfügt, dass sie vor der Zulassung zur Promotion »wenigstens zwey Jahr eine von vermeldten beyden Universitaeten frequentiret« haben sollten. Dafür musste die Attraktivität des Studienortes gesteigert werden – nicht nur durch die Berufung namhafter Professoren, sondern auch durch zeitgemäße »galante« Bildungsangebote für die »meisten von denen von Adel und vermögenden Bürgerlichen Stand« zur Vorbereitung auf ein standesgemäßes Leben: Ein junger Kavalier musste auch fechten und reiten können. In Marburg wurde daher nach Abriss der baufälligen Kirche des Barfüßerklosters 1731/32 der Bau eines neuen »von Steinen aufgeführten prächtigen Reithauses« verwirklicht. Noch heute erinnern die verschlungenen Initialen FR (für Fridericus Rex) unter einer Krone über dem ehemaligen Eingang vom Plan her daran, dass der Auftraggeber sogar ein König war, denn Landgraf Friedrich I., der die Schwester König Karls XII. geheiratet hatte, war nach dessen Tod seit 1720 König in Schweden. Die Nutzung der neuen »Ritterakademie« wurde ausdrücklich erleichtert und »allergnädigst mit einer zulänglichen Anzahl wohl dressierter Pferde … dahin eingerichtet, daß dieses sonst kostbare Exercitium mit weniger Beschwerung der Scholaren getrieben werden kann, und solchergestalt auch diejenigen sich darauf legen können, welche sonst die Kosten zu scheuen pflegen.« Auch sonst war der königliche Landgraf um seine studierenden Untertanen besorgt. Um sie vor unbedachtem Schuldenmachen zu bewahren, ordnete er 1746 an, dass »insonderheit denen Billardierern, Coffeewirthen, Apotheckern in ansehung der sachen, so keine medicin sind, ballmeistern, confituriers und andern das denen studiosis nur zur verschwendung und üppigkeit beschehende (= dienende) waaren- und andere borgen bey gleichmäßiger ahndung und allenfalsig fiscalischer strafe hiermit verboten wird«. Lediglich »für kleidung, speisung, bücher, logiment und andere nothdurft« sei eine begrenzte Verschuldung zulässig. Aber wer seine Schulden nicht bezahle, der solle arrestiert werden, »bis er diese seine creditores befriedigt hat.«

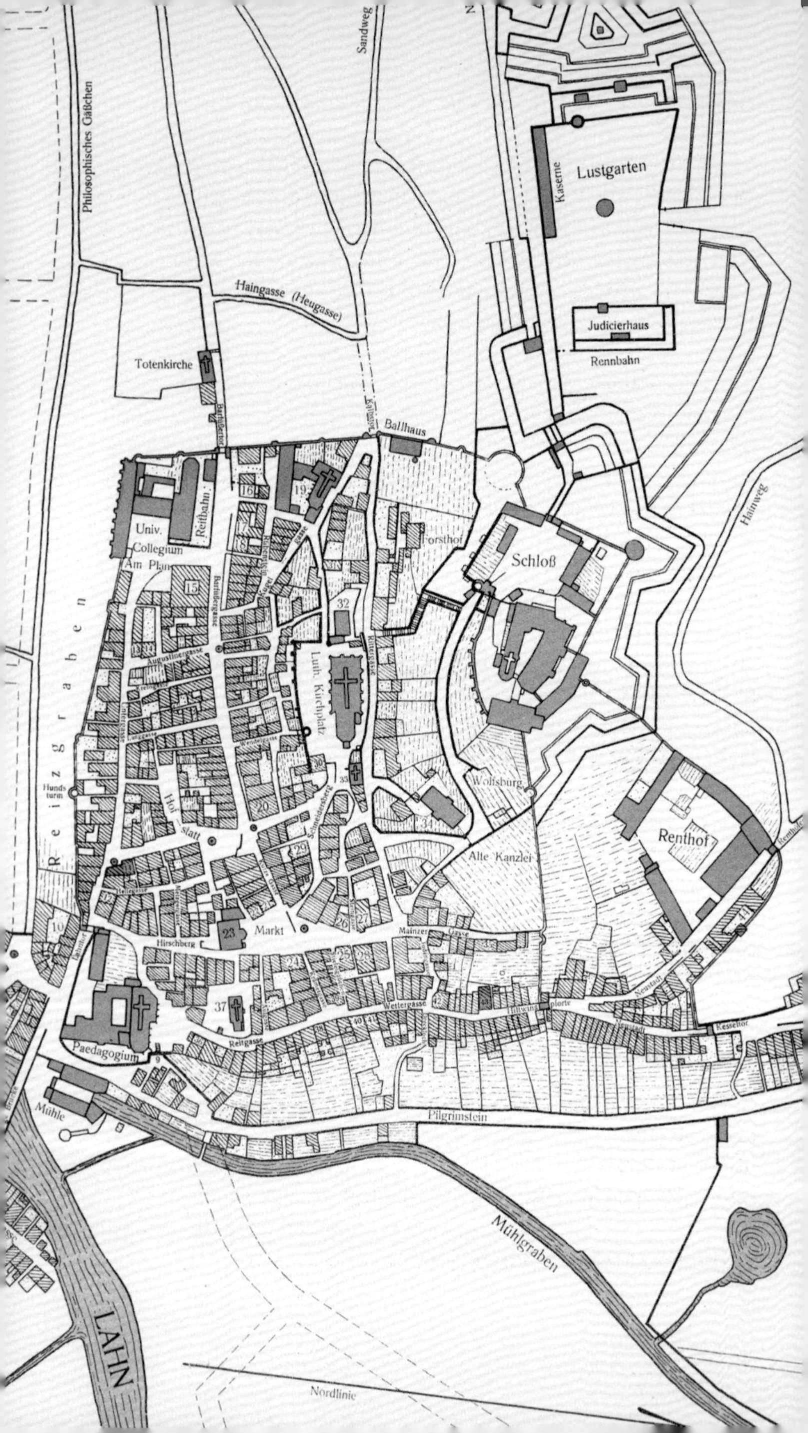
Sandweg
Philosophisches Gäßchen
Lustgarten
Kaserne
Haingasse (Heugasse)
Judicierhaus
Rennbahn
Totenkirche
Ballhaus
Univ.
Collegium
Am Plan
Reitbahn
Forsthof
Schloß
Hainweg
Augustinergasse
Luth. Kirchplatz
Ritergasse
Reizgraben
Hunds turm
Hof statt
Schneidersberg
Wolfsburg
Alte Kanzlei
Renthof
Markt
Mainzer Gasse
Hirschberg
Wettergasse
Hiltwinspforte
Neustadt
Reitgasse
Paedagogium
Mühle
Pilgrimstein
Mühlgraben
LAHN
Nordlinie

Akademisches Mittelmaß, Stagnation und wieder Krieg

Die Lücke, die Wolff 1740 hinterließ, war groß und am Rückgang der Studentenzahlen auf etwa 200 deutlich spürbar. Die Berufung namhafter Professoren, die sich außerhalb Hessens schon Ansehen und Verdienste erworben hatten, scheiterte wiederholt daran, dass das Angebot nicht attraktiv genug war. Auch die Rahmenbedingungen waren nicht verlockend, da z. B. der Bibliothek für Neuanschaffungen und Unterhalt noch nicht einmal die eigentlich dafür bestimmten Strafgelder der Studenten, die sie zusätzlich oder anstelle einer Karzerstrafe zahlen mussten, überlassen wurden. Das Professorenkollegium hatte insgesamt eher Mittelmaß, war teilweise auch überaltert und außerdem auf weniger als 20 Mitglieder geschrumpft – während in Göttingen 60 Dozenten tätig waren! Zeitweise hatte die Theologische Universität nur zwei, die medizinische gar keinen Vertreter. Immerhin gelang es 1742, den bekannten Juristen Johann Georg Estor, dessen Vorlesungen in Jena von Hunderten von Studenten besucht worden waren, zur Rückkehr an die Universität zu bewegen, an der er selber studiert hatte. Der begeisterte Empfang – Studenten ritten ihm entgegen und holten ihn in einem sechsspännigen Wagen »unter Musik mit Pauken und Trompeten« in die Stadt, wo eine Schützenkompanie dreimal ihre Gewehre krachen ließ – war ein Hinweis auf die großen Erwartungen, die an sein Kommen geknüpft wurden. Sie erfüllten sich aber nur teilweise, da Estor zwar seine Hörer durch ungewöhnlichen Fleiß und enzyklopädisches Detailwissen beeindruckte, aber dabei die großen Zusammenhänge aus den Augen verlor. Als er 1773 starb, hatte er es jedoch zum *professor primarius*, zum Geheimen Regierungsrat und Kanzler der Universität gebracht.

Marburg – umkämpfter Etappenort im Siebenjährigen Krieg 1757–1763

Noch waren die Folgen des Dreißigjährigen Krieges nicht überwunden, als die Stadt erneut in schlimme Kriegswirren hineingezogen wurde, obwohl sie ihre Bedeutung als Festung

Umzeichnung des im Original erhaltenen Stadtplans von 1750.

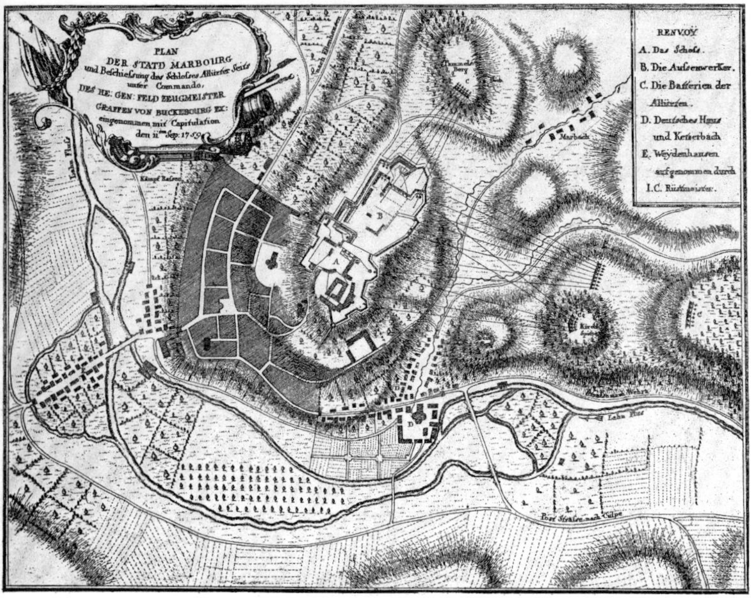

Beschuss des Schlosses am 11. Sept. 1759 (siehe Linien der Schießrichtung von der dem Schloss gegenüber liegenden Anhöhe »Kirchsitze« aus). Radierung von Wolfgang Christoph Mayr.

längst verloren hatte. Zum Verhängnis wurde ihr ihre günstige Lage als Etappenort an einem Schnittpunkt der großen Heerstraßen, auf denen die Armeen der europäischen Großmächte – England und Preußen gegen Österreich, Frankreich und Russland – hin- und herfluteten. Fünfzehnmal wechselte die Besatzung der Stadt, sechsmal die des Schlosses, das dreimal belagert und beschossen wurde. Hessen-Kassel war zwar offiziell neutral, hatte aber seine Truppen an das Subsidien zahlende England vermietet, sodass die Franzosen, die Marburg am häufigsten besetzt hielten, keinen Grund sahen, die Stadt und ihre Bürger zu schonen. Gelegentlich war das gesamte französische Heer um Marburg zusammengezogen. Zwar kam es nur in Einzelfällen zu Plünderungen, aber die immer wieder auferlegten Kontributionen, bei deren Nichtbezahlung oft die Repräsentanten von Stadt und Regierung als Geiseln inhaftiert wurden, dann die Schanzarbeiten zur Verstärkung der Schlossbefestigung, an denen sich alle Bürger beteiligen mussten, und die endlosen Einquartierungen zehrten an der Substanz. Von der qualvollen Enge in den Häusern zeugt eine Quartierordnung der Franzosen, wonach jeweils drei einfache Soldaten oder zwei Kavalleristen in einem Bett schlafen sollten. Als 1758 in der heißen Jahreszeit eine ansteckende Krankheit, wahrscheinlich die Ruhr, ausbrach, wurde eiligst in den Scheunen des Renthofes ein Seuchenlazarett eingerichtet, für das aus der Stadt Betten, Bettzeug und 500 wollene Decken geliefert werden mussten. Die über 1000 Seuchenopfer wurden in den Gärten am Schlossberg in Massengräbern bestattet. Für die Franzosen war Marburg eine der wichtigsten Nachschubstationen. Aus den in der Stadt angelegten Magazinen versorgten sie ihre Truppen mit Proviant und Munition. Auch die Elisabethkirche und die Speicher des Deutschen Ordens dienten ihnen als Lagerraum. Die Kirche büßte in dieser Zeit den größten Teil ihrer mittelalterlichen Fenster ein, erlitt aber zum Glück nicht das gleiche Schicksal wie die Stiftskirche in Hersfeld, die abbrannte. Nur die Fruchtspeicher und die Firmanei gingen 1762 in Flammen auf.

Nicht die Stadt, wohl aber das Schloss war zur Verteidigung gerüstet aufgrund der in den Jahrzehnten zuvor systematisch ausgebauten Festungsanlagen, die wiederholtem Beschuss, etwa vom Dammelsberg oder der Kirchspitze aus, standhielten. Ehe es aber zum Äußersten kam, entschieden sich einsichtige Kommandanten für die Übergabe, da andernfalls die Stadt wohl in Schutt und Asche gelegt worden wäre. Das letzte größere Gefecht des Siebenjährigen Krieges fand bezeichnenderweise in der Nähe Marburgs statt: am 21. September 1762 an der Brücker Mühle unterhalb der Amöneburg.

Am 19. Dezember wurde Marburg endlich von den Franzosen geräumt. Die Stadt war dem Ruin nahe. Auf Jahre hinaus verschlangen allein die Zinsen für den angehäuften Schuldenberg fast ein Viertel des städtischen Haushalts. Aber es gab auch Kriegsgewinnler: Branntweinhändler, Mehl-, Wein- und Bierverkäufer, Barbiere, Perückenmacher und zwei Billardeure. Die

Zahl der Studenten war in diesen unruhigen Jahren erneut auf einen Tiefpunkt gesunken. Kein Wunder, dass Kanzler Estor klagte: »Schmerz und Gram, mein Gott, zerreißt / Meinen hart-geprüften Geist; / In der Stadt, am Läne-Flusse, / An des hohen Schlosses Fuße, / Auf dem kleinen Berg hoff' ich, / Ich verlaßner, nur auf Dich.«

Gefahr für die Existenz der Universität

Die Misere der Marburger Universität in der 2. Hälfte des 18. Jhs. war einerseits »hausgemacht«, da ihr der wissenschaftliche Elan fehlte, andererseits aber auch eine Folge der landgräflichen Ausgabenpolitik, in der die von absolutistischem Geist geprägten Repräsentationsbauten in der Residenzstadt Kassel und das internationale, Reputation verschaffende stehende Heer absoluten Vorrang hatten vor den Bedürfnissen der beiden Landesuniversitäten Marburg und Rinteln. Die Misere hatte allerdings auch strukturelle Ursachen. Während die jungen Universitäten wie Göttingen und Halle aufgrund ihres modernen, an den Erkenntnissen aus Naturwissenschaft und Technik orientierten Lehrangebots großen Zulauf hatten, hielten die in der Reformationszeit so erfolgreichen Universitäten wie Marburg und Tübingen am traditionellen Bildungskanon, dem Einstieg ins Studium für alle über die Artistenfakultät, fest.

Vor diesem düsteren Hintergrund klingt die beschwichtigende Feststellung des Regierungskollegiums in Kassel im Hinblick auf die Situation der Professoren wie das Pfeifen im Walde: »Zu einer Zeit sind mehrere da, zu anderen Zeiten wieder wenigere, ohne daß man hiervon der innerlichen Verfassung der Universität die Schuld geben kann. Eine jede Universität hat ihre periodos, wonach selbige zufälligerweise mehr oder weniger frequentiret wird.« Aber die Hoffnung auf bessere Zeiten trog. 1775 analysierte ein neuer, offensichtlich mit der hessischen Geschichte wenig vertrauter Minister Landgraf Friedrichs II. daher ganz nüchtern, es sei besser, die Universität in Marburg, die »schmachte und wenig bedeute«, in Kassel mit dem Collegium Carolinum zu vereinigen und so eventuell ein Gegengewicht zu Göttingen zu schaffen, denn die elegante Residenzstadt böte den Herren Studenten die Gelegenheit, außer »der Gelehrsamkeit auch das zu lernen, was man heut so nötig habe, und was man ›Welt‹ nenne.« Als Ersatz könne man in Marburg ja die Garnison vergrößern. Dem widersprach Vizekanzler Ludwig Hombergk zu Vach entschieden: Die Aufhebung der Marburger Universität sei historisch und verfassungsrechtlich unmöglich. Außerdem hielte das »brillante Cassel« mit seinen vielen »divertissements« die Studenten vom ernsthaften Studieren ab. Und das bescheidene Marburg sei als Studienort für begabte Studiosi »von mittelmäßiger oder niederer Herkunft« gut geeignet. Damit war zwar die existentielle Bedrohung noch einmal abgewendet, aber die kleingeistige Politik der Kasseler Regierung ging weiter. 1782 verfügte sie »wegen verschiedener auf der Universität sich einschleichenden Mißbräuche« u. a., die Aufgabe eines Professors sei es keineswegs, »unbekannte, bisher unentdeckte Wahrheiten vorzutragen«. Vielmehr solle er sich darum bemühen, die Anfangsgründe einer jeden Wissenschaft »deutlich, faßlich und kurz … in einer äußerst planen und populären Sprache vorzutragen«, auf denen dann das weitere Studium aufbauen könne. Und die Studenten wurden »ernstlich« ermahnt, sich nicht »lediglich auf die sogenannten Brotstudia zu legen, und ganz handwerksmäßig zu lernen, was sie etwa nothdürftig im Examine brauchten«. Außerdem wurde den Professoren auferlegt, halbjährlich »Conduitenlisten« über den Besuch der Vorlesungen einzureichen, damit bei einer Einstellung in den Landesdienst den »ächten und edeler denkenden Musensöhnen vor den blos handwerksmäßig Studierenden« der Vorzug gegeben werden könne.

Dieses Misstrauen setzte sich fort, auch als 1785 mit Wilhelm IX. ein Landgraf an die Regierung kam, der zwar der Universität durch die Berufung neuer Professoren endlich wieder neue Impulse gab, aber der Kant'schen Philosophie und erst recht den Ideen der Französischen Revolution ablehnend gegenüberstand. Er untersagte der Universität für das Wintersemester 1786/87 ausdrücklich, Vorlesungen über Kants »Kritik der reinen Vernunft« zu halten, und forderte, dass »die Philosophische Fakultät unterthänigst gutachterlich berichte, was von des Kants Schriften überhaupt zu halten? Insbesondere ob

HINTERGRUND

MARBURGER STATISTIK IM JAHRE 1776

Im Stadtarchiv befindet sich eine topographisch-statistische Beschreibung aus dem Jahr 1776, die sehr detailliert Auskunft gibt über Marburger Gegebenheiten, über Einwohner, Berufe, Abhängigkeiten und Besitzverhältnisse aus der Sicht der Finanzverwaltung: 4786 Menschen lebten in der Stadt, davon »Christen: 962 Männer / 1088 Weiber / 992 Söhne / 985 Töchter / 281 Knechte / 437 Mägde. Folglich in summa, worinnen die in Frey-Häußern wohnende mitbegriffen: 4745 Menschen.« Hinzu kamen noch 41 Juden. Die hier nur pauschal einbezogenen 992 Frei-Haus-Bewohner waren Professoren, Beamte und Geistliche, die nicht der Steuerpflicht unterlagen. Dann werden 55 verschiedene Berufe genannt, die von 806 Personen ausgeübt werden, darunter 80 Schuhmacher, 66 Bäcker, 62 Händler, 40 Brandweinbrenner, 27 Weinschenker, 24 Wollenweber, 12 Perückenmacher, 6 Knopfmacher, 3 Seifensieder und 1 Schnurmacher, dazu 110 Tagelöhner. Während in »herrschafftlichen Diensten« 73 Personen standen, vom Geheimrat bis hinunter zum Pedell, und bei der Stadt einschließlich Syndikus und Schweinehirt noch 44, so waren es bei der Universität insgesamt nur 22, die 12 Professoren schon eingerechnet. Die Bürger in der Stadt besaßen 141 Kühe, 249 Schweine, 400 Schafe, 36 Pferde, 8 Zug- und 6 Reitochsen, die auf die verschiedenen Weiden in Stadtnähe getrieben wurden. Dazu heißt es, Zugvieh gebe es so wenig, weil die Bürger nur wenig Ackerbau hätten. »Die Pferdte aber sind mehrentheils angeschaffet, um solche an die Studenten und andere, so solche zum Reuten nöthig, zu verlehnen.« 70 wohltätige Stiftungen werden aufgezählt, deren Erträge bestimmt waren für Arme, Witwen, Waisen, »denen armen ums Brod singenden Schüler-Knaben«, für arme, gottesfürchtige Bürgerstöchter oder ehrbare, redliche Dienstmägde »zur Ehesteuer«, »vor arme Bürgers-Söhne, um Handwercker zu lernen«, für die Pfründner im Hospital St. Jakob oder auch für bedürftige Theologie-Studenten.

solche zum Scepticismo Anlaß geben mithin die Gewißheit der menschlichen Erkäntnis untergraben?« Nach Eingang der einzelnen Stellungnahmen, die von »nicht gelesen« und »schwer verständlich« bis zur mutigen Warnung, man solle »in der

Philosophie nicht den Despotismus aufkommen lassen, sonst ist's um Wahrheit geschehen«, reichten, lautete die zusammenfassende Antwort: »Kants Schriften verrathen unleugbar ein kühnes Genie, tiefe Denkungs-Kraft, und außerordentlichen Scharfsinn. Da aber seine Grundsätze von den bisher angenommenen Philosophischen Begriffen größten Theils abgehen, und dem gemeinen Menschenverstande zum Theil entgegengesetzt sind … so werden seine Schriften schwerlich die Sensation in den Gemüthern der Menschen machen … Vielmehr wird die scheinbare Dunkelheit der Kantschen (Schriften) … sie dem grösten Theil des Publicums unschädlich machen. … so scheinet er uns die gehässige Benennung eines Skeptikers nicht zu verdienen, und wir glauben nicht, daß durch das Lesen oder die Erklärung seiner Bücher der Religion nothwendig Nachtheil zuwachsen werde.« Die Befragten seien zwar unterschiedlicher Meinung, »Alle aber stimmen darin überein, daß Freyheit zu denken ein unschätzbares Kleinod einer jeden Universität sey, ohne welche kein weiterer Fortgang in den Wissenschaften möglich ist.« Das war durchaus mutig und ein Hinweis auf den neuen Geist, der sich im Professorenkollegium zu verbreiten begann, aber keineswegs auf Verständnis in Kassel stieß.

Neuer Geist und neue Unruhe

Eine der ersten Maßnahmen Wilhelms IX., um die Universität »in einen besseren Stand zu setzen«, war die Verlegung des Collegiums Carolinum von Kassel nach Marburg und damit die Stärkung der medizinischen Fakultät und der Naturwissenschaften. Unter den neuen Professoren, die in dieser Zeit nach Marburg kamen, war auch Johann Heinrich Jung-Stilling, der auf den 1787 neu eingerichteten Lehrstuhl für Oeconomie, Finanz- und Cameralwissenschaften »mit einem fixen Gehalt von 1200 Thalern schwer Geld oder 2160 Gulden Reichswährung … förmlich und ordentlich berufen« wurde. Der pietistisch geprägte Sohn aus ärmlichen Verhältnissen aus dem Siegener Land war seit der Studienzeit in Straßburg mit Herder und

Goethe befreundet, hatte sich schon als Arzt in Elberfeld durch erfolgreiche Staroperationen einen Namen gemacht und als Professor für Kameralistik – zuletzt in Heidelberg – zahlreiche Fachbücher, darunter sogar ein zweibändiges »Lehrbuch der Vieharzneykunde«, verfasst. Ein solches Multitalent hatte die Universität lange nicht gesehen. Der 47-Jährige, der die Berufung nach Marburg als göttliche Fügung und Krönung seines an glücklichen Wendungen reichen Werdegangs empfand, stürzte sich mit Energie und Fleiß in die Arbeit. In seiner emphatischen, gefühlsbetonten Antrittsvorlesung in Gegenwart des Landgrafen, »des Apolls unseres Musensitzes«, erklärte er detailliert, die Staatswirtschaft habe »den Zweck, den Staatsreichtum, und durch diesen das Glück des Fürsten und des Volks zu befördern ... Dieses geschieht durch die Landwirthschaft, Fabriken und Handlung.« Alle Staatsbediensteten müssten also von diesen drei Bereichen etwas verstehen und dazu »Vorkänntnisse der Mathematik, Physik, Chymie und Naturgeschichte« besitzen. Daher appellierte er an seine Amtskollegen, bei ihrer Lehrtätigkeit »auch auf staatswirthschaftliche Zwecke« einzugehen, und an die Studenten, sich »in jenen Hülfswissenschaften festzusetzen, damit Sie wolvorbereitet meinen Hörsaal besuchen mögen.« Tatsächlich hatte er anfangs großen Erfolg. In seiner Lebensgeschichte schrieb er dazu: »Er las täglich vier, zuweilen auch fünf Stunden Kollegien, und sein Briefwechsel wurde auch immer stärker, so daß er aus allen seinen Kräften arbeiten mußte, um seinen großen und schweren Wirkungskreis im Umschwang zu erhalten; doch wurde ihm Alles dadurch um Vieles erleichtert, daß er in Marburg lebte.«

Jung-Stilling veröffentlichte in schneller Folge grundlegende Werke zur Finanz- und Wirtschaftswissenschaft, erreichte beim Landgrafen die Einrichtung eines Staatswirtschaftlichen Instituts, des *Institutum Oeconomico Politicum* (dessen 200-jähriges Bestehen 1990 mit einem interdisziplinären Symposium gefeiert wurde), war 1792 Prorektor der Universität und musste immer wieder kurze oder längere Reisen unternehmen, um Staroperationen durchzuführen, für die er niemals ein Honorar forderte. Daneben führte er mit seiner kinderreichen Familie ein überaus gastfreundliches Haus (zuerst

»AUCH WAR EIN GROSSER HUND IM KOLLEGIUM ...«

ZEITZEUGE

Im September 1788 besuchte der Student Wilhelm von Humboldt aus Göttingen auf einer Bildungsreise Marburg und schrieb nach dem Besuch einer juristischen Vorlesung in sein Tagebuch: »Die Studenten, auf die ich genau während des Kollegiums Acht gab, betrugen sich gesitteter, als gewöhnlich die Frankfurtschen, sie behielten wenigstens nicht die Hüte auf, und schienen auch übrigens gesitteter. Sonst sprachen sie sehr laut, lachten, warfen sich Komödienzettel zu, trieben Possen von aller Art. Auch war ein großer Hund im Kollegium, der sich nach Belieben wälzte, krazte, und Töne aller Art von sich gab. Gegen Göttingen bemerkte ich also im Ganzen einen auffallenden Unterschied. ... Den Abend war ich auf einem Ball. Die Frauenzimmer waren alle sehr häßlich und getanzt wurde ziemlich schlecht. Sonst sah ich nichts Bemerkenswerthes da«. Dann steigerte er seine Kritik ins Allgemeine: »Als Stadt betrachtet ist Marburg leicht die häßlichste und unangenehmste, die man sich denken kann. Die Häuser alt und häßlich, die Straßen unrein, eng, krumm und so bergigt, daß man an einigen Orten, wo es zu steil ist, Stufen angebracht hat, die Beleuchtung äußerst schlecht, die Stuben niedrig, schief und uneben.« Zumindest, was die Reinlichkeit betrifft, hatte der kritische Beobachter gar nicht so unrecht, denn zu dieser Zeit hatte die Stadt außer etwa 5600 Einwohnern noch einen Viehbestand von 20 Ochsen, 442 Kühen, 269 Schweinen und 648 Schafen. Jung-Stilling, den Humboldt in Marburg auch besuchte, und erst recht die Romantiker wenige Jahre später sahen dieselbe Stadt und ihre Bürger allerdings mit freundlicheren Augen.

in der Barfüßerstraße, dann in der Hofstatt 11) und nahm rege am gesellschaftlichen Leben teil.

Die 16 Jahre in Marburg waren zweifellos die fruchtbarsten im Leben Jung-Stillings, allerdings geriet er mit seiner entschiedenen Ablehnung der aufkommenden individualistischen Freiheitsideale zunehmend ins Abseits. Seine Studenten wollten von ihm nicht hören, dass die Französische Revolution, die Ausbreitung ihrer Ideen und die sich abzeichnenden fundamentalen Umwälzungen ein Werk des Antichrists seien, und blieben weg – so drastisch, dass er sich schließlich selbstkritisch fragte, ob er sein Gehalt bei nur zwei oder drei Hörern noch verdiene. In den letzten Jahren wandte er sich verstärkt theologischen Fragen zu. Mit seinen religiösen, vom Pietismus geprägten Schriften, die große Zustimmung und weite Verbreitung fanden und in mehrere Sprachen übersetzt wurden, unterstützte er die Erweckungsbewegungen in vielen Ländern. Für ihn war es wieder eine göttliche Fügung, dass ihm der Großherzog von Baden anbot, frei von allen Lehrverpflichtungen als Schriftsteller und als sein persönlicher religiöser Berater nach Heidelberg zu kommen. Im September 1803 verließ er mit seiner Familie Marburg, dessen Bürger seinen Fortgang bedauerten. Er selber beschrieb die Stadt in seinen Lebenserinnerungen mit den einfühlsamen Worten, die das vorliegende Buch einleiten (S. 11). Die Fortsetzung lautet: »… ihre engen Gassen, leimene Häuser, u.s.w. machen bey dem, der bloß durchreist, oder den Ort nur oberflächlich kennen lernt, einen nachtheiligen, aber im Grunde ungerechten Eindruck: denn sobald man das Innere des gesellschaftlichen Lebens – die Menschen in ihrer wahren Gestalt – dort kennen lernt, so findet man eine Herzlichkeit, eine solche werkthätige Freundschaft, wie man sie schwerlich an anderen Orten antreffen wird. Dies ist kein leeres Compliment, sondern ein Dankopfer, ein Zeugnis der Wahrheit, das ich den lieben Marburgern schuldig bin.«

Das bürgerliche Jahrhundert (1800–1900)

Schleppender Aufbruch in die neue Zeit

Die aufsehenerregende Entwicklung der Residenzstadt Kassel zur barocken Metropole der Landgrafschaft zeigte den Marburgern deutlich, welchen Verlust sie erlitten hatten, seit ihr Schloss nicht einmal mehr vorübergehend als Residenz genutzt wurde. Wenn jetzt der Landgraf in Marburg Station machte oder seine Söhne hier studierten, dann logierten die hohen Herrschaften in dem stattlichen, 1744 errichteten Neubau des Gasthofes *Zum Weißen Roß* (an der Ecke Barfüßerstraße/Am Plan), der zugleich auch Poststation war. Dieses und die Reithalle von 1731 waren die beiden einzigen größeren Gebäude der Barockzeit in der Stadt, die nach wie vor in ihren engen mittelalterlichen Mauern verharrte. Wären da nicht die Universität gewesen, das Gericht, ein paar Regierungsbeamte und das Konsistorium, dann hätte Marburg allenfalls den Status eines Marktortes mit regionaler Bedeutung gehabt, denn es fehlten die Voraussetzungen für die Entwicklung einer überregional Erfolg versprechenden Produktion.

Lediglich den Töpfereien gelang der Aufschwung, da die »Marburger Dippercher« dank der neuen Belegtechnik zu einer originell dekorierten, weit über die Grenzen Hessens hinaus begehrten Handelsware wurden. Für die meisten übrigen Handwerksberufe verschlechterte sich die wirtschaftliche Situation nach der Lockerung und schließlich völligen Aufhebung der Zunftbestimmungen erheblich. Einige Handwerke waren bald überbesetzt – die Zahl der Schuhmacher z. B. war um 1800 von 121 auf 169 gestiegen –, aber der Bedarf in der Stadt war in etwa gleich geblieben. Jeder Rückgang der Studentenzahlen wurde daher als lebensbedrohlich empfunden. Da Kritik an den vom Landesherrn verordneten strengen Zulassungsbeschränkungen nicht möglich war, durch die Angehörige niederer Klassen vom Studium ausgeschlossen und nur jeweils der älteste Sohn aus Beamten- und Pfarrerfamilien zugelassen wurde, und ihr andere Kriterien fehlten, gab die Stadt allein der Universität die Schuld. 1803 beklagte sie sich in Kassel bitter über Versäumnisse und Mängel, durch die die Studenten abgeschreckt würden: Die universitären Strafen seien zu hart, die Professoren publizierten zu wenig und überhaupt sei der »Mangel an Celebrität in wissenschaftlicher Hinsicht« beklagenswert. Die Beschuldigten reagierten empört: Die Universität sei nicht zur städtischen Nahrungsgabe da und Bücher könne man nicht »wie Fabrikware« liefern. Der Streit blieb jedoch folgenlos.

Unter französischer Herrschaft profitierte Marburg, selbst längere Zeit in höchster Sorge um den Fortbestand seiner Universität, dann von der Schließung der Universitäten Rinteln und Helmstedt, die sogleich einen Anstieg der Immatrikulationen von 75 (1809) auf 121 (1810) zur Folge hatte. Außerdem konnte die bis dahin völlig vernachlässigte Universitätsbibliothek durch die Zuweisung umfangreicher Bestände, u. a. aus der Abtei Corvey, ihren Bestand um 7000 Bände aufstocken – bei gleichzeitiger Erhöhung ihres Etats um das Zwanzigfache! Durch die Aufhebung des Deutschen Ordens in Marburg gewann die Medizinische Fakultät mit der Übertragung des Elisabeth-Hospitals weiter an Bedeutung und die Chemie erhielt einige Jahre später im ehemaligen Komtursgebäude endlich geeignete Laborräume.

Noch zwei weitere Errungenschaften verdienen Erwähnung: 1808 setzte Bürgermeister von Breidenstein die Anschaffung von Straßenlaternen durch. Die 20 Laternen wurden jeweils im Rathaus mit Öl gefüllt und nach dem Löschen des Dochtes dorthin zurückgebracht (diese angesichts der dörflichen Straßenverhältnisse äußerst segensreiche Einrichtung fiel 1833 dem Sparzwang zum Opfer). »Um die für die Gesundheit der Menschen zuträgliche Reinlichkeit der Stadt zu bewirken«, ordnete der gleiche fortschrittliche Bürgermeister 1808 auch an, »daß dreimal in der Woche ein Karren durch die Stadt fährt. Jedem Einwohner ist befohlen, vor seiner Tür zu kehren und den Kot in den Karren zu laden.«

Marburger Romantik

Kurz nach der Jahrhundertwende wurde Marburg – eher zufällig – zu einem Ort der Begegnung für namhafte Vertreter der deutschen Romantik, die sich zu dem jungen Rechtsgelehrten Friedrich Carl von Savigny hingezogen fühlten, der im Herbst 1800 gerade sein Studium in Marburg mit der Promotion abgeschlossen hatte. Eine alte Verordnung Landgraf Friedrichs I. erlaubte es ihm, noch im Wintersemester als Privatdozent die Lehrtätigkeit an der Universität aufzunehmen. Gleichzeitig begann er mit der Arbeit an seinem Buch *Das Recht des Besitzes*, das ihn nach der Veröffentlichung 1802 mit einem Schlag auf den Olymp der deutschen Rechtswissenschaft hob. Auf einer Bildungsreise hatte er in Jena Aufnahme in einem literarisch-geselligen Zirkel gefunden und sich dort mit Clemens Brentano angefreundet, dessen unruhiger Geist an keinem Studium festhielt. Er floh wegen seiner unglücklichen Liebe zu der gefeierten Schriftstellerin Sophie Mereau aus Jena und fand in Marburg Zuflucht bei Savigny, der zwar ganz in seiner wissenschaftlichen Arbeit aufging, aber den Freund, der noch am Anfang seiner schriftstellerischen Tätigkeit stand, bereitwillig aufnahm. Im Hause Savignys traf sich in den folgenden Jahren in wechselnder Besetzung ein Freundeskreis, der auf der Basis gemeinsamer literarischer und historischer Interessen anregende Gespräche führte.

Auch die Brüder Jakob und Wilhelm Grimm gehörten dazu, die in den Jahren 1802–1805 in Marburg studierten und sich unter dem Einfluss Savignys der altdeutschen Literatur zuwandten. Besonders die temperamentvolle, schwärmerische Bettina Brentano, Clemens' Schwester, die 1811 Achim von Arnim heiratete, war gerne zu Gast im Forsthof, der dem älteren Kollegen Savignys, Prof. Philipp Weiß, gehörte. Von ihm hatte Savigny das unmittelbar an der Ritterstraße stehende Haus gemietet, in dem er mit seiner Frau Gunda, einer Schwester von Clemens und Bettina, bis zu seinem Fortgang nach Landshut 1808 wohnte. Für alle Beteiligten waren die Marburger Jahre eine Zeit der Vorbereitung, eine wichtige Lebensphase, in der die Saat für die Ernte späterer Jahre gelegt wurde.

ZEITZEUGE

»... WIE IM ELYSIUM«

Im Winter 1805/06 war Brentanos Schwester Bettina wieder einmal Gast im Forsthof und berichtete ihrer Freundin Caroline von Günderode: »Heut morgen bin ich aus dem Bett gesprungen, um das Eis mit meinem Hauch zu schmelzen. Um halb acht kamen die Studenten den Berg herauf gejubelt, es war noch dämmerig und der Nebel so dicht, daß sie wie Schatten bloß durchschimmerten. Die Meline und ich sehen jeden Morgen mit großem Gaudium, wie sie zu unserem Professor Weiß ins Kolleg marschieren, – sie können uns nicht sehen, denn unsere Fenster sind hart gefroren, wir steigen auf den Tisch und hauchen an der obersten Scheibe ein Löchelchen ins Eis, wo grad ein Auge durchsehen kann; ein jeder hat ein verschiedenes Abzeichen, treiben sich immer eine Viertelstunde herum, bis sie im Gang nach dem Kolleg verschwinden, den der Professor Weiß präzis acht Uhr aufschließt, indessen treiben sie lauter Übermut, wir dachten schon, daß sie vielleicht uns zu Ehren die großen Sätze machen von einer Trepp zur andern, einer über des andern Kopf weg, sie können uns zwar nicht sehen, weil die Fenster verhängt sind und jetzt auch gefroren, so leuchten ihnen doch unsre grünen Vorhänge ganz mystisch in die Augen, uns macht's tausend Spaß ... Früh ist's im Hof wie im Elysium, der dichte Nebel von der Morgensonne angestrahlt, in dem die Gestalten sich bewegen, die allerlei miteinander hantieren. Wenn's Kolleg aus ist, sehen wir sie wieder abziehen, da ist ihr Übermut noch größer.«

Unter französischer Herrschaft

Die im Laufe der französischen Revolutionskriege begonnene Auflösung des Heiligen Römischen Reiches Deutscher Nation und der Reichsdeputationshauptschluss von 1803 brachten der Landgrafschaft Hessen-Kassel nur einen geringen territorialen Gewinn. Immerhin ging mit der Verleihung der Kurfürstenwürde ein lang gehegter Wunsch Wilhelms IX. in Erfüllung, der sich nun stolz Kurfürst Wilhelm I. nannte. Sein ungeschicktes Taktieren zwischen Frankreich und Preußen führte allerdings dazu, dass er 1806 nach der preußischen

Elisabethtor. Nach einer Zeichnung von Nicolaus Arend 1834.

Niederlage bei Jena und Auerstedt sein Land verlor. Napoleon behandelte Kurhessen, das ihm kampflos zugefallen war, wie ein Eroberer. Da er aus den kurfürstlichen Besitzungen alle wertvollen Kunstgegenstände und Möbel abtransportieren ließ, wurde auch das Marburger Schloss seiner herrschaftlichen Einrichtung beraubt und verlor nun endgültig seinen fürstlichen Status: Es wurde Speicher, Lazarett und schließlich Zuchthaus für Schwerverbrecher. Im Rahmen der angeordneten Demobilisierung des kurhessischen Heeres kam es Ende 1806 auch in Marburg zu einem – allerdings rasch niedergeworfenen – Aufstand. Danach ließ Napoleon sicherheitshalber die schon von Landgraf Friedrich II. eingeleitete Beseitigung der Festungsanlagen am Schloss zu Ende führen. Den Schlusspunkt setzte im März 1807 eine große Sprengung, bei der mehrere Häuser unterhalb des Schlosses durch herabfallende Steinbrocken beschädigt wurden. (Im Rahmen von Arbeitsbeschaffungsmaßnahmen wurden ab 1977 wesentliche Teile der Festungsanlage freigelegt und rekonstruiert, die heute wieder zugänglich sind.)

Für seinen Bruder Jérôme errichtete Napoleon das in mehrere Departements gegliederte Königreich Westfalen mit der Hauptstadt Kassel. Marburg wurde Verwaltungsmittelpunkt des Werra-Departements. Die Marburger, die wenig Grund hatten, ihrem geflohenen Kurfürsten nachzutrauern, bereiteten König Jérôme, als dieser mit seiner Gemahlin am 6. Dezember 1807 die Stadt als Erste in seinem neuen Reich betrat, einen – möglicherweise ausdrücklich angeordneten – aufwändigen Empfang: Eine Eskorte ritt ihm entgegen, am Barfüßertor war eine Ehrenpforte errichtet, 45 junge Damen aus den besten Familien trugen ein Gedicht vor, abends wurde die Stadt illuminiert und von den Studenten ein Fackelzug gebracht, an dem das königliche Paar großen Gefallen fand.

Mit dem neuen Regime kam auch eine neue, von den Freiheitsideen der Französischen Revolution geprägte Verfassung. Alle Standesprivilegien wurden beseitigt, die Gleichheit vor dem Gesetz, die Unabhängigkeit der Justiz, die Freiheit der Religion und der Code Napoléon eingeführt. Die Bürger mussten jedoch bald feststellen, dass zwischen Theorie und Praxis eine Lücke klaffte, denn die Politik Napoleons ließ die Fremdherrschaft immer deutlicher spürbar werden: Zwangsrekrutierungen, Zwangsanleihen, die der Stadt und jedem einzelnen Bürger, soweit er Besitz hatte, auferlegt wurden, neuartige Steuern, dazu, wie stets in Kriegszeiten, ständige, drückende Einquartierungen und die Verunsicherung durch ein wirksames Bespitzelungswesen, all das ließ die Abneigung gegenüber den Franzosen wachsen. In Marburg warben der 73-jährige Oberst Andreas Emmerich und der Medizinprofessor Johann Heinrich Sternberg unter ehemaligen hessischen Soldaten und unzufriedenen Bürgern und Bauern der Umgebung insgeheim für einen Aufstand, der in der Nacht vom 24. zum 25. Juni so dilettantisch durchgeführt wurde, dass er nach kurzem Schusswechsel mit der Schlossbesatzung zusammenbrach. Emmerich und einige seiner nicht einmal 50 Mitstreiter wurden gefangen, anderen gelang die Flucht. Emmerich, Sternberg und zwei weitere Rebellen wurden nach kurzem Prozess in Kassel erschossen. Offensichtlich genügte das der Regierung als abschreckendes Exempel, denn alle übrigen Häftlinge wurden kurz danach begnadigt. Vonseiten der Bürger oder auch der Studenten hatte es keine nennenswerte Unterstützung gegeben.

Neuerungen für Kirche und Universität

Zu den positiven Auswirkungen der neuen Herrschaft gehörte zweifellos die weitere Einebnung konfessioneller Gegensätze. An der Universität waren die Schranken zwischen Reformierten und Lutheranern schon gefallen, und es gab sogar ein katholisches Extraordinariat. 1809, nach der Auflösung des Deutschen Ordens, forderte die kleine katholische Gemeinde die Elisabethkirche für sich. Die in Religionsfragen neutrale Regierung in Kassel entschied jedoch 1811 nach eingehender Prüfung, dass ihr nur der Hohe Chor überlassen werden solle. Dieses »Marburger Simultaneum«, das allgemein Aufsehen erregte, dauerte, bis die Katholiken 1827 die Kugelkirche übernehmen konnten.

Mit der Einführung der westfälischen, französisch geprägten Verwaltung war gleichzeitig festgelegt worden, dass die Hälfte aller Staatseinnahmen an Kaiser Napoleon abzuführen sei und dass der Universität alle direkten Einkünfte aus der Domänenverwaltung und diversen Dotationen genommen wurden. Daher gab es in der Übergangszeit Engpässe bei der Besoldung der Professoren, die sich jedoch trotz des Wegfalls von Naturallieferungen anschließend erheblich besser standen, da ihre Gehälter nun regelmäßig vom Staat bezahlt wurden. Lähmende Eingriffe in die Lehre wie zu Zeiten des Landgrafen bzw. Kurfürsten gab es nicht, und auch sonst stand es nicht schlecht um die Universität, für die sich in der bangen Zeit der Ungewissheit auch der Präfekt mit dem Argument eingesetzt hatte, die Universität sei für die Einwohner »leur première et unique nourricière«. Als im Dezember 1809 endlich der Fortbestand der Marburger Universität gesichert war, begann man, sich mit dem neuen Regime zu arrangieren. Karl Wilhelm Justi, Ordinarius für Philosophie, Konsistorialrat und Oberpfarrer in Marburg, notierte, den Professoren und Honoratioren biete »die Anwesenheit von Staatsdienern aller Klassen, unter welchen sich eine nicht unbeträchtliche Anzahl von gebildeten und interessanten Männern befindet, Gelegenheit zu angenehmer und lehrreicher Unterhaltung. Außerdem fehlt es nicht an mancherlei freundlichen Zirkeln, wöchentlichen Versammlungen und Konzerten. Ebenso finden Freunde von Landpartien in den reizenden Umgebungen Marburgs ihre Befriedigung.«

Bürger und Verfassung: Enttäuschte Hoffnungen 1831

Der nach Vertreibung der Franzosen aus dem Exil zurückkehrende Kurfürst wurde in der allgemeinen Freude über die Befreiung überall begeistert empfangen. Als er am 25. November 1813 nach Marburg kam, spannten ihm die Bürger die Pferde aus und zogen seine Kutsche den Steinweg hinauf und weiter bis zum »Fürstenhof« am Ende der Barfüßerstraße. Der Euphorie folgte jedoch bald die Ernüchterung, als Wilhelm I. nahezu alle Neuerungen und Verwaltungsakte der napoleonischen Zeit für null und nichtig erklärte. Die Restauration ging so weit, dass die Soldaten nun sogar wieder den Zopf tragen mussten. Emil Ludwig Grimm, der jüngste der Grimm-Brüder, urteilte als kritischer Zeitgenosse: »Die Fürsten, die jahrelang entfernt von ihrem Land leben mußten, kamen ungebessert zurück. Nachdem das Volk ihren Thron und ihr Land mit seinem Blute wieder errungen hatte, wurde es ohne Liebe, nur mit Undank und Härte behandelt.«

Auf den Kurfürsten von Hessen traf das in besonderem Maße zu. Anders ist die Halsstarrigkeit nicht zu erklären, mit der er jede Verfassung ablehnte, die seine absolutistische Machtstellung hätte einschränken können. Um jede Gefährdung schon im Ansatz auszuschließen, ordnete er 1814 zur besseren Kontrolle der Universität die Einrichtung einer Administrationskommission an. Aufgeschreckt durch die politische Unruhe unter den Studenten seit dem Wartburgfest von 1817, an dem auch eine Delegation aus Marburg teilgenommen hatte, und gestützt auf die restriktiven Karlsbader Beschlüsse entsandte er 1819 sogar einen Regierungsrat nach Marburg mit weitgehenden Vollmachten und dem Auftrag, »von Zeit zu

Zeit die Hörsäle zu besuchen, um den Geist, welcher sich bey den öffentlichen und Privatvorträgen der akademischen Lehrer ausspricht, zu beobachten«. Außerdem sollten ihm die Professoren Sittenzeugnisse über ihre Prüfungskandidaten einschließlich der Personalakten vorlegen. Aber nicht nur das Misstrauen, sondern mehr noch die Knausrigkeit bei den Professorengehältern und der Finanzierung selbst der dringendsten Bedürfnisse der Institute, deren Zustand »bei dem Einen Lachen, bei dem Andern Mitleid« hervorrief, waren ein deutliches Indiz für die Geringschätzung des Landesherrn gegenüber der einzigen Universität seines Landes, die mit ihren etwa 270 Studenten und 52 Professoren die kleinste in Deutschland war.

Unter Kurfürst Wilhelm II., der seinem Vater 1821 folgte, besserte sich die Situation nicht. Auch ihm war seine Mätresse wichtiger als die Bedürfnisse der Bürger, vor deren Zorn er schließlich aus Kassel flüchtete und sich nach Hanau zurückzog. Missernte und Winterkälte 1829/30 hatten die wirtschaftliche Not im ärmsten Land des Deutschen Bundes ebenso verschärft wie die Unzufriedenheit der Bürger mit den politischen Verhältnissen. Als dann noch die Julirevolution in Frankreich zeigte, wozu vereinter Volkszorn fähig war, kam es überall in Hessen zu heftigen Protestdemonstrationen, die auch nach der erzwungenen Einberufung der Ständeversammlung kein Ende fanden.

In Marburg trafen sich die opponierenden Bürger trotz des Einspruchs der Regierung wiederholt im Rathaus. In einem Brief vom 20. November 1830 verwahrten sich die Zunftmeister im Namen aller gegen jedes Verbot und erklärten, »daß es ein natürliches Recht eines jeden Menschen sey, mit sich oder mit Anderen über sein Wohl und Wehe zu Rathe zu gehen, und zwar ein unveräußerliches, weil er sonst auf den Gebrauch der Vernunft verzichten würde, halten ferner dafür, daß der Staat gerade dazu da sey, die Menschenrechte zu schützen, nicht aber solche zu unterdrücken, und erkennen deswegen das oben gedachte Verbot für nichts als einen unbefugten, dem Staatszwecke zuwiderlaufenden Angriff auf unsere natürlichen Rechte, wogegen wir uns hiermit verwahren wollen.« In einem weiteren Brief wenige Tage später folgte eine geradezu revolutionäre Definition des Staates, der nur dazu da sei, »jenen, der Natur und Bestimmung des Menschen entsprechenden Zustand aufrecht zu erhalten, d. h. durch Sicherstellung des Eigenthums und der Freiheit einem jeden Menschen die Möglichkeit zu verschaffen, nach eigener Überzeugung zu thun oder zu lassen, was er glaubt, das zu seinem Frieden diene.« Andernfalls werde der Staat »widernatürlich, verwandelt sich aus einem Freunde in den ärgsten Feind des Menschen und wird aus einem Obdache der Freiheit ein großes Zuchthaus, ... worin es ... nur wohl eingepeitschte und dressirte Tiere giebt«.

Das war nicht mehr der unterwürfige Ton der Vergangenheit, sondern unerhört aufmüpfig. Es ist nicht bekannt, wer den Zunftmeistern die Feder führte, aber der Brief war ein deutliches Zeichen dafür, dass sich die allgemeine Stimmung in der Stadt verändert hatte. In Lesegesellschaften wurden politische Journale weitergereicht, Leihbibliotheken hielten wichtige Neuerscheinungen bereit und in der Professorenschaft machte sich eine unbeabsichtigte Folge der kurfürstlichen Berufungspraxis bemerkbar, wonach »die Professuren gewissermaßen an den Mindestfordernden hingegeben« wurden. Gerade diese Praxis brachte zahlreiche junge Professoren nach Marburg, die – bis zu einer Berufung auf besser dotierte Lehrstühle – frischen Wind in die Universität brachten.

Der verfassungstreue Revolutionär: Sylvester Jordan

Einer von ihnen war der Staatsrechtler Sylvester Jordan, der eine erstaunliche Karriere hinter sich hatte. Geboren 1792 in einem Dorf in Tirol als achtes Kind eines Schuhmachers, führte ihn sein Ausbildungsweg nach Innsbruck, dann über Wien nach München, wo er 1817 sein Jurastudium mit der Promotion abschloss. 1820 erhielt er in Heidelberg mit der Erlaubnis, als Privatdozent zu unterrichten, auch die Möglichkeit, sich zu habilitieren. Schon im folgenden Jahr wurde er als außerordentlicher Professor nach Marburg berufen, wo er bald so angesehen war, dass er schon 1825 zum Prorektor gewählt wurde und ihm die Studenten am Ende seines Amtsjahres einen Fackelzug brachten. Er profilierte sich als Staatsrechtler mit dem Werk *Versuche über allgemeines Staatsrecht*, in dem er seine durchaus nicht revolutionären Gedanken über einen Ausgleich zwischen Naturrecht und tradiertem Recht, zwischen Theorie und Geschichte darlegte. Im September 1830 wurde er als Vertreter der Universität in die Ständeversammlung gewählt, der es unter dem massiven Druck der revolutionären Stimmung im Land gelang, dem widerstrebenden Kurfürsten am 5. Januar 1831 endlich die Unterschrift unter eine Verfassung abzutrotzen, die aufgrund des dominierenden Einflusses von Sylvester Jordan den Ruf, die fortschrittlichste Verfassung im Bereich des Deutschen Bundes zu sein, rechtfertigte: »eine Verfassung, welche die Wohlfahrt aller Unterthanen bestmöglichst befördern wird, … die Scheidewand, welche die einzelnen Stände allzusehr von einander schied, wird hinweggenommen, Landleute und Bürger werden in die ihnen gebührenden Rechte eingesetzt, und die Macht der Willkür wird in die gehörigen Schranken verwiesen. Mit Freude und Frohlocken treten wir deshalb gleichsam in eine neue Zeit ein, die uns die froheste Aussicht in die Zukunft eröffnet.« Mit diesen Worten traf der Prediger im Dankgottesdienst in der Marburger Pfarrkirche die euphorische Stimmung in der Bevölkerung.

Aber es zeigte sich sehr schnell, dass Wilhelm II. seine Zustimmung zu der Verfassung, die bei kritischer Betrachtung ein vorsichtiger Kompromiss zwischen absoluter Monarchie und liberalem Bürgertum war, nicht ernst gemeint hatte. Da der Verfassungstext den Gegnern unbeabsichtigte Auslegungsmöglichkeiten bot, kam es schon wenige Monate nach der Unterzeichnung zu heftigen Kontroversen, in denen Jordan im neu gewählten Landtag als schärfster Kritiker der von restaurativem Geist geprägten Gesetzesvorlagen der Regierung auftrat, dabei aber nie seine Überzeugung aufgab, eine »im constitutionellem Geiste« handelnde Obrigkeit sei unverzichtbar, um die gesetzmäßige Ordnung, auch wenn sie mangelhaft sei, zum Wohle der Bürger aufrechtzuerhalten. Die Regierung hielt jedoch unbeirrt an ihrem, dem Geist der gerade erst verabschiedeten Verfassung widersprechenden Kurs fest. Das restriktive Gesetz über die Bürgergarden etwa, das im Juli 1832 zustande kam, missachtete völlig die liberalen Vorstellungen

»MARBURG IST EINE UNIVERSITÄT.«

Dieser Satz wird immer wieder zitiert, wenn es um die Besonderheiten der Stadt geht. Er stammt aus dem 1834 erschienenen Roman »Prinz Rosa Stramin« von Ernst Koch, der 1826–29 in Göttingen und Marburg studiert hatte und beide Städte miteinander verglich:

»Ich habe in Marburg und Göttingen studiert. Beide Orte unterscheiden sich sehr. In Göttingen ist's kalt, fein und stolz. Überall riecht's nach Professoren und Heineschen Personalwitzen. In Marburg ist's warm, grob und zutraulich. In Göttingen gedeihen Kamele, Heidekraut, Professorentöchter und Würste; in Marburg frohe Bursche, Maiblumen, liebe Mädchen und irdene Waren. Ein Ball in Göttingen ist ein Handschuh, den die Damenwelt in den Zirkus der gräßlichsten Langweile wirft, und den die Männerwelt mit Schaudern zurückholt. Ein Ball in Marburg ist eine lachende Rose, welche die Studenten den Marburger Mädchen schenken. Göttingen hat eine Universität, Marburg ist eine, indem hier alles, vom Prorektor bis zum Stiefelwichser, zur Universität gehört. Durch die Marburger engen Straßen weht der fromme Geist Philipps des Großmütigen, und die alten hohen Häuser machen ehrwürdige, säkularische Gesichter – aber durch Göttingen weht englische Seeluft und hannoverscher Noblessenwind.«

von einer politisch und militärisch wirksamen Volksbewaffnung, sodass die Marburger Bürgergarde – und nicht nur sie – ihrem »namenlosen Schmerz« Ausdruck gab, dass man »uns, wie jeden treuen Hessen, mit unverdientem Mißtrauen kränken« wolle. Und Jordan schrieb, aus den Bürgergarden habe man »eine ächt krähwinkelsche Carikatur« gemacht.

Noch schlimmer erging es den Bestrebungen, die in der Verfassung versprochene Pressefreiheit durch ein liberales Gesetz abzusichern. Was die Regierung nach monatelanger Verzögerung endlich vorlegte, trug den entlarvenden Titel »Entwurf eines Gesetzes über die Vergehungen durch die Presse und den Buchhandel«. Alle Änderungsanträge und Proteste blieben erfolglos. Die Regierung setzte schließlich ihren Standpunkt, der jede kritische oder auch nur »unehrerbietige« Meinungsäußerung unter Strafandrohung stellte, durch und

Marktplatz um 1840/45. Gemälde von Georg Wilhelm Mades im Marburger Rathaus.

verweigerte sogar die Veröffentlichung des Gesetzes, das, wie der Marburger Universitätsapotheker Friedrich Döring in einer Petition klagte, »Verderben über Hessens bürgerliche Freiheit« bringen werde und dem Jordan entschieden widersprochen hatte. Dieser Protest steigerte das Ansehen und die Popularität Jordans weit über die Grenzen Hessens hinaus. Als er nach der überraschenden Schließung des Landtags von Kassel nach Marburg zurückkehrte, wurde er überall begeistert gefeiert. Der Empfang in Marburg am 13. September 1832 war überwältigend. In einem Flugblatt hieß es: »Unser Jordan wird heute hier ankommen. Es bedarf nur dieser kurzen Anzeige, und jeder Vaterlandsfreund, bewohne er ein Haus, eine Stube oder ein Dachstübchen, wird heute Abend bereit seyn, seine Lichter, und vermöge er nicht mehr, auch nur ein Lämpchen zu Ehren unseres Mitbürgers anzuzünden, der für die verfassungsmäßigen Rechte und Freiheiten unseres Vaterlandes so ehrenvoll auf dem Landtag gestritten hat.« Am Elisabethtor, unter einer dreifachen Ehrenpforte aus sechs hohen, mit Eichengirlanden umwundenen Bäumen, wurde Jordan vom

EIN WENIG VERWALTUNGSREFORM UND STATISTIK

Das Organisationsedikt von 1821 hatte die Verwaltungsstruktur des Kurfürstentums – weitgehend nach preußischem Vorbild – neu geregelt. An der Spitze stand das Staatsministerium, das aus den Ministern des Inneren, der Justiz, der Finanzen, der auswärtigen Angelegenheiten und des kurfürstlichen Hauses bestand. Den Vorsitz hatte der Kurfürst. Das Land war in die vier Provinzen Nieder- und Oberhessen, Hanau und Fulda gegliedert, jeweils mit einer eigenen Regierung als Oberbehörde. Ihr unterstanden die Kreisverwaltungen. Jede Provinz hatte einen Polizeidirektor. Gerichtswesen und Verwaltung wurden endgültig getrennt. Verwaltungsmittelpunkt der Provinz Oberhessen, die aus den Kreisen Marburg, Kirchhain, Frankenberg und Ziegenhain bestand, war Marburg. Die Einteilung der Landkreise blieb übrigens 150 Jahre lang unverändert bis zur Gebietsreform von 1974. Dagegen hatte die Kommunalreform, die 1835 in Kraft trat, nur bis 1897 Bestand. Sie löste das alte Stadtrecht von 1428 bzw. 1523 ab. Die vier Provinzialhauptstädte erhielten nun einen Oberbürgermeister, der nach seiner Wahl durch Stadtrat (zwölf Mitglieder) und Bürgerausschuss (48 Mitglieder) für fünf Jahre noch die Bestätigung durch den Kurfürsten benötigte. Den Stadtrat wählte der Bürgerausschuss, der seinerseits von den »stimmfähigen Ortsbürgern«, also vom Besitzbürgertum, gewählt wurde. Gesellen, Gesinde, Tagelöhner und Frauen durften nicht mitstimmen.

1827 gab es im Landkreis Marburg 4927 Häuser und 35 385 Einwohner. 1834 hatte die Stadt 7791 Einwohner, für die 154 Schuhmacher, 73 Bäcker, 67 Schneider, 44 Metzger und 57 Krämer tätig waren. Unter den etwa 250 Studenten gab es kaum »Ausländer«, also Nicht-Hessen, die in der Regel finanziell bessergestellt waren und daher mehr Geld in die Stadt brachten. Ein Indiz für die allgemeine wirtschaftliche Notlage war die Tatsache, dass 50 Wohnhäuser zum Verkauf standen.

Magistrat begrüßt. Dann überreichten ihm »fast 200 weiß und blau gekleidete Jungfrauen« einen Lorbeerkranz und trugen ein vielstrophiges Gedicht vor, in dem es hieß: »So zieh' denn ein durch grüne Ehrenpforten,/ Zur alten treuen Musenstadt / Und wie man Dich auch ehret aller Orten,/ So lieb wie sie, – Dich keine hat!« Bei dieser wortreichen Lobpreisung sollte es nicht bleiben: Unter dem Vorsitz des Apothekers Döring, in dessen Haus Jordan mit seiner Familie wohnte, warb ein Komitee hessenweit für die Errichtung eines Jordan-Denkmals. Dazu kam es zwar nicht, aber das gesammelte Geld, insgesamt 828 Taler, wurde Jordan 1837 zum Kauf eines Hauses in der Nikolaistraße zur Verfügung gestellt.

Die Huldigungen, die Jordan überall entgegengebracht wurden, und insbesondere der überschwängliche Empfang in Marburg, hatten ein Nachspiel, da die Regierung sie wegen nicht eingeholter Genehmigung für ungesetzlich erklärte und den Magistrat aufforderte, sich zu rechtfertigen. Dieser antwortete, unterstützt von 400 Unterschriften, die festliche Begrüßung sei auf allgemeinen Wunsch erfolgt und es habe »allgemeines Erstaunen erregt, wie dieser Gegenstand als straffälliger Act gegenwärtig behandelt und inquiriert wird!!« Schließlich habe man das Recht, »auf beliebige Weise einen Freund zu empfangen, zu begleiten oder ihm auf sonstige, gesetzlich nicht unerlaubte Art seine Verehrung zu beweisen.« Im weiteren Verlauf schaltete sich auch Innenminister Hassenpflug ein, aber nach einer »ernsten Zurechtweisung« endete die Affäre im Juni 1834 damit, dass die oberhessische Provinzregierung auf Drängen des Magistrats die Übernahme der Kosten für den Empfang durch die Stadtkasse genehmigte, »in der Voraussetzung, daß ein ähnlicher Fall nicht wieder vorkommen wird«.

Bürger und Verfassung: Vergeblicher Einsatz 1848

Der von seinem Vater Wilhelm II. 1831 als Mitregent eingesetzte Friedrich Wilhelm I. und seine Minister regierten in der Folgezeit, als habe es die Verfassung nie gegeben. Besonders skrupellos, wenn es um die Unterdrückung liberaler Regungen ging, agierte Innenminister Hassenpflug, *der Hessen Fluch*, der selbst vor Wortbruch nicht zurückschreckte: Er sicherte Sylvester Jordan, als dieser 1833 seine Bereitschaft erklärte, auf sein erneuertes Landtagsmandat zu verzichten, eine ihm gesetzlich ohnehin zustehende Gehaltserhöhung zu, die aber niemals ausgezahlt wurde. Die Regierung fühlte sich stark, weil die Opposition gespalten war. Adel und liberales Bürgertum fürchteten um ihren Besitzstand angesichts wachsender revolutionärer Unruhe in den notleidenden »niederen Classen« der Handwerkergesellen, Dienstboten, Tagelöhner und Bauern, deren wirtschaftliche Situation sich durch Missernten, Preisverfall und Zollsystem seit den 1820er-Jahren dramatisch verschlechtert hatte. Das galt sowohl für das Kurfürstentum Hessen-Kassel als auch für das Großherzogtum Hessen-Darmstadt. Aber während es im Süden mehrfach zu gewalttätigen und auch bewaffneten Aktionen gegen die verhasste Obrigkeit kam – die spektakulärste war die Erstürmung der Frankfurter Hauptwache im April 1833 –, blieb es im Kurfürstentum mit Ausnahme von Hanau relativ ruhig.

In Marburg hatten sich die Bereitschaft und der Mut zum Widerspruch wiederholt in Resolutionen an den Landtag und Antworten an die Regierung gezeigt. Minister Hassenpflug ließ sich daher vom örtlichen Polizeidirektor Robert laufend über die Vorgänge in der Universitätsstadt unterrichten. Ende Juli 1833 alarmierte ihn die Meldung, dass der Umfang der »Propaganda, welche mit dem unsinnigen Plan umgeht, die bestehenden Regierungsformen in Deutschland umzustürzen und eine Republik zu gründen … in der neuesten Zeit bedeutend gewachsen« sei. Der Polizeidirektor forderte mit der Begründung, dass »die Existenz des Staates gefährdet und die Sicherheit der Personen und des Eigentums von Staatsbürgern bedroht« sei, die »Hilfe eines gewandten Polizeioffizianten«, Geld zur Entlohnung von Vertrauensleuten, die Entsendung von Militär und die Verstärkung der Gendarmerie. Der Minister entsandte daraufhin den Polizeikommissar Bücking, bewilligte 100 Taler für Denunzianten, zögerte aber noch mit der Bereitstellung von Soldaten, »da solche eine sorgfältige Verhüllung des bisher im Verborgenen gehegten und betriebenen verbrecherischen Planes veranlassen könnte.« Im August berichtete Robert, es habe inzwischen sogar Treffen der »Gesellschaft hiesiger Einwohner ... mit politischen Schwindelköpfen aus dem Großherzogtum Hessen« in der Badenburg und auf dem Gleiberg bei Gießen gegeben. Verdächtig waren der Apotheker Döring, der Privatdozent Eichelberg, der Buchhändler Elwert und einige andere. Da aber handfeste Beweise fehlten, schien »die Sache zum Zugreifen noch nicht gereift.«

Als dann im Dezember 1833 doch die Entsendung eines Truppenkontingents beschlossen wurde, war es zu spät. In der Nacht vom 22. zum 23. Dezember kam es zu einem Auflauf verärgerter Bürger, die lautstark auf dem Marktplatz gegen die von der Polizei verordnete Schließung der Wirtshäuser um 22 Uhr protestierten. Auf den Lärm hin erschien Polizeikommissar Bücking, begleitet von drei Gendarmen, und forderte die weiter anwachsende Menge mehrfach vergeblich auf, die Nachtruhe nicht länger zu stören und nach Hause zu gehen. Als Steine flogen und Bücking und seine Begleiter mit Knotenstöcken attackiert wurden, zogen die Polizisten ihre Säbel und flüchteten durch die zurückweichende Menge in das im Rathaus untergebrachte Wachlokal der Bürgergarde, die dem Tumult untätig zugeschaut hatte und auch jetzt mit dem Hinweis, sie sei zu schwach, jedes Eingreifen verweigerte. Unter dem weiteren Steinhagel gingen alle Fenster zu Bruch. Als die Menge draußen schrie: »Freiheit! Gleichheit! Schlagt den Hund tot!«, die Auslieferung Bückings verlangte und in das Rathaus eindrang, versuchte der inzwischen erschienene Bürgermeister Volkmar, den Bedrohten unter dem Schutz einiger doch zum Einsatz bereiten Bürgergardisten durch die wütende Menge in Sicherheit zu bringen. Bücking wurde jedoch dabei weiter heftig attackiert, bis er blutig und besinnungslos zu Boden sank und wohl nur durch das Eingreifen des Schlosskommandanten mit seinen Soldaten gerettet wurde.

Damit hatte auch Marburg seinen »Sturm auf die Hauptwache« gehabt, der zwar keine gezielte, konspirative und revolutionäre Aktion wie zuvor in Frankfurt war, aber doch zeigte, dass es in der Stadt ein zu Widerstand und Aufruhr

HINTERGRUND

1834: DER HESSISCHE LANDBOTE

Eine ganz andere Aktion sorgte 1834 für neue Unruhe. Im Großherzogtum war die von dem Gießener Studenten Georg Büchner verfasste Flugschrift *Der Hessische Landbote* verbreitet worden, die mit dem flammenden Aufruf begann »Friede den Hütten! Krieg den Palästen!« Die ersten tausend geheim verteilten Exemplare waren schnell vergriffen. Da der Drucker in Offenbach verhaftet worden war, wurde im November die 2. Auflage in Marburg gedruckt. Ohne Wissen des Verlagsinhabers Elwert fertigte sein Werkmeister Ludwig Rühle »in mehreren mir sehr sauer gewordenen Winternächten« Satz und Druck von weiteren 400 Exemplaren. Welche Wirkung in Oberhessen diese Flugschrift – außer Verärgerung und Beunruhigung der Behörden – gehabt hat, ist leider nicht bekannt. Rühle, der noch weitere revolutionäre Schriften druckte, und Privatdozent Eichelberg wurden 1835 verhaftet und zu langjähriger Haft verurteilt. Nach seiner Freilassung 1841 feierte ihn der Stammtisch in der Kneipe des Bäckermeisters Runkel zum Ärger der Behörde mit einem unzensierten Festlied, das der Weidenhäuser Lohgerber Weintraut verfasst hatte. Eichelberg kam erst 1848 frei.

bereites Potential gab. Daher stießen die Ermittlungen bei der von Minister Hassenpflug sofort angeordneten Untersuchung auch auf erhebliche Schwierigkeiten. Selbst Bürgermeister Volkmar versicherte, keinen der Beteiligten erkannt zu haben. Unter den schließlich doch ermittelten 26 Personen und davon 15 Verhafteten waren fast alle Handwerke – vom Bäcker bis zum Zinngießer, Meister, Gesellen und Lehrlinge –, aber keine Studenten vertreten. Einige der Verhafteten wurden zu acht Jahren Zuchthaus verurteilt. Gnadengesuche des Stadtrats 1836 und 1839 blieben erfolglos. Die Ruhe in der Stadt war – äußerlich – schnell wiederhergestellt, nachdem die Regierung kurzfristig ein 400 Mann starkes Infanteriebataillon nach Marburg verlegt hatte.

Zur »Beruhigung« trugen auch die zahlreichen Hochverrats-Prozesse bei, die in den Folgejahren sowohl im Kurfürstentum als auch im Großherzogtum gegen Verdächtige, Mitwisser und Beteiligte an regierungsfeindlichen Aktionen geführt wurden. Das spektakulärste, politisch motivierte Verfahren fand gegen den längst zurückgezogen lebenden Sylvester Jordan statt, der im August 1839 unter dem Verdacht, am Frankfurter Wachensturm beteiligt gewesen zu sein, verhaftet, im Marburger Schloss eingekerkert, fünf Jahre später unter äußerst fragwürdigen Umständen verurteilt, aber 1845 dann doch vom Oberappellationsgericht freigesprochen wurde. Dennoch machte die Regierung ihm weiterhin despotisch das Leben schwer und seine Amtsenthebung wurde erst im März 1848 aufgehoben.

Als Anfang 1848 die Nachricht von den revolutionären Ereignissen in Frankreich in Marburg zu wirken begannen, zeigte es sich, dass sich in der Vormärzzeit ein deutlicher Wandel in der Professorenschaft vollzogen hatte. Junge Wissenschaftler wie der Philosoph Karl Theodor Bayrhofer, der Nationalökonom Bruno Hildebrand, der Neuhistoriker Heinrich von Sybel, der Chemiker Robert Bunsen und andere bildeten nun ein ernst zu nehmendes demokratisches Protestpotential. In der Stadt – und besonders bei der örtlichen Polizeidirektion und der Regierung in Kassel – war ihre politische Einstellung nicht unbekannt. Anfangs Jordan, später Bayrhofer und Hildebrand waren maßgeblich an dem 1832 gegründeten *Akademischen Lesemuseum* beteiligt, das seinen über 300 Mitgliedern – überwiegend Professoren und Studenten, aber auch Nichtakademiker – nicht nur eine reichhaltige Auswahl an Zeitschriften aller Art, sondern neben harmloser Geselligkeit auch Gelegenheit zu anregendem und daher in den Augen der Obrigkeit gefährlichem Gedankenaustausch bot. Darüber berichtete Polizeidirektor Wangemann, selbst Mitglied des *Museums*, regelmäßig der besorgten Regierung. Der Ausschlussantrag gegen ihn hatte zwar 1846 die polizeiliche Schließung zur Folge, die aber sogleich unterlaufen wurde, da Bayrhofer und Hildebrand, ungeachtet ihrer kurz zuvor erfolgten Suspendierung, mit Unterstützung aus der Professorenschaft eine Neugründung durchsetzten. Viele Mitglieder des *Museums* waren daher auch aktiv an den politischen Ereignissen im Revolutionsjahr 1848 beteiligt.

Auf der Volksversammlung am 11. März in der Reithalle am Barfüßertor – der Rathaussaal war zu klein – »inflammierte«

Bayrhofer die Menge und forderte die Wahl einer *Volks-Commission*, falls sich der Kurfürst gegenüber den Deputationen unnachgiebig zeigen würde. Diese waren aus vielen Städten, darunter auch aus Marburg, nach Kassel entsandt worden, angeführt von den besonders revolutionären Hanauern. Jordan, der zum ersten Mal wieder öffentlich auftrat, widersprach Bayrhofer und plädierte für das »Einhalten eines verfassungsmäßigen Verfahrens«. In der Versammlung am folgenden Tag, nachdem vorher die vollständige Kapitulation des Kurfürsten bekannt geworden war, der u. a. der Berufung liberaler Minister, völliger Presse- und Versammlungsfreiheit sowie einer Amnestie für alle politischen Vergehen seit 1830 zugestimmt hatte, brachte er sogar ein Lebehoch auf den Landesherrn aus, in das die Menge einstimmte. Und als Heinrich von Sybel fragte, wer der »würdigste Mann« sei, den Hessen in die künftige Nationalvertretung entsenden solle, »Da rief das Volk wie mit einer Stimme: Jordan!« So berichtete *Der neue Verfassungsfreund* seinen Lesern. Zweifellos war es Jordan dank seiner großen Popularität gelungen, den Marburgern radikal-revolutionäre Neigungen auszureden. Am 13. März gaben die Honoratioren der Stadt für ihn ein Festessen im *Gasthof zum Ritter*. Jordan sprach vom Balkon zu der jubelnden, schwarz-rot-goldene Fahnen schwenkenden Menge und mahnte erneut, von den »erlangten freisinnigen Institutionen … nur den gesetzlichen Gebrauch zu machen, indem Mißbrauch der Freiheit zu Anarchie, diese zum Despotismus führe«.

Von dieser unbedingt verfassungsgemäßen Grundeinstellung, die jeden revolutionären Gedanken an eine Republik ausschloss, ließ er sich auch in der Folgezeit leiten, als er Mitglied des Vorparlaments und der Nationalversammlung in Frankfurt, aber gleichzeitig auch kurhessischer Gesandter beim Deutschen Bund und dann kurhessischer Bevollmächtigter bei der provisorischen Zentralgewalt geworden war. Da er gesundheitlich geschwächt war, trat er jedoch nicht mehr als engagierter Redner in Erscheinung und erfüllte immer weniger die großen, in ihn gesetzten Erwartungen, sodass das öffentliche Interesse an ihm erlosch.

Das politische Geschehen in Marburg 1848/49 wurde beherrscht von den Ereignissen, die sich auf der großen Bühne in der Frankfurter Paulskirche abspielten. Anfangs fanden ständig Volksversammlungen statt, aus denen heraus ein zwölfköpfiger *Volksrath* gewählt wurde, dem die Professoren Bayrhofer, Hildebrand, von Sybel und der aus langer Haft entlassene Privatdozent Eichelberg angehörten. Der Volksrat hatte die Aufgabe, Bitten, Forderungen und Beschwerden aus der Bevölkerung an den Landtag und die neue liberale Regierung in Kassel weiterzuleiten. Bei der Wahl zur Nationalversammlung siegte im 8. kurhessischen Wahlbezirk, zu dem Marburg gehörte, Hildebrand mit 8789 Stimmen. Er hatte sich im Wahlkampf für »ein einiges Deutschland« mit Reichstag und Reichsregierung ausgesprochen, wollte aber die Entscheidung, ob konstitutionelle Monarchie oder Republik, den Einzelstaaten überlassen. Später in der Nationalversammlung trat er dann für ein Wahlkaisertum mit starker demokratischer Kontrolle ein. Bayrhofer, der eine föderative Republik und Maßnahmen zum Schutz der arbeitenden Klassen und des Mittelstandes favorisierte, erhielt 2778 Stimmen. Für Hildebrand hatte sich neben Heinrich von Sybel sogar auch August Vilmar, der stockkonservative Direktor des kurfürstlichen Gymnasiums, ausgesprochen, der in ihm das kleinere Übel sah.

Mit Spannung und wachsender Sorge verfolgten die Marburger die Entwicklung in der Nationalversammlung sowie im übrigen Deutschland und in Österreich. Immer unerfreulicher wurden die Berichte, die sie in den am Ort erscheinenden liberalen Blättern *Der neue Verfassungsfreund*, *Marburger Volksblatt* oder *Das Unkraut* lesen konnten. Als Protest gegen die Erschießung des Mitglieds der Nationalversammlung, Robert Blum, in Wien pflanzten sie am Renthof eine Eiche. Zur Unterstützung des Aufstands in Baden sammelten sie Geld und im Juni 1849 forderten sie einen allgemeinen Aufruf zur Unterstützung des Rumpfparlaments in Stuttgart. Aber die Entwicklung ging darüber hinweg.

Freuen konnte sich dagegen August Vilmar, der das einzige in Kurhessen erscheinende konservative Blatt, *Der hessische Volksfreund*, herausgab. Ihn berief der Kurfürst nach Entlassung des liberalen Kabinetts in das neue Ministerium Hassenpflug, das 1850 mit aller Härte auf den reaktionären Kurs einschwenkte, der nun wieder möglich war. Als sich der Widerstand des Landtags bis zur Steuerverweigerung steigerte und fast das gesamte hessische Offizierscorps aus Protest gegen die Verhängung des Kriegszustandes zurücktrat, schreckte Kurfürst Friedrich Wilhelm I. nicht davor zurück, eine Bundesexekution gegen sein eigenes Land zu verlangen. Obwohl Preußen zunächst Einspruch erhob, marschierten bayerische Bundestruppen in Kurhessen ein und besetzten die wichtigsten Orte mit dem ausdrücklichen Auftrag, sich vor allem bei den Steuerverweigerern einzuquartieren. Marburg wurde u. a. von einem Jägerbataillon mit Stab und etwa 1300 Mann Infanterie besetzt. Erst im Juli 1851 zogen die »Strafbayern«, die noch lange unrühmlich in Erinnerung blieben, wieder ab. Aber der Verfassungsstreit ging weiter.

Auf kommunaler Ebene in Marburg hatte die mangelnde Kompromissfähigkeit des Kurfürsten zur Folge, dass die Wahl eines Oberbürgermeisters in drei Jahren neunmal wiederholt werden musste. Erst 1856 erhielt der Assessor August Rudolph die erforderliche Bestätigung. Als er 1884 nach 28 Jahren als Oberbürgermeister hochverehrt aus dem Amt schied, war Friedrich Wilhelm I. längst vergessen. Ihn hatten Halsstarrigkeit und Unfähigkeit schon 1866 um Thron und Land gebracht.

Preußenherrschaft und stürmischer Aufschwung nach 1866

Stände und Bürgertum hatten nicht vergessen, dass Preußen versucht hatte, sie 1850 vor der Bundesexekution zu bewahren. Daher wurde die Annexion Kurhessens bereitwillig hingenommen und es zeigte sich schnell, dass Preußen ernsthaft gewillt war, die vorgefundene Rückständigkeit in den hinzugewonnenen Territorien durch geeignete Maßnahmen zu überwinden. Marburg wurde dafür ein Musterbeispiel. 1866 hatte das »deutsche Universitätsdorf«, wie Leopold von Ranke die Stadt spöttisch nannte, 7718 Einwohner und 257 Studenten, die von 51 Professoren unterrichtet wurden. Nachts wurden noch die Stadttore geschlossen, durch die am Morgen der Kuhhirte seine Herde und der Sauhirte eine nicht unbeträchtliche Zahl von

KÄSEBROTE FÜR DIE PREUSSEN

ZEITZEUGE

Im Konflikt zwischen Österreich und Preußen 1866 entschied sich der Kurfürst gegen den entschiedenen Widerstand der Stände für Österreich. Daraufhin wurde Kurhessen von den Preußen besetzt. Über ihren Einzug in Marburg am 15. Juni berichtet der Student Ernst Boesser, Mitglied der Arminia, einer der vier Marburger Verbindungen:

»Der Gedanke, daß auch wir Studenten aktiv oder auch nur passiv in den Krieg der Fürsten hineingezogen werden könnten, ist wohl kaum einem von uns gekommen. Was wir vom Krieg zu sehen bekommen haben, hat eigentlich auf uns mehr den Eindruck einer für uns veranstalteten Abwechslung und Belustigung gemacht. Immerhin haben auch wir innerlich Partei ergriffen, und zwar standen weitaus die meisten von uns auf preußischer Seite ... Am 15. stieg die Erregung ... Es dauerte auch nicht allzulange, da erschien eine aus Husaren bestehende Spitze, erst zwei Husaren mit aufgesetztem und gespanntem Karabiner, dann ein Offizier, dann eine Schwadron. ... Bei dieser Gelegenheit war es, wo aus unseren Reihen ein schüchtern einsetzendes, dann aber ganz kräftiges Hoch den einziehenden Preußen den ersten Willkommensgruß auf hessischem Boden entgegenbrachte. Der Zug kam ins Stocken, und wir zogen auf den Markt. Die Truppen waren morgens um 3 Uhr aus Wetzlar abmarschiert, waren todmüde und sahen dem von ihnen erwarteten Kampf mit der militärischen Besatzung des Schlosses mit geteilten Gefühlen entgegen. Diese Besatzung bestand aus einer Kompanie ausgedienter Invaliden unter einem Leutnant, die die Eisengefangenen zu bewachen hatten ... Die Verhandlungen, die schließlich zur Kapitulation führten, zogen sich aber doch in die Länge, und währenddessen biederten wir uns mit den Soldaten und Offizieren auf dem Markt an, die alle Bier und Käsebrote oder, was wir sonst für sie ergattern konnten, gern und dankbar entgegennahmen.«

Schweinen hinaus- und am Abend wieder hereintrieben, die verständlicherweise ihre Spuren auf den Straßen hinterließen. Noch gab es keine Kanalisation, und was nicht vom Regen bergab – z. B. durch das noch treppenlose »Dreckloch«, heute »Enge Gasse«, zwischen Wettergasse und Pilgrimstein – geschwemmt wurde, blieb liegen, sofern nicht das Gesinde vor dem Haus die Straße sauber hielt. Noch waren die Meinungen darüber, was Hygiene und Gesundheitsvorsorge bedeuteten, kontrovers, sodass die Hauseigentümer immer wieder polizeilich ermahnt werden mussten, die auf ihrem »Grundeigenthum befindlichen Abtritte, Latrinen, Senkgruben und Abzugskanäle in einem geruchlosen Zustande zu erhalten und diese

DIE ÜBERWÖLBUNG DER KETZERBACH

13 Jahre dauerte es, bis die Anwohner der Ketzerbach gegen den hartnäckigen Widerstand der übrigen Stadt 1859 endlich die Überwölbung der »offenen Kloake«, in die immer wieder Kinder stürzten, durchsetzen konnten. Die wiederholten, aber vom Stadtrat regelmäßig zurückgewiesenen Eingaben wurden im Juni 1858 durch einen drastischen Polizeibericht unterstützt: »Wie der Augenschein lehrt, ... fließt gegenwärtig nicht ein Tropfen Wasser im Flußbett der Ketzerbach herunter; – wohl aber laufen die stinkenden, ekelerregenden und der Gesundheit höchst nachteiligen Excremente und Flüssigkeiten von der Anatomie und den Abtritten der Häuser aus den Kanälen ..., wo sie dann wegen Mangel an Abfluß liegen bleiben und ausdunsten.« Dennoch blieben die Gegner bei ihrer Ablehnung. Unterstützt von 239 Unterschriften, warfen sie den »konsequent und unbeirrt ihren verderblichen Plan Verfolgenden ... selbstsüchtiges Bestreben« vor auf Kosten der übrigen Stadt. Und sie befürchteten sogar, dass sich nach der Überwölbung der Ketzerbach das Zentrum vom alten Marktplatz hinunter in Richtung auf den neuen Bahnhof verlagern werde – zweifellos ein interessanter Gedanke. Da 1850 die Main-Weser-Bahn nicht, wie ursprünglich gefordert, vor Weidenhausen, sondern im Norden der Stadt ihren Haltepunkt erhalten hatte, begann sich die Bebauung von der Elisabethstraße dorthin zu entwickeln. Im Mai 1859 verlor die Regierung die Geduld und wies Oberbürgermeister Rudolph unmissverständlich an, »nunmehr sofort und bei Meidung von Zwangsmitteln zur Ausführung der fraglichen Überwölbung zu schreiten.« Das wirkte. Wenige Monate später waren die Arbeiten vollendet. Sie belasteten die Stadtkasse nur mit 1240 Talern, da die Ketzerbächer 340 aus eigener Tasche beisteuerten.

Die 1839/42 erbaute Anatomie auf der Ketzerbach. Stahlstich von G. M. Kurz.

Lokalitäten, Gruben usw. wöchentlich wenigstens einmal mit Eisenvitriol zu desinfizieren.«

Erst als die Viehhaltung in der Stadt abnahm und ab 1890 eine Straße nach der anderen an das neue Kanalsystem angeschlossen wurde (bei gleichzeitigem Ausbau der Wasserversorgung für die schnell wachsende Einwohnerzahl), besserte sich die Situation. Gleichzeitig stieg aber auch die Verschuldung der Stadt, die fast alle größeren Investitionen in der Folgezeit durch Anleihen finanzieren musste. 1897 konnte die Stadt den Vertretern von 50 Städten und Gemeinden, die zum 1. Hessischen Städtetag zusammengekommen waren, stolz ihre gerade fertiggestellte »mustergiltige« Kläranlage zur Nachahmung empfehlen. Ein weiterer Fortschritt war die Müllabfuhr, die ab 1899 von einem Privatunternehmer mit dem modernen »Kehrichtsabfuhrwagen« durchgeführt wurde. Schon 1898 rühmte sich der Magistrat im städtischen Verwaltungsbericht, Marburg habe mit nur acht bis zehn Sterbefällen pro 1000 Einwohner die niedrigste Sterblichkeitsrate in Deutschland und sei daher eine der gesündesten Städte im Reich. Gesunde Stadt, gute Luft … Damit warb Marburg in der Folgezeit sehr erfolgreich unter gut situierten Pensionären und Rentiers. Auch Witwen zogen gern in die aufstrebende Universitätsstadt, um ihre kärgliche Witwenpension durch Zimmervermietung an Studenten aufzubessern, vielleicht aber auch in der Hoffnung, dass hier ihre Töchter leichter eine gute Partie machen könnten.

»Eine Regierung wie die preußische, der von jeher das Wohl der Universitäten am Herzen gelegen hat, die uns nicht mehr wie die frühere stiefmütterlich behandeln wird, versteht auch unsere Alma Mater zu heben und zu neuem Glanze zu bringen«, hatte Prorektor Hermann Nasse hoffnungsvoll auf der letzten Seite des Bandes »1653–1867« der Universitätsannalen eingetragen. Seine Hoffnung wurde nicht enttäuscht, allerdings erst, nachdem – wieder einmal – die Gefahr einer Schließung der Universität, diesmal zugunsten einer Neugründung in Frankfurt, abgewendet worden war mit Argumenten wie: In Frankfurt werde nur »das sogenannte geistige Proletariat« noch weiter vermehrt und die Erhaltung und Förderung der Marburger Universität sei für die »geistige Verschmelzung« der neuen Provinz mit Preußen erforderlich.

Zur Ehrenrettung des alten Regimes sei hier nachgetragen, dass 1839/42 das stattliche Gebäude der Anatomie in der Ketzerbach, 1840/42 das Mathematisch-Physikalische Institut mit Sternwarte am Renthof und 1854/58 die Chirurgische Klinik neben dem Elisabethhospital erbaut worden waren. Nachdem aber Preußen 1872 im Haushalt die ersten Mittel für Neubauten bereitgestellt hatte, begann ein beispielloser Bauboom, der innerhalb einer Generation die Marburger Universität vom letzten auf einen respektablen elften Platz unter den 21 Universitäten Preußens hob. Den Anbruch einer neuen Zeit signalisierte unübersehbar das neue Hauptgebäude der Universität, das 1873–79 anstelle des abgebrochenen Dominikanerklosters errichtet und 1887/91 mit dem Bau der Aula vollendet wurde. Bis heute prägt das von dem jungen Architekten Carl Schäfer entworfene neugotische Gebäude das Zentrum der Stadt und überragt mit unstrittiger Dominanz den erhaltenen Teil der gelungen zu einer Bank umgebauten Herrenmühle ebenso wie den fantasielos modernen Neubau daneben.

Das 1527 der Universität übergebene ehemalige Dominikanerkloster. Federzeichnung von F. Justi 1880.

Im Einklang mit der Errichtung neuer, hochmoderner Institute (bis 1918 entstanden einschließlich der Kliniken 18 Neubauten) und dem Ausbau und der Modernisierung vorhandener Gebäude als Folge immer stärkerer Auffächerung der einzelnen Disziplinen sorgte die kluge und großzügige Berufungspolitik des preußischen Kultusministeriums auch für eine Steigerung des wissenschaftlichen Niveaus. Dies war in erster Linie ein Verdienst des Juristen Friedrich Althoff, der von 1882–1907 als Universitätsreferent die Fäden im Kultusministerium zog und höchst effektiv, gelegentlich auch mit unkonventionellen Mitteln, Hochschulpolitik betrieb. Dass besonders Marburg davon profitierte, verdankte die Universität nicht zuletzt der Freundschaft Althoffs mit dem Mediziner Eduard Külz, der als Student Berlin mit Marburg vertauscht und hier in kürzester Zeit Examen, zweifache Promotion und Habilitation erreicht hatte. Da er von seinen Studenten ähnlichen Studienfleiß forderte und sich nicht scheute, durch seinen Institutsdiener nachlässige Studenten, die er morgens in seiner Vorlesung vermisste, aus dem Bett holen zu lassen, kam es 1893 zu einem heftigen Konflikt. Auf Initiative der 25 Korporationen unterzeichneten 720 der 940 Studenten eine Beschwerdeschrift an den Kultusminister und traten in den Vorlesungsstreik. Erst als Külz sich entschuldigt hatte und die den Anführern angedrohten Strafen – Karzer und consilium abeundi – aufgehoben waren, endete der Streit.

Es fällt auf und spricht für die deutlich verbesserten Rahmenbedingungen, dass – im Gegensatz zur kurhessischen Zeit – nun unter preußischer Ägide junge, vielversprechende Wissenschaftler aller vier Fakultäten nach ihrer Berufung häufig bis zum Ende ihrer jahrzehntelangen Lehrtätigkeit in Marburg blieben. Das gilt für die Philosophen Hermann Cohen (1875–1912) und Paul Natorp (1885–1922), die Theologen Wilhelm Herrmann (1879–1917) und Gustav Jülicher (1888–1923), den Philologen Theodor Birt (1879–1921), die Juristen August Ubbelohde (1865–1898) und Ludwig Enneccerus (1873–1921), ebenso wie für zahlreiche Mediziner, darunter Emil Mannkopf (1867–1914) und Emil von Behring (1895–1916). Die zunehmend bessere personelle und materielle Ausstattung steigerte die Attraktivität der Universität und ließ die Zahl der Studenten kontinuierlich steigen. Bis 1890 hatte sie sich mit 930 gegenüber 1866 mehr als verdreifacht. Im Sommersemester 1897 wurde der 1000. Student, ein Russe, mit einem großen Fest auf dem Dammelsberg gefeiert, bei dem vaterländische Reden geschwungen, »Die Wacht am Rhein« gesungen und von den vier Marburger Brauereien 8878 Liter Bier ausgeschenkt wurden. Das Ganze endete in einem nächtlichen Gewitter »mit weithin leuchtenden Blitzen.« Bis 1914 stieg die Zahl der Studenten sogar auf 2464, darunter 206 Studentinnen.

Die Stadt weitet sich

600 Jahre hatte die Stadt ihren Mauergürtel, den sie im 13. Jh. aufgrund der rasanten städtebaulichen Entwicklung in wenigen Jahrzehnten gleich zweimal hatte erweitern müssen, unverändert beibehalten. Erst jetzt, vor dem Ende des 19. Jhs., wurde er ihr zu eng. Im Norden zum neuen Bahnhof hin entstand das Klinikviertel, nach Osten bis zur Lahn das Biegenviertel mit zwei repräsentativen Schulbauten und mehr-

Der Bahnhof von 1850 musste 1909 einem Neubau weichen (Postkarte).

stöckigen Mietshäusern, deren heftig kritisierte Höhe den bis dahin freien Blick auf die Stadt am Berg erheblich störte, und schließlich, nachdem schon für den Neubau des Gymnasiums (1865/68) die Stadtmauer an der Untergasse aufgebrochen worden war, wuchsen im Süden nicht nur ein hübsches Villenviertel, sondern auch Kasernen, denn Marburg war nun auch wieder eine vollgültige Garnisonstadt. An den Hängen des Schlossbergs entstanden bevorzugt die Villen der Professoren und vor der Jahrhundertwende die Prachtbauten der Korporationen. Der Bauboom wurde stimuliert durch die schnell wachsende Bevölkerung, die sich von 1866 bis 1914 auf 22 200 Einwohner verdreifachte. Erst nach dem Ersten Weltkrieg dehnte sich die Bebauung auch auf den Ortenberg jenseits der Lahn aus.

Kommunalverfassung und Zensus- bzw. ab 1898 das Dreiklassenwahlrecht hatten zur Folge, dass das Besitzbürgertum auch an der Wende vom 19. zum 20. Jh. – kaum anders als im Mittelalter – weiterhin die Geschicke der Stadt bestimmte. Da die Honoratioren die Ämter, in die sie gewählt wurden, mit Ausnahme des Oberbürgermeisters ehrenamtlich ausübten,

HINTERGRUND

EIN GROSSHERZOGLICH-BADISCHER ORDEN FÜR DIE MEDIZINISCHE POLIKLINIK

»1902/03 entstand an der Unteren Rosenstraße 7a die Medizinische Poliklinik. Auch hier war die Genehmigung des Finanzministeriums erst erfolgt, nachdem der ideenreiche und wagemutige Althoff die Finanzierungslücke von 100 000 Mark durch eine entsprechende Stiftung im Namen des vorerst noch ahnungslosen Berliner Zeitungsverlegers August Scherl geschlossen hatte. Scherl war sprichwörtlich dafür bekannt, dass er Orden sammelte. Als er aber dann als Gegenleistung den Roten Adlerorden II. Klasse verlangte und der Kaiser nur zur Verleihung des Kgl. Kronenordens II. Klasse bereit war, den Scherl nicht akzeptierte, schien die Situation ausweglos verfahren. Jeder andere Universitätsreferent hätte kapituliert. Aber Althoff fuhr nach Karlsruhe zu seinem Kollegen Dr. Böhm, dem Großherzoglich-Badischen Universitätsreferenten. Nach einigen Tauschgeschäften und der Zusage, den Badenern einen berühmten Heidelberger Professor zu lassen, der einen Ruf nach Berlin bekommen sollte, war die Verleihung des Großkreuzes des Zähringer Löwen an Scherl gesichert. Dieser konnte daraufhin schlecht mit einem niedriger eingestuften preußischen Orden ausgezeichnet werden und erhielt von Wilhelm II. den erstrebten Roten Adler. Der Bau der Klinik war gesichert.«
(Aus: Bernhard von Brocke: Marburg im Kaiserreich 1866–1918. Marburger Geschichte, S. 393)

war die Verwaltung äußerst sparsam. Die Mitglieder des Stadtrats und des Bürgerausschusses, ab 1898 des Magistrats und der Stadtverordnetenversammlung waren fast ausschließlich Professoren, Rechtsanwälte, reiche Kaufleute oder angesehene Handwerksmeister. Wessen Name auf den »Rathauszettel«, eine Art Einheitsliste, kam, wurde vorher abgesprochen. Den Vorrang der »Hochbesteuerten« erklärte der Apotheker Friedrich Siebert 1895 mit entwaffnender Offenheit: »Die Hauptsache, die in Betracht kommt, ist: Reichtum ist Macht. Die Reichen üben durch ihre Stellung schon einen großen Einfluß aus.« Aufs Ganze gesehen ist das der Stadt damals nicht schlecht bekommen, da die handelnden Personen, wenn auch von einer konservativen Grundhaltung aus, ihr Mandat integer und verantwortungsbewusst wahrnahmen.

Emil von Behring

Als Beispiel sei Prof. Emil von Behring genannt, der gegen den Widerstand der Fakultät auf Betreiben Althoffs 1895 den Lehrstuhl für Hygiene erhalten hatte. Am 30. April dankte Behring seinem Gönner: »Ich bin damit in die Lage gekommen, hier in Marburg alles zu haben, was zu continuirlicher und friedlicher Arbeit erforderlich ist: Eine staatlich gesicherte Position, in welcher ich mich für längere Zeit einrichten kann, ein Institut mit Hilfsarbeitern, eine Lehrtätigkeit – wichtige therapeutische Aufgaben, deren Bearbeitung … von der nahe gelegenen Höchster Fabrik gefördert werden kann. Dazu eine zum Naturgenuß einladende Stadt, wies kaum eine Zweite gibt unter unseren Universitäten.« Schon drei Jahre später wurde Behring in den Magistrat gewählt, dem er bis 1917 angehörte, nachdem er 1901 vom Kaiser geadelt, 1901 mit dem Nobelpreis ausgezeichnet und 1914 Ehrenbürger geworden war. Sein allseits geschätztes kommunales Engagement erleichterte dem erfolgreichen Wissenschaftler, der nach der Entdeckung des Heilmittels gegen Diphterie als »Retter der Kinder« gefeiert wurde, die Gründung jenes Unternehmens, das durch die Serum-Produktion bald in aller Welt bekannt wurde und dessen Nachfolgefirmen auch heute noch für das Wirtschaftspotential der Stadt von entscheidender Bedeutung sind.

Der erste Antisemit im Reichstag

»In Marburg ist alles anders!« heißt es heute, wenn wieder einmal etwas in der Universitätsstadt dem allgemeinen Trend in Land oder Bund widerspricht. Das war offensichtlich schon immer so, denn auch die Stadtgeschichte liefert dafür zahlreiche Beispiele. Aus Marburg kam z. B. der erste erklärtermaßen antisemitische Abgeordnete, der 1887 in den Deutschen Reichstag einzog. Der junge Hilfsbibliothekar Dr. Otto Böckel hatte überraschend über den zuvor in drei Wahlen erfolgreichen konservativen Kandidaten gesiegt. Schon als Student war er bei der Erforschung des deutschen Volksliedes auf seinen

WARUM MARBURG NICHT SINDELFINGEN WURDE

Mitte der 80-er Jahre beschäftigte sich der Marburger Louis Brög, der als Stadtbaumeister von 1873 bis zu seiner Pensionierung 1908 das stürmische Wachstum der Universitätsstadt mitplante und mitgestaltete, ohne Kenntnis von den etwa gleichzeitigen, ähnlichen Experimenten Gottfried Daimlers zu haben, mit der Konstruktion eines Motorwagens. Nach zwei Versuchen mit Dampfmaschinen, die er in eine dreirädrige Kutsche einbaute, erwarb er 1889 einen 1-PS-Motor von Daimler in Cannstadt und erreichte mit seiner Motorkutsche stolze 12 km/h. Wenn er damit über die holprigen Straßen durch Marburg und die Dörfer der Umgebung fuhr, staunten die Menschen, aber die Fuhrleute schimpften und fluchten hinter dem »Gespensterwagen« her, der mit seinem Geknatter die Pferde scheu machte. Sein fünfter Eigenbau wurde schon von einem 4 ½-PS-Motor mit liegendem Zylinder und elektrischer Zündung angetrieben, den Benz in Mannheim gebaut hatte. Als Benz von der Konstruktion in Marburg hörte, setzte er sich mit Brög in Verbindung. Baumeister und Mechaniker vereinbarten die Errichtung einer Motorwagenfabrik in Marburg. Der Vertrag war schon unterschriftsreif, als sich Oberbürgermeister Schüler einschaltete und seinen Beamten mit der Begründung zurückpfiff, das Ganze sei »ein Narrenwerk, bei dem er wohl eines Tages noch umkommen werde«. Er solle doch seine gesicherte Existenz nicht aufs Spiel setzen! Der Gedanke, wie wohl heute das Lahntal aussehen würde, wenn sich die Fertigungshallen für die deutsche Nobelkarosse nicht in Sindelfingen, sondern zu Füßen des Landgrafenschlosses ausbreiten würden, ist sicherlich von zweifelhaftem Reiz!

Wanderungen über die Dörfer mit Not und Armut auf dem Land in Berührung gekommen. In Marburg fasste er 1883 den Beschluss, die Interessen der Bauern, an deren Elend die Juden schuld seien, politisch zu vertreten. Mit demagogischen Schriften wie *Die europäische Judengefahr. Sonnenklar beleuchtet* und mit seiner bald in hoher Auflage verbreiteten Zeitschrift *Reichs-Herold* propagierte er seine rassistischen Thesen, die er als selbsternannter »Anwalt der Armen und Schwachen« populistisch geschickt mit sozialpolitisch überzeugenden Anklagen gegen die bestehenden Besitzverhältnisse verknüpfte. Damit griff er nicht nur die konservativen Parteien an, sondern auch die Sozialdemokraten, die sich nicht entscheiden konnten, auch die Verelendung der Bauern in ihren Parteiprogrammen zu thematisieren, obwohl der Marburger Delegierte Volpertus Heinrich Schneider schon auf dem Eisenacher Parteitag 1873 nachdrücklich auf »die Wichtigkeit des ländlichen Proletariats für die Bewegung« hingewiesen hatte. Dreimal gelang Böckel die Wiederwahl im Wahlkreis Marburg-Kirchhain-Frankenberg-Vöhl mit jeweils hohen Stimmanteilen auch in der Stadt (bis zu 70,8 % in einer Stichwahl), während die Antisemiten im Reich nie mehr als 3,7 % erhielten. Querelen in den von ihm gegründeten Institutionen und Finanzprobleme führten schließlich zum Niedergang. Bei der Reichstagswahl 1903 erreichte Böckel nur noch 16,6 %. Er starb vergessen und verarmt 1923. Aber 1933, am 50. Jahrestag seines ersten erfolgreichen politischen Auftritts in Marburg, würdigte ihn die Oberhessische Zeitung als »Vorkämpfer des Nationalsozialismus« und die Nazis ehrten ihn durch die Umbenennung der Schulstraße, in der die Jüdische Schule lag, in »Dr.-Otto-Böckel-Straße«.

Krieg und Frieden im 20. Jahrhundert

Am Ende der »guten, alten« Zeit: 1900–1914

Das Ergebnis der Reichstagswahl von 1903 mit dem Stichwahlentscheid zugunsten des nationalsozialen Kandidaten Hellmut von Gerlach war ähnlich überraschend wie das des Antisemiten Böckel von 1887. Gerlach, der 1896 mit Friedrich Naumann zu den Gründern des Nationalsozialen Vereins gehörte und 1898 die Hessische Landeszeitung in Marburg gekauft hatte, um besser seine Vorstellungen von einem demokratischen und sozialen Kaisertum verbreiten zu können, siegte knapp über den konservativen Kandidaten. Gerlach, der sich selbst »als Mann der Linken« einstufte und aus der Professorenschaft – besonders von dem Theologen Martin Rade und dem Völkerrechtler Walther Schücking – unterstützt wurde, verdankte diesen knappen Vorsprung wohl nicht zuletzt jenen Wählern, die im 1. Wahlgang der SPD zu 20,5 % verholfen hatten. Für die Stichwahl hatte die lokale Parteiführung der SPD zwar Stimmenthaltung empfohlen, aber durch ein noch kurz vor dem Wahlgang verbreitetes Flugblatt hatte Gerlach über einen Artikel des »Vorwärts« informiert, in dem sich Kurt Eisner, der bei Cohen in Marburg studiert hatte, für Gerlach aussprach. Gerlachs Reichstagsmandat war und blieb das einzige, das die Nationalsozialen im Reich erringen konnten. Marburg war also wieder einmal der »komischste und verrückteste Wahlkreis«, wie eine Zeitung später schrieb. Das Ergebnis zeigte, dass hier in einer konservativen Hochburg das politische Pendel nicht nur nach weit rechts (Böckel), sondern auch deutlich nach links ausschlagen konnte, zum Schrecken der Konservativen, die daraufhin bei der nächsten Wahl alle Reserven mobilisierten und tatsächlich ihr gestörtes Weltbild wieder zurechtrücken konnten.

DIE »MUSEUMSGESELLSCHAFT«

»Marburgs Bürgerschaft gliederte sich in zwei Kasten: in die Gesellschaft und in das, was nicht zur Gesellschaft gehörte. Ob der einzelne Mensch, die einzelne Familie in die eine oder andere Klasse zu rechnen sei, darüber entschied ein sehr einfaches Unterscheidungsmerkmal: die Mitglieder des Vereins ›Museum‹ bildeten die Gesellschaft; wer diesem Kreise nicht angehörte, war ein unqualifiziertes Lebewesen. Die Mitglieder der Behörden, der Universität, der städtischen Verwaltungskörperschaften, das Offizierskorps des Jägerbataillions, ferner auch sämtliche private Akademiker und die wohlhabenden Kaufleute gehörten dem Verein an. Die Studenten konnten um ein Geringes die außerordentliche Mitgliedschaft erwerben, und so waren die Angehörigen der Korps, Burschenschaften, Landsmannschaften, akademischen Turnvereine ohne Ausnahme museumsberechtigt. Aber auch innerhalb der Gesellschaft gab es noch zahlreiche engere Zirkel, die, wenn auch in Einzelheiten rivalisierend, doch im ganzen und großen noch eine innere gesellschaftliche Hierarchie in zuerst jäh, dann langsamer absteigendem Aufbau bildeten.« So beschreibt, vielleicht etwas überspitzt, der Erfolgsautor Walter Bloem in seinem ab 1905 in vielen Auflagen erschienenen Roman-Bestseller *Der krasse Fuchs* jene Institution, die in der Tradition der seit dem Ende des 18. Jhs. bestehenden Lesegesellschaften stand, die durch ihr reichhaltiges Angebot von Zeitungen, Zeitschriften und aktueller Literatur den Gedankenaustausch im Bildungsbürgertum förderten.

In Marburg hatte das 1832 gegründete *Akademische Lese-Museum* aller Verfolgung durch Polizei und Regierung zum Trotz unter dem Einfluss von Jordan, Bayrhofer und Hildebrand die obrigkeitskritische Einstellung vor und im Revolutionsjahr 1848 gefördert. Davon war in der wilhelminischen Zeit nichts mehr zu spüren. Nach wie vor erfüllte das *Museum* zwar den Zweck, den es von Anfang an neben dem Lektüreangebot auch gehabt hatte: die Zusammenführung von Professoren und Studenten mit dem gehobenen Bürgertum bei Geselligkeiten verschiedener Art, aber nun war man kaisertreu und konservativ, allenfalls gemäßigt liberal. 1888 errichtete die Museums-Gesellschaft ein repräsentatives Gebäude, günstig gelegen an der Ecke Universitäts-/Kasernenstraße, mit

Das Universitätsgebäude in einer historischen Photographie von 1894.

Lesezimmern, Sälen für Konzerte, Theater und Bälle und einem Restaurant, in dem der Museums-Wirt »Norddeutsche Küche« anbot und ein »vorzügliches Weinlager sorgfältig gepflegter Weine« unterhielt. In diesem Ambiente wurden so manches Mal die Kandidaten für den »Rathauszettel«, das Abgeordnetenhaus oder den Reichstag besprochen, Zweckbündnisse vereinbart, politische Strategien zur Durchsetzung von kommunalen oder universitären Zielen entworfen. Nach der Jahrhundertwende jedoch machten sich gesellschaftliche Veränderungen auch im Museum bemerkbar. Als Erste zogen sich die Studentenverbindungen, deren Zahl von 25 auf 49 angewachsen war, auf ihre neuen, oft sehr feudalen Häuser zurück. Die stärkere Politisierung des öffentlichen Lebens ließ bisherige Gemeinsamkeiten in den Hintergrund treten und verstärkte die Gegensätze. »Innerlich völlig zerklüftet« und durch Mitgliederschwund finanziell geschwächt, löste sich die Museums-Gesellschaft 1906 auf. Ihr Gebäude übernahm eine von der Stadt gestützte Aktiengesellschaft. In den Stadtsälen fanden weiterhin gesellschaftliche und kulturelle Veranstaltungen statt. Hinzu kamen politische Versammlungen, in denen es oft hoch herging. Hier warb 1926 die staatstreue Vereinigung *Reichsbanner* für die Republik, hier agitierte schon 1930 der demagogische Roland Freisler für die NSDAP. 1945 richteten die Amerikaner hier ihr Casino ein und 1952 inszenierte Erwin Piscator hier mit dem Marburger Schauspiel Lessings *Nathan der Weise*. 1973 wurden die völlig heruntergekommenen *Stadtsäle* abgerissen, um einem Kaufhaus Platz zu machen.

Zum Weltbild der Marburger Honoratioren gehörte auch, dass die Stadt sich nicht um die Ansiedlung von Industrie bemühte, obwohl der städtische Haushalt zusätzliche Steuereinnahmen dringend gebraucht hätte, denn Marburg hatte alle größeren Projekte wie Kanalisation, Wasserversorgung, Elektrizitätswerk, Straßenbau, Brücken und Schulen nur durch Anleihen finanziert und gehörte dadurch, gemessen an der Einwohnerzahl, zu den am höchsten verschuldeten Städten in Preußen. Aber »Groschenmänner«, wie Oberbürgermeister Schüler Arbeiter einmal abfällig nannte, wollte man in der Universitätsstadt nicht in größerer Zahl haben, wo das Dreiklassenwahlrecht den gut situierten Bürgern die Mehrheit in der Stadtverordnetenversammlung sicherte. Das schloss allerdings Meinungsunterschiede in Grundsatzfragen der Stadtentwicklung nicht aus. Das zeigte z. B. die heftige Kritik an den »Mietskasernen« im Biegenviertel, an der Abholzung zur Begradigung der Schwanallee oder der Protest gegen die Pläne für eine Aufstockung oder gar einen neugotischen Neubau des Rathauses. Wortführer des Protests waren Professoren, der Geschichtsverein, der Konservator Ludwig Bickell und engagierte Bürger, die in dem schon 1868 gegründeten *Verschönerungsverein* oder in dem 1891 gegründeten *Verein zur Hebung des Fremdenverkehrs* aktiv waren.

Zu großflächigen Fabrikanlagen durch neue Industrien kam es nicht. Es blieb bei einigen mittleren Betrieben, wie der Tabak- und Zigarrenfabrik Niderehe, der Schäferschen Tapetenfabrik, der Holzhauerschen Fabrik für medizinische Instrumente oder der Metallwarenfabrik Seidel, die aus Handwerksbetrieben hervorgegangen waren und maximal 100 bis 200 Arbeiter beschäftigten. Wer von den alteingesessenen Handwerkern sich nicht auf neue Fertigungsmethoden oder veränderte Nachfrage einstellen konnte, musste aufgeben. Hut-

Am Rudolphsplatz um 1900 (Postkarte).

macher, Wollen- und Leinweber gab es schon 1889 nicht mehr. Die Zahl der Lohgerber verringerte sich in den 25 Jahren bis 1914 von 20 auf sieben, die der Schuhmacher von 122 auf 96, die der Schneider von 70 auf 53 und Töpfereien gab es nur noch neun. Dagegen stieg die Zahl der Barbiere und Frisöre von 15 auf 25.

Zu den Errungenschaften der neuen Zeit gehörten Telefon, Elektrizität und öffentlicher Nahverkehr. Den Anfang machte der neue Schlachthof, der schon 1884 für den Eigenbedarf Generatoren zur Stromerzeugung anschaffte. 1898 erhielten die neue Medizinische und Chirurgische Klinik eine gemeinsame Stromzentrale. 1905 endlich baute die Stadt in der Herrenmühle am Rudolphsplatz ein Elektrizitätswerk, das zunächst 130 Stromabnehmer versorgte, aber ab 1907 auch Strom für die Beleuchtung der Hauptstraßen lieferte, während es in den angrenzenden Straßen und Gässchen bis 1919 bei den billigeren Gaslaternen blieb. 1893 eröffnete die Post den innerstädtischen Telefonverkehr mit 46 Teilnehmern. 1896 wurde Marburg an das überörtliche Telefonnetz angeschlossen und 1907 gab es 341 Teilnehmer. Ab 1893 verband ein privater Pferdeomnibus den weit draußen liegenden

Hauptbahnhof mit der Innenstadt. Obwohl zu dieser Zeit schon seit zehn Jahren eine elektrische Straßenbahn zwischen Frankfurt und Offenbach fuhr, mussten die Marburger noch bis zum 1. November 1911 auf dieses moderne Verkehrsmittel warten – zwei Jahre nach dem Bau des neuen Bahnhofsgebäudes. Immerhin hatte seit 1903 der Fuhrunternehmer Heppe mit einem städtischen Jahreszuschuss von 1000 Mark eine schienengebundene Pferdebahn betrieben. Die sechs Wagen mit jeweils 16 Sitz- und 14 Stehplätzen verkehrten alle 20 Minuten zwischen Hauptbahnhof und Wilhelmsplatz. Dafür waren zwölf Pferde, die alle drei Stunden ausgewechselt wurden, und sechs Schaffner im Einsatz. Die Fahrt kostete zehn Pfennig – genau so viel wie noch nach dem 2. Weltkrieg bis zur Währungsreform.

»Dies ist eine Kleinstadt, aber wie Kleinstädte in Deutschland manchmal so sind, mehr Miniaturausgabe einer echten Stadt als Kleinstadt, denn es gibt sehr gute Geschäfte und eine pfiffige kleine Straßenbahn, die in der Stadt auf einem Gleis umherfährt«, berichtete der spätere amerikanische Literaturnobelpreisträger T. S. Eliot, der zu einem internationalen Ferienkurs der Universität nach Marburg gekommen war. Für diesen Kurs hatten sich auch Engländer, Russen, Franzosen und ein Ire eingeschrieben – ein deutliches Zeichen, dass die Universitätsstadt an der Lahn auch für Ausländer attraktiv geworden war. Sei es, um hier zu studieren, wie der Spanier Ortega y Gasset 1906/07 und der Russe Boris Pasternak 1912/14, oder auch einfach nur, um deutsche Kultur kennenzulernen, wie der Engländer Aldous Huxley 1912 oder T. S. Eliot 1914.

Erster Weltkrieg: 1914–1918 – Begeisterung und Ablehnung, Not und Verlust

Am 1. August 1914 sollte der übliche internationale Ferienkurs an der Philipps-Universität anfangen, aber an diesem Tag begann mit der deutschen Kriegserklärung an Russland der 1. Weltkrieg. Der amerikanische Kursteilnehmer Eliot, dem als Bürger eines noch neutralen Landes nach zwei bangen Wochen der Ungewissheit die Heimreise und Überfahrt nach England gelang, schrieb, unbeeindruckt von der überschwänglichen Begeisterung, die er erlebt hatte, am 23. August aus London: »Deutschland ist von einem ungeheuren Willen beseelt, aber ich sehe nicht, wie es möglicherweise obsiegen kann.«

Das sah man in Deutschland ganz anders. Die Basis für die allgemeine Begeisterung bei Kriegsbeginn hatten auch in Marburg nicht zuletzt die vaterländischen, oft martialischen Reden aus Anlässen wie Kaisergeburtstag oder Sedanfeier gelegt. Wenn ein Marburger Professor bei der Immatrikulationsfeier für das Wintersemester 1913/14 seiner Überzeugung Ausdruck gab, »daß der Kampf mit unserem Erzfeind doch einmal unausbleiblich« sei und dann die Welt »widerhallen (werde) von Waffentaten deutscher Söhne«, dann konnte er der Zustimmung seiner akademischen Zuhörer sicher sein. In den Augusttagen 1914 schrieb selbst die linksliberale Hessische Landeszeitung, die Marburger seien erfüllt von einem »Gemeinschaftsgefühl, wie es wohl seit den Tagen von 1870/71 nicht mehr empfunden worden ist. Alle Gegensätze sind verschwunden und jeder ist mit dem stolzen Bewußtsein erfüllt, auch ich gehöre zu dem mächtigen Volke, dessen Wille schließlich die Welt regiert.«

ZEITZEUGE

SORGENVOLLER BLICK EINES PROFESSORS AUF SEINE KRIEGSBEGEISTERTEN STUDENTEN

Unter dem Eindruck des Abschieds von seinen Studenten, die sich freiwillig gemeldet hatten, notierte der Altphilologe Theodor Birt, der später als begeisterter Kriegsredner und Befürworter der Annexionspolitik auftrat, nachdenklich in sein Tagebuch: »Zum Teil wundervoll hochgewachsene Gestalten sind unsere Deutschen jungen Männer, wie sie so ... durch die Straßen ziehen. Aber was nützt die Kraft, der stolze Wuchs ... bei den jetzigen zerstörenden Feindeswaffen! Jeder dieser Menschen eine kleine junge schöne Welt für sich. Aber sie sind nichts als Zahlen, kleine Bruchzahlen in der modernen Schlacht, und das Maschinengewehr legt hundert auf einmal nieder. So ist es: Das Individuum, jeder Einzelne, wird von der Idee verzehrt, für die er lebt und stirbt.«

Die Musterungsstellen hatten Mühe, den Ansturm der Kriegsfreiwilligen zu bewältigen, die sich einerseits aus patriotischem Pflichtgefühl zur Verteidigung der vermeintlich bedrohten Heimat meldeten, andererseits aber auch, getragen von der Woge überschäumender Begeisterung, unter dem Druck der öffentlichen Meinung standen, dass kein waffenfähiger Mann abseitsstehen dürfe. Am 4. August wurde das aktive Kurhessische Jäger-Bataillon Nr. 11 auf dem Bahnhof verabschiedet. Von ihnen und den folgenden Einheiten der »Marburger Jäger« fielen in den 51 Monaten bis zum November 1918 109 Offiziere, 349 Oberjäger und 3331 Jäger – weitaus mehr als im August 1914 so siegesgewiss ausgerückt waren. Darunter waren im Oktober 1914 auch jene kriegsfreiwilligen Studenten und Schüler, von denen es in der Geschichtsschreibung heroisierend heißt, sie seien »vor Langemark mit dem Deutschlandlied auf den Lippen in den Tod gestürmt.« 36 von ihnen hatten sich zusammen mit 30 Kameraden und ihren Lehrern noch am 21. September in Marburg vor dem Einrücken ins Feld aufgestellt zum Abschiedsfoto vor dem Portal der Städtischen Oberrealschule.

Nachdem die Professoren den einrückenden älteren Semestern auf ministerielle Anordnung nach »abgekürzten Prüfungen nach pflichtgemäßem Ermessen … zum Abschied ein gutes Zeugnis in den Tornister« gesteckt hatten und die Hörsäle »ruhmvoll verödet« waren, stellten sich die Zurückgebliebenen in Universität und Stadt auf den Alltag unter den Bedingungen des Krieges ein. Im Wintersemester 1914/15 galten zwar 2078 Studierende als immatrikuliert, tatsächlich aber hatten nur 629, darunter 151 Studentinnen, Vorlesungen belegt. Von 135 akademischen Lehrern standen 60 im Kriegsdienst. Dennoch wurden Überlegungen, den Universitätsbetrieb ganz einzustellen, schnell wieder aufgegeben – im Gegenteil: Die Professorenschaft bemühte sich pflichtbewusst, ihn allen Schwierigkeiten zum Trotz aufrecht zu erhalten. Eine kriegsbedingte Neuerung waren ab Januar 1915 die für Kriegsverletzte von der Augenklinik eingerichteten *Blindenunterrichtskurse*, aus denen später die Deutsche Blindenstudienanstalt hervorging.

Die kriegsbejahende Einigkeit wurde allerdings durch einige wenige Andersdenkende gestört. Einer von ihnen war der Völkerrechtler Walther Schücking, der aus seiner pazifistischen Einstellung keinen Hehl machte: Für ihn war Krieg der »organisierte Massenmord«. In seinen Vorlesungen warb er daher für Völkerverständigung und Friedenssicherung durch zwischenstaatliche Institutionen und ein internationales Schiedsgericht. Wiederholt wurde er verunglimpft und zur »Belehrung« vorgeladen. Aber Schücking weigerte sich, »vor dem Radaupatriotismus eines oder mehrerer Studenten und der planmäßigen verleumderischen Hetze einzelner Mitbürger den Rückzug anzutreten.« Obwohl ihm die Militärbehörde Auslandsreisen untersagte und der Landrat ihm einen Pass verweigerte, konnte er mit Unterstützung des Auswärtigen Amtes 1915 an der internationalen Friedenskonferenz in Den Haag teilnehmen. 1919 war er Mitglied der deutschen Friedensdelegation in Versailles und 1930 wählte ihn der Völkerbund zum ersten und einzigen deutschen Richter am Internationalen Gerichtshof in Den Haag.

Die schon bald in Marburg eintreffenden Verwundeten wurden in 17 Lazaretten versorgt. Schon vor dem Krieg hatte

HINTERGRUND

NÄGEL FÜR DEN SIEG

Am 3. September 1916 wurde vor dem Rathaus feierlich ein »Kriegsnageldenkmal« eingeweiht, um zum Spenden für die Kriegswohlfahrt anzuregen. Dabei handelte es sich um eine achtseitige, mit vier geschnitzten Wappenschilden verzierte Holzsäule, in die geschwärzte, verkupferte, versilberte oder vergoldete Nägel zum Preis zwischen 50 Pfennigen und 20 Mark eingeschlagen werden sollten, um sie »in ein Mal aus Eisen zu verwandeln.« Maximal würde für 12 800 Nägel Platz sein, hatte man ausgerechnet. Da aber nach 14 Tagen erst 1800 Mark eingenommen worden waren, warb der Magistrat wiederholt durch Zeitungsanzeigen um weitere Nagel-Spender – mit mäßigem Erfolg. Bis Februar 1919 hatte der Verkauf von 2273 Nägeln lediglich 3495 Mark erbracht. Danach wurde das Nageldenkmal im Schülerpark auf einem Sandsteinsockel aufgestellt, der heute – ohne die benagelte Holzsäule – am Rand des Kinderspielplatzes nichts mehr über seine ursprüngliche Funktion verrät.

der Vaterländische Frauenverein 40 Hilfsschwestern ausgebildet, nun kamen 60 neue hinzu, von denen 30 im Felddiensteinsatz tätig waren. Mit der Dauer des Krieges wuchs die Not, die es zwar auch schon hinter der gutbürgerlichen Kulisse der Vorkriegszeit gegeben hatte, die aber durch städtische Fürsorgemaßnahmen und Stiftungen wohlhabender Bürger gemildert worden war. Nun erfasste die Not auch jene Kreise, die bis dahin durch Vermietung an Studenten oder andere Dienste ein bescheidenes Auskommen gehabt hatten. Bis 1917 stiegen die Ausgaben der Stadt für die Armenfürsorge auf rund 82 000 Mark – das war zweieinhalbmal so viel wie 1910 – und sie verdoppelten sich fast noch einmal auf rund 150 000 Mark 1918. Schon im März 1915 hatte die Rationierung von Brot begonnen; bald gab es alle Grundnahrungsmittel nur noch auf Lebensmittelkarten und oft in verminderter Qualität. Dem 3-Pfund-Einheitsbrot etwa, das 1918 einer Wochenration entsprach, waren 40 % Kartoffeln beigemischt, und selbst die wurden im »Steckrübenwinter« 1916/17 knapp. Hinzu kam der permanente Mangel an Heizmaterial, insbesondere an Petroleum. Bei der Beschaffung traten Stadt und Universität als Konkurrenten auf, wobei letztere immer wieder darauf verwies, dass ohne ausreichende Beheizung und Beleuchtung Abwanderung und Schließung drohten. Die dramatische Verschlechterung der zivilen Lebenverhältnisse in den Kriegsjahren wird deutlich bei einem Vergleich: Von 1913 bis 1918 sank die jährliche Geburtenziffer von 342 auf 248, während die Zahl der Todesfälle von 196 auf 465 anstieg. Diese Statistik dokumentiert die Opfer, die an der »Heimatfront« gebracht wurden.

Städtische Not und Parteienstreit: 1918–1933

»Das Alte und Morsche, die Monarchie ist zusammengebrochen. Es lebe das Neue! Es lebe die Deutsche Republik!«, hatte Philipp Scheidemann am 9. November in Berlin verkündet. In Marburg begann die Revolution erst einen Tag später. Im Verwaltungsbericht der Stadt für 1918 heißt es dazu knapp und sachlich: »In der Nacht vom 10. zum 11. November 1918 wurde das Rathaus von Soldaten des Soldatenrats besetzt. Am Brunnen war ein Maschinengewehr aufgestellt und am Morgen des 11. November ein roter Wimpel auf dem Rathause aufgezogen worden. Der am selben Tage zusammenberufene Magistrat beschloß, sich der Gewalt zu fügen, um Blutvergießen zu vermeiden.«

Die rote Fahne über dem Rathaus und anderen öffentlichen Gebäuden bedeutete jedoch keineswegs Revolution und Umsturz in Marburg, denn es zeigte sich nach kurzem Kompetenzgerangel zwischen Soldaten der Garnison und heimkehrenden Frontsoldaten, dass der Arbeiter- und Soldatenrat sich lediglich als Ordnungsfaktor verstand, als »Provisorium …, das so bald als möglich durch die Nationalversammlung abgelöst und durch dauernde geordnete Verhältnisse ersetzt werden muß.«

Die im Dezember und später heimkehrenden »Marburger Jäger« wurden mit Böllerschüssen und Glockengeläut empfangen. Wie im August 1914 regnete es Blumen von der Bevölkerung und Oberbürgermeister Troje begrüßte die auf dem Marktplatz zum letzten Mal angetretenen Soldaten mit einer bewegenden Rede.

»Wir müssen die Demokratie und die Republik aufnehmen in unser Fühlen und Denken; wir müssen Demokraten und Republikaner sein, oder wir werden nicht mehr sein!«, notierte der Marburger Student Gustav Heinemann, der 50 Jahre später der erste sozialdemokratische Bundespräsident wurde, in der Silvesternacht 1919 in sein Tagebuch. Mit Sorge verfolgten der Jurastudent, sein Freund Ernst Lemmer, später Bundesminister im Kabinett Adenauer, und andere, dass von den Studentenverbindungen, deren Mitglieder der neuen Republik äußerst zurückhaltend bis radikal ablehnend gegenüberstanden, in engem Kontakt mit der Marburger Garnison Waffen gesammelt und nächtliche Gefechtsübungen veranstaltet wurden. Aber ihre Warnungen, dass die »reaktionären Studenten mit Unterstützung der Marburger Reichswehrtruppe sich auf den Bürgerkrieg vorbereiteten«, wurden sowohl vom Armeekommando in Kassel als auch vom Reichswehrminister in Berlin heruntergespielt. Als im März 1920 die Reichsregierung durch den Kapp-Putsch in höchste Gefahr geriet, waren jedoch – mit Ausnahme der katholischen und jüdischen – alle Korporationen bereit, die Putschisten zu unterstützen. Glücklicherweise brach der Putsch unter den Auswirkungen des Generalstreiks so schnell zusammen, dass sie den für einen solchen Fall vorbereiteten Plan zur Besetzung wichtiger öffentlicher Einrichtungen nicht mehr verwirklichen konnten.

Die kriegserfahrenen Marburger Korporationsstudenten kamen dennoch zu ihrem Einsatz. In Thüringen hatte der Kapp-Putsch blutige Auseinandersetzungen zwischen radikalen Arbeitern und Militär ausgelöst. Das im September 1919 im Einklang von Reichswehr und Reichsregierung »zum Schutz der Republik« gebildete Studentenkorps Marburg, *das StuKoMa*, erhielt den Auftrag, in Thüringen wieder für Ruhe und Ordnung zu sorgen. Obwohl die Unruhen schon im Abklingen waren, griffen Angehörige des ausschließlich aus Korporationsstudenten bestehenden 1. Bataillons hart durch. Dabei nahmen sie in dem kleinen Ort Thal 15 Arbeiter gefangen, die sie für Rädelsführer hielten, und erschossen sie unterwegs auf dem Transport kurz hinter Mechterstädt – angeblich wegen Fluchtversuchs. Obwohl alle Begleitumstände dafür sprachen, dass hier ein brutaler Mord begangen worden war, wurden die Täter hinterher in einem aufsehenerregenden Prozess in Marburg freigesprochen – ein besonders abstoßendes Beispiel für die auf dem rechten Auge blinde Justiz der Weimarer Republik. Dass die Tat überhaupt publik wurde, war das Verdienst von Mitgliedern der zum 2. Bataillon gehörenden *Volkskompanie* unter dem Befehl des Theologieprofessors und Hauptmanns d. R. Hermelink. Sie bestand aus republiktreuen Studenten und Bürgern, darunter Ernst Lemmer und Gustav Heinemann. Lemmer vor allem nutzte seine Kontakte nach Berlin, wo Prof. Schücking Mitglied der Nationalversammlung war, sodass der Fall dort zur Sprache kam und hitzige Debatten auslöste. Drastische Worte wie »Marburger Mordbuben« stießen auf heftigen Protest bei den Deutschnationalen. In der linken und liberalen Presse wurden Tat und Urteil scharf kritisiert, sodass Marburger Bürger im Juli eine Unterschriftenaktion gegen die Verunglimpfung der Stadt und ihrer Studenten durchführten: »Wir sind der Treibereien gegen unsere Studentenschaft müde … Wir müssen uns

EPILOG: SPÄTE EINSICHT

Am 2. April 1920 wurden die 15 ermordeten Arbeiter unter großer Anteilnahme der Bevölkerung auf dem Friedhof in Bad Thal in einem Gemeinschaftsgrab bestattet. Seit 1921 hielt ein Gedenkstein auf dem Grab die Erinnerung an die »von den Marburger Studenten bei Mechterstädt erschossenen 15 Genossen« wach. Von 1932 bis 1935 bemühte sich der Rektor der Philipps-Universität hartnäckig und schließlich mit Erfolg, »daß diese aufreizende und gehässige Aufschrift endlich entfernt wird.« Nach 1945 wurde sie jedoch wiederhergestellt. Der Fall der Mauer ermöglichte es 1990 dem Marburger Oberbürgermeister Dr. Hanno Drechsler, zusammen mit einigen namhaften Sozialdemokraten, aber noch ohne einen Vertreter der Universität, im Namen der Stadt am 70. Jahrestag der Mordtat einen Kranz auf dem Grab niederzulegen. Erst 1995 arbeitete die Universität ernsthaft Vorgeschichte und Nachwirkungen des Geschehens von Mechterstädt auf, in einem wissenschaftlichen Kolloquium, dessen Ergebnisse der historischen Wahrheit endlich so nahe gekommen sind, wie dies 75 Jahre danach möglich war.

verbitten, den bedauerlichen Fall zu politischen Quertreibereien gegen unsere Studentenschaft zu benutzen und nicht nur eine unerhörte Klassenhetze heraufzubeschwören, sondern auch hierdurch der Stadt Marburg und seiner Einwohnerschaft unendlichen Schaden zuzufügen und die Universität, diese Lebensader unserer Stadt, in Verruf zu bringen.« Das traf zweifellos die allgemeine Stimmung in Stadt und Universität: Danach waren nicht Tat und Täter verdammenswert – schließlich waren »Rechtmäßigkeit« und »Ehrenhaftigkeit« ja gerichtlich bestätigt worden –, sondern die »politischen Hetzer« und »ihre unverantwortlichen Treibereien«. Damit hatte sich die Stadt wieder einmal aus Sorge um ihre Existenz, ohne nach Recht oder Unrecht zu fragen, bedenkenlos hinter »ihre« Studenten gestellt. Sie war also nicht schuldlos daran, dass sie in der Zeit der Weimarer Republik als besonders reaktionäre, elitäre Universitätsstadt galt – das wiederum machte sie für Studenten aus dem konservativen, rechten Lager durchaus attraktiv. Es wäre jedoch ungerecht, damit den Anstieg der Studentenzahlen zwischen 1918 und 1931 von 2446 auf 4397 erklären zu wollen, denn es gab auch objektiv berechtigte, positive Gründe für die Wahl Marburgs als Studienort.

Ob das Thema »Mechterstädt«, das die tonangebenden Kreise so heftig beschäftigte, auch jene interessierte, die – nicht anders als in den letzten Kriegsjahren – weiterhin am Rande des Existenzminimums lebten, ist fraglich. Dazu gehörten mindestens 166 Kriegerwitwen, die auf die Hinterbliebenenfürsorge der Stadt angewiesen waren, oder die Insassen der unteren und oberen Sieche in Weidenhausen (St. Jakob), denen die Marburger Bäcker täglich 23 Laibe Brot (1923) spendeten, oder die vielen unterernährten Kinder, die dank der Hilfe amerikanischer Quäker zusätzliche Mahlzeiten erhalten konnten. Aufschluss über die Situation, wenn auch nur allgemein, geben die monatlichen Berichte des Landrats an den Regierungspräsidenten. Danach war die Stimmung im März 1919 »gedrückt infolge drohender Hungersnot und Unordnung«, im September »wegen Kohlen- und Holzmangel bedenklich gereizt«. Im Herbst 1920 verschlechterte sie sich »infolge der drohenden Kartoffelnot und der hohen Kartoffelpreise«. Im Dezember 1921 war sie »gedrückt wegen der Teuerung aller Lebensmittel« als Folge des zunehmenden Währungsverfalls, der es Ende 1922 »sehr vielen Familien fast unmöglich« machte, »das notwendigste zum Lebensunterhalt zu beschaffen.« Auf dem Höhepunkt der Inflation kam es im Oktober 1923 sogar zu Übergriffen: »Die Erwerbslosen haben in den hiesigen Lebensmittelgeschäften Nahrungsmittel ohne Bezahlung erpreßt.« Erst als im November 1923 aus 1 Billion Papiermark 1 Rentenmark geworden war, trat »nach und nach ziemliche Ruhe ein.«

Die folgenden Jahre brachten der Stadt endlich den ersehnten, wenn auch begrenzten Aufschwung. Im Fremdenverkehr stiegen die Übernachtungszahlen. Die Zahl der Kraftfahrzeuge wuchs von 49 (1920) auf 563 (1930). Die Bautätigkeit erreichte 1929 mit 70 neuen Häusern einen Höhepunkt. Jenseits der Lahn am Ortenberg entstand durch Vertriebene aus den an Frankreich zurückgefallenen Gebieten das neue Viertel *Elsaßhausen* und auch das neue Kurhotel, das um zahlungskräftige Gäste warb. Und der Magistrat versprach sich vom Bau der Freilichtbühne im Schlosspark mit den drei markanten gotischen Bögen für die 1927 eingerichteten Festspiele eine Steigerung der kulturellen Attraktivität. Dem rührigen Universitätskurator Ernst von Hülsen gelang es, durch Spenden die nötigen Mittel für den Bau des Universitätsmuseums in der Biegenstraße zu beschaffen, für den die Stadt das Grundstück stiftete, und ein reicher Deutsch-Amerikaner finanzierte den Neubau der Kinderklinik an der Elisabethkirche. 1927 wurde mit großem Aufwand von Stadt und Universität das 400. Jubiläum der Alma Mater gefeiert. Kommunalpolitische Erfolge waren 1929 die Kreisfreiheit und 1931 die Eingemeindung von Ockerhausen. Nur zur Neuansiedlung von Industrie kam es nicht, sodass Marburg unter den 261 deutschen Städten mit über 20 000 Einwohnern weiterhin den zweitniedrigsten Anteil an Arbeitern hatte, aber den zweithöchsten an Dienstmädchen. 1925 waren es 1240!

So untypisch im Vergleich zum Reich wie das Marburger Parteienspektrum, in dem auf kommunaler Ebene eine Beamtenpartei und eine Partei der Mieter und Rentner zweistellige Wahlergebnisse erzielen konnten, war auch, zumindest in

HINTERGRUND

DIE »GOLDENEN ZWANZIGERJAHRE« DER PHILIPPS-UNIVERSITÄT

Das negative Licht, das Skandale wie »Mechterstädt« und andere politische Kontroversen auf Stadt und Universität warfen, darf nicht darüber hinweg täuschen, dass die Zwanzigerjahre in Marburg auch eine Blütezeit der Wissenschaft waren, in der namhafte Professoren lehrten und zahlreiche Studenten die Grundlagen für ihren erfolreichen Lebensweg schufen. Von Walther Schücking, Gustav Heinemann und Ernst Lemmer war schon die Rede. Genannt werden müssen auch Rudolf Bultmann (Theologe), Richard Hamann (Kunsthistoriker), Adolf Butenandt (Nobelpreis für Chemie 1939), Ernst Robert Curtius (Romanist), Friedrich Heiler (Theologe), Martin Heidegger (Philosoph), Edmund E. Stengel (Historiker), Wilhelm Röpke (Nationalökonom), Percy Ernst Schramm (Historiker), Adolf Reichwein (Reformpädagoge), Karl Ziegler (Nobelpreis für Chemie 1963) und Hannah Arendt (Totalitarismusexpertin).

den Anfangsjahren, die Zusammensetzung der 1923 von Mitgliedern des Jungdeutschen Ordens gegründeten NSDAP, deren Vorsitz nacheinander ein Oberstabsarzt, ein Maurermeister, ein Studienassessor und ein Schneider innehatten. Auffällig war die starke Fluktuation unter den Mitgliedern, z. B. 1926: Zugang 24, Abgang 29. Erst als unter der Führung des Jura-Studenten und späteren Kreisleiters Hans Krawielitzki verstärkt Studenten in die Partei eintraten, stieg die Mitgliederzahl von bis dahin unter 40 an bis auf 691 am Ende des turbulenten Jahres 1932. Der eigentliche Aufstieg begann 1930 parallel zu Wirtschaftskrise und Notverordnungen. Dabei zahlten sich die permanenten und in Wahlkampfzeiten noch intensivierten Propagandaaktionen aus. Geschickt wurde bei den Werbeabenden nationalsozialistische Ideologie mit volkstümlicher Folklore verknüpft. Kam es aber zu Auseinandersetzungen mit den politischen Gegnern, dann war die SA jederzeit schlagbereit: »Wenn die Gelegenheit kam, gab's auch mal Zunder«, heißt es verharmlosend in einer Festschrift der NSDAP 1935.

Fünfmal wurde 1932 gewählt. Im März und April ging es um die Wahl des Reichspräsidenten. Erst im zweiten Wahlgang konnte sich der Amtsinhaber Paul von Hindenburg gegen seinen Herausforderer Adolf Hitler durchsetzen. Im zweiten Wahlgang stimmten 7686 Marburger = 51,7 % für Hitler. Dieser Trend setzte sich bei den beiden Reichstagswahlen fort. Bei der Wahl im Juli feierte die NSDAP ihren bis dahin größten Triumph im Reich mit 37,3 %. Ihr Ergebnis in Marburg war geradezu sensationell: 8475 Wähler = 53,3 % stimmten für sie. Offensichtlich hatte sie Hitler am 20. April bei seinem einzigen Auftritt in Marburg stark beeindruckt, obwohl er in dem riesigen Zelt auf der Bürgerwiese für die 20 000 Menschen, die mit Sonderzügen und Bussen gekommen waren, wegen Heiserkeit »nur schwer, manchmal überhaupt nicht zu verstehen« gewesen war, wie das Hessische Tageblatt berichtete. Die NSDAP musste zwar im November bei der 2. Reichstagswahl einen Rückschlag hinnehmen – in Marburg wie im Reich –, aber dennoch war unübersehbar, dass die Partei in der Universitätsstadt fest im Sattel saß.

DIE SAALSCHLACHT IM GASTHOF RUPPERSBERG

Eine solche »Gelegenheit« war die legendäre Saalschlacht im Stadtteil Ockershausen, »damals ein stock-rotes Nest«, am 23. Februar 1931. Die Parteiveranstaltung der NSDAP in einer Hochburg des politischen Gegners war eine gezielte Provokation. Die SA zog mit 48 Mann kampfbereit in den restlos überfüllten Wirtshaussaal ein. Einige entlarvende Zitate aus dem bramarbasierenden Bericht, den ein beteiligter SA-Mann (später SS-Sturmbannführer und Schriftleiter beim »Völkischen Beobachter«) für die Festschrift von 1935 schrieb, sprechen für sich: »... Alles gute Bekannte, vorn in der ersten Reihe mit dem Karnickelpelzkragen der Kommuneführer des Kreises, hinter ihm der Soziredakteur, ... alle die Hetzer und Schläger und Halunken, harmonisch gemischt nach hell- und dunkelrot, erfüllt von heftigstem Tatendrang, und davor stand Trupp Marburg, beste SA ... Lautes Gebrüll und Tuten, als die Versammlung eröffnet wurde ... Die Bande war nicht mehr zu halten. Alles war schon aufgesprungen. Da schwang in Seelenruhe der Redner unsere alte gute Glocke, immer und immer wieder in den Krach hinein. Es wurde ruhiger, und diese einzige Möglichkeit, diese Sekunde erfaßte unser Truppführer. Ein Pfiff, Osten springt aus der Reihe, packt einen Stuhl, schwingt ihn und schlägt ihn gleich zwei, dreien krachend auf die Schädel. Ein einziges Brüllen von Schreck und Wut, dann geht Trupp Marburg vor ›mit ruhig festem Schritt‹ langsam, aber unerschütterlich. Was jetzt kam, ging in Sekunden, ein einziges Chaos von splitterndem Holz, von berstenden Scheiben, von dumpfem Dröhnen, ein einziger brüllender Akkord von Schreien, wir rennen an gegen eine Mauer. Du kriegst einen Schlag, noch einen. Du spürst es nicht. Du bist sicher, fühlst Deinen Kameraden neben Dir ... die Mauer gibt nach, wenig erst, doch Du merkst es sofort, und Deine Kräfte werden doppelt, Deine Arme, Deine Fäuste härter. Die ersten Roten springen aus den Fenstern in den Hof ... Wir fassen nach und drücken sie zum Ausgang ... Keiner von ihnen bekommt einen Fuß auf die Treppe. Wie ein Sack Kartoffeln rumpeln sie hinunter, hie und da noch ein erbittertes Ringen Mann gegen Mann, dann halten wir ein. Trupp Marburg ist allein im Saal – Das war die Entscheidung.«

Die Polizei, die unten im Hof bereitgestanden hatte, verhinderte eine Fortsetzung der blutigen Schlägerei. Sie sorgte dafür, dass

»Trupp Marburg« den Saal verlassen konnte, und zwang ihn, unter ihrer Begleitung auf einem Umweg in die Stadt zurückzukehren. Die Zahl der Verletzten auf beiden Seiten ist nicht bekannt. Die SA sah sich als Sieger – nicht ganz ohne Grund: Bei der Reichstagswahl im Juli 1932 erhielt die NSDAP im »roten Ockershausen« erstaunliche 39,5%, die SPD nur 34,3% und die KPD 12,1%. In jenem Bericht von 1935 heißt es daher triumphierend: »Und wieder zogen wir durch das rote Nest ... Und aus den Häusern wehten unsere Fahnen. Männer und Frauen grüßten die braunen Kolonnen. Sie grüßten ihre SA, grüßten und dankten damit dem Führer wie überall heute in Deutschland.«

Im November 1932 mussten 4331 Einwohner von der Stadt finanziell unterstützt werden, fast jeder sechste also. Mehr als ein Viertel der städtischen Ausgaben entfielen auf den Wohlfahrtsetat, sodass die Erklärung des Magistrats überzeugend klang: Die Stadt sei »mit all ihren Fürsorgeleistungen an der Höchstgrenze ihrer Leistungsmöglichkeit angelangt«. Er antwortete daher auf den Streik der erwerbslosen Pflichtarbeiter, die seit dem 5. Dezember die Ableistung von zwei mal acht Stunden Pflichtarbeit pro Woche verweigerten, um u. a. Mietbeihilfen und die Stellung von Arbeitskleidung durchzusetzen, mit einer Kürzung der Unterstützung um drei Reichsmark. Erst Mitte Januar brach die Streikfront zusammen, als die Stadt eine einmalige Beihilfe von zehn Reichsmark anbot.

NS-Diktatur und Krieg: 1933–1945

Das Jahr der »Machtergreifung«

Am 3. Februar 1933, vier Tage nach Hitlers »Machtergreifung« in Berlin, feierte die Ortsgruppe Marburg der NSDAP die Berufung Adolf Hitlers zum Reichskanzler durch den Reichspräsidenten mit einem Fackelzug. In der anschließenden Großkundgebung in den Stadtsälen drohte der Redner unverhohlen: »Jetzt haben wir Nationalsozialisten auf dem Stuhle Otto von Bismarcks Platz genommen. Nun soll mal einer wagen, uns zu vertreiben!«

Eine Ehrenformation der SA begleitet Hermann Göring bei seiner Fahrt durch die Stadt am 8. Juni 1933.

Der Februar stand ganz im Zeichen des Wahlkampfs für die Wahlen im März, die – daran zweifelte kaum jemand – die letzten freien Wahlen sein würden. In ihren stets überfüllten Veranstaltungen zogen die Redner der NSDAP alle Register der Demagogie und ließen keines der gängigen Klischees aus: von den »November-Verbrechern«, die den deutschen Staat, der noch 1918 ein »Mustergarten menschlicher Gestaltungskunst« gewesen sei, »zerwühlt und das stolze Volk in Schmach und Schande geführt hatten«, bis hin zur »Judenpresse«, die jetzt tobe und nach Freiheit winsele. »Das Volk steht jetzt vor der Entscheidung, eine Sanierung auf lange Zeit einzuleiten ... Wer glaubt, dieses Sanierungswerk stören zu können, der wird die Macht zu spüren bekommen«.

Während die zahllosen Aufmärsche der SA, die Umzüge und Kundgebungen der NSDAP und ihrer diversen Untergliederungen in Marburg ohne Störungen verliefen, kam es am 26. Februar bei einem Umzug der »Eisernen Front«, der Vereinigung der republiktreuen Organisationen – also SPD, Gewerkschaften und Reichsbanner – an der (heute nicht mehr vorhandenen) Schlachthofbrücke in der Biegenstraße zu einem heftigen Zusammenstoß mit den Nationalsozialisten, deren Störversuche erst durch den Knüppeleinsatz der Polizei beendet wurden. Die Dominanz der Nationalsozialisten war erdrückend. Der Ausgang der Wahl in Marburg konnte daher nicht überraschen: Mit 57,6 % (= 9444 Stimmen) schnitt die NSDAP hier wesentlich besser ab als im Reichsdurchschnitt (43,9 %). Anders die zweite Regierungspartei: Die Deutschnationale Volkspartei verlor mit 11,1 % fast ein Viertel ihrer Wähler. Während SPD (13,5 %) und Zentrum (5,8 %) sich behaupteten, hatten KPD (4,8 %) und DVP (3,6 %) starke Verluste. Von den 18 Dörfern, die heute Marburger Stadtteile sind, erwiesen sich drei (Bauerbach, Ginseldorf und Schröck) als uneinnehmbare Hochburgen des Zentrums (zwischen 88 und 93 %!), während die Nationalsozialisten dreimal einen fast 100 %igen Erfolg erzielten (Dagobertshausen, Dilschhausen und Hermershausen).

Bei der Kommunalwahl am 12. März erhielten die Nationalsozialisten bei geringerer Wahlbeteiligung 2216 Stimmen weniger, aber das reichte, um 20 der 30 Stadtverordnetenmandate zu erringen. Die Konstituierung des Stadtparlaments am 28. März verhinderte die NSDAP mit der Begründung, nachdem sie »in schärfster Opposition zu Oberbürgermeister Müller seit Jahren gestanden« hätten, müssten sie es ablehnen, sich »von ihm zum Wohle der Stadt verpflichten zu lassen«. Stattdessen erschien am Vormittag Kreisleiter Hans Krawielitzki im Rathaus und forderte den Oberbürgermeister auf, sein Amt sofort niederzulegen. Nach einer Stunde Bedenkzeit und telefonischer Rücksprache mit dem Regierungspräsidenten in Kassel erklärte Müller, dass er bis auf Weiteres in Urlaub gehe. Auf diese Nachricht hin wurde aus der auf dem Marktplatz versammelten Menge heraus das Lied »Das Wandern ist des Müllers Lust« angestimmt. In der am 3. April erstmals zusammengetretenen Stadtverordnetenversammlung waren NSDAP und DNVP unter sich. Die vier SPD- und der eine inzwischen verhaftete KPD-Vertreter fehlten. Der Beschluss, Reichspräsident Paul von Hindenburg und Reichskanzler Adolf Hitler zu Ehrenbürgern der Stadt Marburg zu ernennen, war daher einstimmig.

Von den menschlichen Tragödien, die sich am Rande abspielten, nahm die Öffentlichkeit kaum Notiz. Das liberale Hessische Tageblatt wagte es jedoch, dem angesehenen Sprachforscher Hermann Jacobsohn, der nach seiner Entlassung durch die Nazis in den Freitod gegangen war, am 29. April einen kurzen, aber vielsagenden Nachruf zu widmen. Der Herausgeber Hermann Bauer würdigte Jacobsohn, »der sich selbst für die wegweisende Idee seines Lebens: die Versöhnung von Deutschtum und Judentum, opferte«. Er schied »aus einer Wirklichkeit, die sich ihm, seinem Wissen und Können, seinem Streben und seiner Menschlichkeit verweigerte«. Das war ein letztes Bekenntnis zur Humanität, denn mit der gleichen Ausgabe stellte das Tageblatt, »dem geistigen und wirtschaftlichen Druck« weichend, sein Erscheinen ein.

Im Mai und Juni 1933 hielten mehrere Großveranstaltungen die Bevölkerung ständig in Bewegung: Fahnen – natürlich nur die richtigen! – heraushängen, Spalier stehen, Beifall klatschen, mitmarschieren, mitsingen, mitjubeln, ob freiwillig oder pflichtgemäß: Kaum jemand konnte sich dem entziehen, wollte er nicht den Verdacht auf sich ziehen, gleichgültig oder gar ein Gegner der Bewegung zu sein.

Den »Tag der Arbeit« 1933 nutzte die NSDAP für eine machtvolle Demonstration. Nach generalstabsmäßiger Vorbereitung war Marburg am 1. Mai »in einen Fahnenwald getaucht ... Keine Fahnen mehr der Internationale und des Bolschewismus wie vor Monaten noch, keine politisierenden Eckensteher mehr, alles Undeutsche hinweggefegt, geläutert und geklärt – in einem neuen deutschen Frühling.« Auf dem Kämpfrasen fand eine Massenveranstaltung statt, bei der sämtliche Vereine und Verbände aufmarschierten und die vom Rundfunk aus Berlin übertragene Rede des Führers anhörten. Am Schluss zitierte Kreisleiter Krawielitzki einen Vers aus der »Kampfzeit«: »Wir sind das Heer vom Hakenkreuz, hebt hoch die roten Fahnen; der deutschen Arbeit wollen wir den Weg zur Freiheit bahnen!«

Was die Nationalsozialisten unter dieser »Freiheit« verstanden, das demonstrierten sie am folgenden Tag bei der Zerschlagung der Gewerkschaften. Fast täglich berichtete die Oberhessische Zeitung nun auch über die »Gleichschaltung« von Vereinen aller Art.

HINTERGRUND

KAMPF FÜR DIE DEUTSCHE KULTUR

Zur immer lückenloser werdenden totalen Erfassung aller Bevölkerungsschichten diente die Neugründung von Vereinen, die der NSDAP unterstanden, wie z. B. der *Kampfbund für deutsche Kultur*, dessen Programm Ortsgruppenleiter Dr. Ernst Scheller, ab 1934 Oberbürgermeister, mit entwaffnender Offenheit definierte: »Wir wenden uns ab von dem, was allein Geltung besaß durch ein volles Jahrzehnt: von der Freiheit des Denkens, die zur Selbstauflösung führte, von dem wurzellosen Intellektualismus ... Freiheit der Kunst, Freiheit der Lehre, Freiheit des Denkens – welche Gefährdung der Jugend, welche Verunglimpfung unserer nationalen Ehre haben wir uns nicht unter diesen Schwindelmarken des Geistes bieten lassen müssen ... Fortan soll der Geist nicht mehr lebensfern und lebensfremd über unserem Dasein thronen. Wir wollen dem einfachen SA-Mann nie vergessen, daß er mehr für die deutsche Kultur getan hat als dutzende intellektueller Bestien, die das gesunde Empfinden des Volkes unter feiger Duldung der Verantwortlichen Jahre hindurch zerstörten«. Nur zwei Tage nach der Gründung zählte die Ortsgruppe des Kampfbundes 150 Mitglieder!

Mit einer allgemeinen Aufnahmesperre hatte die NSDAP am 1. Mai den Masseneintritt neuer Mitglieder gestoppt. Die Marburger Ortsgruppe war durch die Aufnahme von 641 Bewerbern auf 1300 Parteigenossen angewachsen. Das stellte sie vor nicht geringe organisatorische Probleme, die sie mit ständigen Appellen und Ermahnungen zu bewältigen suchte, deren Ton nicht selten schroff und drohend war mit den Grundtenor: Wer seinen Verpflichtungen nicht nachkommt, fliegt raus!

Immer totaler wurde die Erfassung und Einbindung des Einzelnen in die zu einem mystisch verklärten Ideal stilisierte »Volksgemeinschaft«. Dieser Prozess vollzog sich in aller Öffentlichkeit, weitgehend buchstäblich »auf der Straße«. Parallel dazu, von der Umgebung meist nur als Randerscheinung wahrgenommen, verlief die Ausschaltung, ja Vernichtung jeglicher Opposition. Meistens nur in einer kurzen Zeitungsnotiz, eingerückt unter Polizei-Nachrichten oder Vermischtes, war die Rede von Hausdurchsuchungen und der Verhaftung von KPD-, ab Juni 1933 auch von SPD-Mitgliedern. Gelegentlich wurde hinzugefügt: Sie wurden in »Schutzhaft« genommen. Das klang beruhigend, zumal der sogar mit Fotos versehenen Meldung in der Oberhessischen Zeitung über die Einrichtung von Konzentrationslagern für »politische Gefangene« sehr bald ein ausführlicher Bericht darüber, »Wie die roten Funktionäre leben« folgte, wonach »sich diese zwar nicht gerade ausschließlich in der Sommerfrische fühlen, dass sie aber über Verpflegung und Behandlung nicht zu klagen haben.« Warum also sollten die Leser Mitleid haben oder sich gar darüber aufregen und nachdenken?

Nachrichten, die die Marburger Juden betrafen, lösten dagegen aufgrund der weitverbreiteten antisemitischen Stimmung bei vielen Lesern wohl eher ein zustimmendes Kopfnicken aus. Als »Akt der Notwehr« gegenüber den angeblich von Juden im Ausland verbreiteten »Greuelmärchen« bezeichnete die Propaganda der NSDAP den Boykott jüdischer Geschäfte, der am 1. April überall im Deutschen Reich begonnen wurde und die völlige Ausschaltung der deutschen Juden aus der Wirtschaft und dem öffentlichen Leben einleitete. In

Marburg kam es schon einige Tage früher zu »spontanen« Maßnahmen. Das Hessische Tageblatt berichtete am 29. März: »Gestern mittag sind sämtliche hiesige jüdischen Geschäfte mit Plakatanschlägen der Nationalsozialisten versehen worden, auf welchen zum Boykott gegen die jüdischen Geschäftsleute aufgefordert wird. Die meisten Geschäfte haben daraufhin ihre Läden geschlossen. Soweit dies nicht erfolgt ist, sind vor den Ladentüren SA-Posten aufgestellt.« Aufgeschreckt veröffentlichte die jüdische Gemeinde in Marburg am 30. März eine Erklärung, in der sie sich »mit Abscheu« von den ausländischen »Greuelnachrichten« über Misshandlung deutscher Juden distanzierte, zugleich aber beschwörend auf ihre nationaltreue Haltung verwies: »In Krieg und Frieden haben sich die Marburger Juden als Deutsche und Marburger gefühlt … An der Seite ihrer christlichen Kameraden sind die jüdischen Primaner und Hochschüler als Freiwillige ins Feld gezogen. Viele auch von ihnen sind schon bei Langemarck mit dem Gesange des Deutschlandliedes auf den Lippen als Jünglinge gefallen.« Als sich der Boykott negativ auf das Wirtschaftsleben auszuwirken begann, wurde er abgebrochen.

Aber die Ausgrenzung der Juden ging weiter. Erst durften nur noch vier, dann noch einer und schließlich kein jüdischer Rechtsanwalt mehr in Marburg tätig sein. Auch jüdischen Händlern wurde durch den Ausschluss von Kram- und Viehmärkten die Geschäftsbasis weitgehend entzogen. Besonders der Viehhandel, der bis dahin überwiegend mit jüdischen Händlern, die auf den Hof kamen, abgewickelt wurde, war den Nationalsozialisten ein Dorn im Auge. Als im September 1933 offiziell der »erste judenfreie Viehmarkt« auf der Bürgerwiese in Marburg stattfand, war dies mit der eindringlichen Mahnung verbunden, Vieh-An- und -Verkauf »bei dieser Gelegenheit ohne den Juden zu tätigen«. Und der Kreisbauernführer drohte, jeder Zuwiderhandelnde werde »rücksichtslos … in Zukunft … unter Nennung des Namens in der Zeitung angeprangert.«

Schon bald nach der Machtergreifung hatte die NSDAP mit ihrem Versuch begonnen, auch die Kirchen »gleichzuschalten«. Unter den Protestanten warb die »Glaubensbewegung Deutscher Christen«: »Das Grundverhältnis nach Ansicht der ›Deutschen Christen‹ ist dies, daß der befehlende Staat und die bittende Kirche in der Erziehung zusammenarbeiten müssen«, erkärte ihr Redner in den Stadtsälen, nachdem der Pfarrer der Universitätskirche, Karl Bernhard Ritter, zuvor betont hatte: »Eine ›Gleichschaltung‹ nach dem Vorbild der Vorgänge im wirtschaftlichen und politischen Raum ist für die Kirche unmöglich und untragbar.« Ritter war Initiator des ›Bruderbundes Kurhessischer Pfarrer‹, aus dem 1934 die ›Bekennende Kirche‹ hervorging, deren Mitglieder versuchten, die Kirche vor der Einflussnahme des NS-Staates zu schützen. Die Theologische Fakultät scheute sich nicht, im September 1933 mit einem aufsehenerregenden Gutachten zum Arierparagraphen, das allerdings nur den innerkirchlichen Umgang mit den getauften Juden betraf, den Nationalsozialisten zu widersprechen.

Vergleichbare Verlautbarungen sind aus den anderen drei Fakultäten nicht bekannt. Dafür aber zahlreiche Ergebenheitsbekundungen bei offiziellen Anlässen wie die des Studentenführers: »Wir Studenten versprechen, daß wir an diesem Werk mitarbeiten wollen; unsere Aufgabe wird es sein, die Einigung der jungen Mannschaft an den Hochschulen durchzuführen. Das Einigungswerk muß auch hier gelingen und – so will es Adolf Hitler – sei es auch mit Gewalt.« Oder des Rektors: »Unter der kraftvollen Führung unseres Reichskanzlers Hitler wird unser Volk wieder erzogen und umgeschmolzen zu einem wehrhaften und tüchtigen Geschlecht, das frei nach seinem Willen lebt im Dienst für die Menschheit.«

Allem Propaganda-Aufwand zum Trotz herrschte weiterhin in vielen Familien bittere Not. Das traditionelle Erntedankfest im Herbst wurde daher für eine öffentlichkeitswirksame Hilfsaktion genutzt. Alle Gaststätten waren verpflichtet, ihren Gästen am 1. Oktober als »Bekenntnis zur Volksgemeinschaft, zur Schicksalsverbundenheit mit unseren notleidenden Volksgenossen« ein Eintopfessen anzubieten. Die Differenz zum sonst üblichen Preis war an das *Winterhilfswerk* abzuführen. Diese Aktion wurde von nun an in jedem Jahr durchgeführt.

Da bis zum Jahresende 1933 alle Vereine »gleichgeschaltet« waren und individuelle Veranstaltungen möglichst verhin-

POGROMSTIMMUNG IM HÖRSAAL

Wie schwer es jene Professoren hatten, die es wagten, sich in ihren Vorlesungen kritisch zu äußern, zeigte der Fall des Professors Alfred Manigk. Wegen seiner angeblichen Äußerung, »daß die Idee Adolf Hitlers nicht aus deutschem Wesen entstanden und eine Importware sei,« wurde er von den Studenten zur Rede gestellt. Da seine Antwort unbefriedigend ausfiel, verließen sie seine Vorlesung und versammelten sich zu einer »spontanen« Kundgebung auf dem Marktplatz, an der über tausend Studenten teilnahmen. Dort zog der Leiter des Studentenwerks, Sturmführer Müller, alle Register der Demagogie: »Seit Jahren haben wir Nationalsozialisten als Einzelne in den Kollegs gesessen und mußten uns gefallen lassen, daß von den Professoren die Idee Adolf Hitlers angegriffen und verächtlich gemacht wurde ... Als die nationalsozialistische Revolution über Deutschland dahinbrauste, haben wir trotz allem Disziplin gehalten, und keinem der Gegner unserer Bewegung ist auch nur ein Haar gekrümmt worden. Dafür hatten wir aber auch erwartet, daß diese Herren jetzt ... ihre Angriffe und ihre Wühlarbeit einstellen. Sie haben es nicht getan ... Wir, die deutsche Jugend, verbitten es uns, von solchen ›Führern‹ erzogen zu werden, und wir verlangen, daß Professor Manigk von seinem Lehrstuhl verschwindet.« Auch der folgende Redner blies in das gleiche Horn. Und dann heißt es in dem Zeitungsbericht:

»Mächtig klang darauf das Burschenlied über den Marktplatz. Die Studentenschaft formierte sich hierauf zur Marschkolonne und zog in Stärke von über 1000 Mann durch die Straßen der Stadt, um durch dieses geschlossene Auftreten in Verbindung mit Sprechchören und Kampfliedern ihre einmütige Entschlossenheit zur Reinigung der deutschen Hochschulen kundzutun.«

Die Universitätsleitung ermittelte, der Kultusminister schaltete sich ein und Anfang 1934 wurde Manigk vorzeitig emeritiert.

dert werden sollten, war es nur folgerichtig, dass der Kreisleiter der NSDAP am 5. Dezember die Vorstände aller Marburger Vereine, Organisationen und Verbände aufforderte, »von eigenen Weihnachtsfeiern Abstand zu nehmen«. Nur die Partei veranstaltete sie in den Stadtsälen. Für die weltanschauliche

Einstimmung sorgte Kreisleiter Krawielitzki: »Wenn wir heute Weihnachten in einem Deutschland feiern können, das wieder ehrlich geworden ist, so leben wir in der festen Hoffnung, daß wir spätere Weihnachten in einem Deutschland begehen können, das auch seine außenpolitische Freiheit und Ehre wieder erlangt hat.« Und Lehrer Wolf, der Ortsgruppenführer der »Deutschen Christen«, erläuterte das »Fest der geweihten Nächte« aus dem »großen, tiefen Lichtglauben der germanischen Seele. … Diese Lichtsehnsucht, dieser Lichtglaube ist das größte Gottesgeschenk für unsere Rasse, die der Schöpfer besonders ausgezeichnet hat nach Körper, Seele und Geist. Es ist kein Zufall, daß der nordische Mensch der Lichtsucher, der Grübler, der Gottsucher ist, und das Christentum, die Religion der Reinheit und des Glaubens an das Lichte, in besonderer Weise bei sich aufgenommen hat und gerade seinem rassemäßigen Empfinden entsprechend erlebt.«

Vor dem Hintergrund solch hehrer Worte in der Vorweihnachtszeit wirkte das Foto in der Oberhessischen Zeitung vom 15. Dezember makaber: Es zeigte den Kommandanten des Konzentrationslagers Dachau mit Häftlingen und trug die Unterschrift: »Anläßlich des Weihnachtsfestes werden jetzt Tausende von Häftlingen aus den Konzentrationslagern entlassen, nachdem die bisherige Führung die Hoffnung und die Gewähr bietet, daß sie sich in Zukunft politisch einwandfrei verhalten werden.«

Die Jahre vor dem nächsten Krieg

Hatten sich im Jahr der ›Machtergreifung‹ die Ereignisse überschlagen, so trat in der Folgezeit relative Ruhe ein. Die NSDAP, nun alleinige »Staatspartei«, war bemüht, ihre Machtstellung bis hinunter zum letzten »Amtswalter« und »Blockwart« zu konsolidieren. Dabei musste sie auch in Marburg immer wieder feststellen, dass sich anstelle der ehrlichen oder auch nur vorgetäuschten Anfangsbegeisterung nun unter ihren Mitgliedern wie auch in der Bevölkerung Ernüchterung und Gleichgültigkeit ausbreiteten, ablesbar etwa daran, dass der Besuch von Schulungsabenden oder die Beitragsmoral zu wünschen übrig ließen. Die für die Jahre 1933 bis 1936 erhaltenen regel-

Die Marburger SA zwingt einen jüdischen Mitbürger zu einem diffamierenden Marsch durch die Stadt.

mäßigen Stimmungsberichte, die Landrat und Oberbürgermeister dem Regierungspräsidenten in Kassel lieferten, lassen erkennen, dass der nationalsozialistische »Neue Mensch« so schnell nicht zu schaffen war. Die überzeugten Nationalsozialisten Krawielitzki und Scheller berichteten erstaunlich offen und realistisch über die in der Bevölkerung verbreitete Kritik etwa an der »Bonzokratie« – dem Opportunismus, Egoismus und Luxus der Parteigrößen –, an den ständigen Sammelaktionen, am aufgezwungenem Kauf von Propagandabroschüren und auch am raubeinigen, rüpelhaften Auftreten der Hitlerjugend, der HJ.

Interessant sind auch die Berichte über den »Kirchenkampf«, der zunächst als Zank unter Geistlichen unterschätzt wurde. Dann aber, als ab 1934 durch die Aktivitäten des Marburger Pfarrers Ritter und des Cölber Pfarrers Heppe der Zusammenschluss der nordhessischen Pfarrer zur ›Bekennenden Kirche‹ immer deutlichere Konturen annahm, warnte der mit Kirchenverhältnissen vertraute Pfarrerssohn Krawielitzki – und nicht nur er – wiederholt vor den negativen Auswirkungen allzu starker Einflussnahme des Staates auf die innerkirchliche Situation mit Hilfe der *Deutschen Christen*, da dies gefährliche Unruhe verursache und selbst nationalsozialistisch gesonnene Gemeindemitglieder verunsichere. Tatsächlich konnte sich die ›Bekennende Kirche‹ allen Anfeindungen zum Trotz behaupten, da sich die große Mehrheit der Pfarrer zu ihr bekannte. So habe, wie Hermann Bauer als Zeitzeuge später erzählte, Reichsbischof Ludwig Müller, der »Reibi«, wie er abschätzig genannt wurde, bei seinem Besuch in Marburg 1935 die Elisabeth- und die Pfarrkirche verschlossen gefunden und die Pfarrer seien nicht erreichbar gewesen. Und bei dem offiziellen Empfang für den hohen Gast im Rathaus entschuldigte sich Pfarrer Veerhoff, der als einziger Marburger Pfarrer den *Deutschen Christen* nahestand, dass er leider nicht im Namen der Marburger Kirchengemeinden sprechen könne.

In der Nacht vom 9. zum 10. November 1938 ging die Synagoge in der Universitätsstraße in Flammen auf, angezündet von Mitgliedern der Marburger SA, die auch verhinderten, dass gelöscht wurde. An der Einweihung der Synagoge 1897 – in dieser Zeit wurde der Wahlkreis Marburg durch den Antisemiten Böckel vertreten! – hatten die Repräsentanten der Stadt, des Kreises und der Garnison teilgenommen. Noch 1930 hatten die jüdischen Brüder Strauß der Stadt das große Gemälde *Der Weg des Lebens* für den Rathaussaal gestiftet. Die systematische Ausgrenzung der Juden begann im April 1933 mit dem Boykott jüdischer Geschäfte. Seitdem hatten Gesetze und Verordnungen die jüdischen Mitbürger Schritt für Schritt zu gedemütigten, schikanierten Außenseitern gemacht. Die Pogromnacht im ganzen Reich war nun ein erster Höhepunkt. Die Marburger Feuerwehr verhinderte lediglich ein Übergreifen des Feuers auf die angrenzenden Gebäude. Die Synagoge brannte völlig aus, aber 19 Thora-Rollen wurden gerettet. In der gleichen Nacht verhaftete und misshandelte die SA 31 Juden, die in das KZ Buchenwald gebracht wurden. Erst nach Monaten kamen 30 von ihnen wieder frei. Wem es in den folgenden Jahren nicht gelang, allen Hindernissen zum Trotz Marburg und

DIE NEUE SYNAGOGE IN DER LIEBIGSTRASSE

Die mit dem Abbruch der ausgebrannten Synagoge beauftragte Baufirma benötigte dafür 4950 Arbeitsstunden, die der jüdischen Gemeinde in Rechnung gestellt wurden. Die SA belohnte Sturmführer H. S. für seinen Einsatz als Brandstifter mit 250 Mark. Er und seine Kumpane wurden 1947 bzw. 1952 zu Zuchthausstrafen verurteilt. Seit 1963 steht ein schlichtes Mahnmal an der Stelle der zerstörten Synagoge, an dem alljährlich am 9. November eine Gedenkfeier stattfindet. 1978 lud der Magistrat gemeinsam mit der Gesellschaft für Christlich-Jüdische Zusammenarbeit zum ersten Mal eine Gruppe ehemaliger Marburger Juden, die den Holocaust überlebt hatten, nach Marburg ein. 1989 konnte die neu entstandene Jüdische Gemeinde ihre mit Unterstützung der Stadt im Haus Pilgrimstein 25 eingerichtete Synagoge einweihen. Als diese für die durch Zuwanderung aus der ehemaligen Sowjetunion stark angewachsene Gemeinde nicht mehr ausreichte, überzeugte ihr rühriger Vorsitzender Amnon Orbach den Magistrat von der Notwendigkeit größerer Räumlichkeiten. Die gemeinsame Suche nach einem geeigneten Objekt hatte schließlich Erfolg: Das 1931 fertiggestellte, ehemalige AOK-Gebäude in der Liebigstraße wurde mit Mitteln der Stadt und des Landes erworben und unter großem Einsatz aller Beteiligten umgebaut. Ein von protestantischen, katholischen und jüdischen Bürgern am Holocaust-Gedenktag 2004 gegründeter Förderverein sammelte innerhalb von zwei Jahren über 100 000 Euro an Spenden, die zur Finanzierung der neuen Synagoge beitrugen. Seit der feierlichen Einweihung am 27. November 2005 besitzt die Jüdische Gemeinde Marburg wieder ein repräsentatives Kulturzentrum.

Deutschland zu verlassen, dessen Weg war vorgezeichnet: Im Dezember 1941 und noch einmal im Mai bzw. September 1942 wurden die letzten 267 Juden aus Marburg und Umgebung in die Konzentrationslager deportiert. Danach war Marburg bis zum 8. Mai 1945 »judenfrei«, wie es damals zynisch hieß.

An der Universitätsstraße erinnert seit 2012 der neu geschaffene »Garten des Gedenkens« an die zerstörte Synagoge von 1897. Einige zuvor ausgegrabene Relikte sind nun wieder sichtbar.

Schon Ende 1933 warnte der *Reichsluftschutz-Bund* auch in Marburg eindringlich, als stünde der nächste Krieg unmittelbar bevor: »Luftschutz ist Selbstschutz. 6000 Flugzeuge besitzen unsere Nachbarn im Westen und Osten. Tausende von ihnen können sofort nach Kriegsbeginn über deutschen Städten erscheinen, durch Bombenabwurf schwere Zerstörungen anrichten, ganze Stadtteile in Brand setzen und die Bewohner durch Gas und Geschoßsplitter aufs schwerste schädigen. Das

HINTERGRUND

SENSATION AUF DEM MARKTPLATZ: DAS NEUE KDF-AUTO
Porsche hatte den Wagen erfunden, Hitler hat ihn dem Volk versprochen. 990 Reichsmark sollte er kosten, aber seine Räder rollten zunächst für den Krieg. Als die ersten Volkswagen 1938 vom Band liefen, schickte sie der Führer auf eine von der KdF betreute Mammut-Tournee durch Deutschland. KdF = »Kraft durch Freude« war jene Massenorganisation, die Urlaub und Freizeit der »Volksgenossen« möglichst total zu regeln versuchte. Am 14. Juni 1939 konnten die Marburger die ersten beiden blau-grauen KdF-Wagen auf dem Marktplatz bewundern. Am anderen Tag stand es in der Zeitung: »Ja! Da ist er also: einst der Wunschtraum von Hunderttausenden, heute der von jedem Volksgenossen leicht zu erwerbende Volkswagen. So mancher Glückliche, der bereits im Frühjahr 1940 den Wagen ausgeliefert erhält, hatte zum ersten Male Gelegenheit, ihn zu sehen. Noch können sie es nicht fassen, mit wenig Geld einen Wagen zu erwerben, der allen Anforderungen genügt ... Am meisten wird natürlich gefragt nach Leistung und Güte des Materials. Es genügt schon, wenn hier angedeutet wird, daß der Wagen ein erstaunliches Anzugsvermögen besitzt. Im zweiten Gang geht er leicht auf 40 Kilometer. Im dritten auf 65. Die Geschwindigkeit von 100 Kilometern hält der Wagen bei leichter Steigung. Was aber die Dauerhaftigkeit des Materials betrifft, so erzählt der Fahrer, daß er sich mit dem Wagen sechs Mal überschlagen habe, ohne daß der Wagen beschädigt wurde. ›Wenn das Material des gelieferten Wagens so ist, wie das des vorgeführten,‹ meint einer, ›dann ist der Wagen in Ordnung‹.« Doch drei Monate später war Krieg. Erst 1947 begann die Friedensproduktion. Bis 1978 lief der VW 20 Millionen mal in Deutschland vom Band.

Reich kann keinen Schutz gewähren, denn alle Abwehrmittel (Flieger, Geschütze, Maschinengewehre, Scheinwerfer) sind durch das Versailler Diktat verboten.« Sogar im Hausfrauenverein wurde über Gefahr und Schutzmaßnahmen informiert. In den folgenden Jahren mehrten sich die Anzeichen, dass die neuen Machthaber systematisch einen Krieg vorbereiteten.

Zweiter Weltkrieg und die Stunde Null

Am 1. September 1939, nur 21 Jahre nach dem Ende des 1. Weltkriegs, war es wieder so weit: Mit dem Überfall auf Polen begann der 2. Weltkrieg. Die Oberhessische Zeitung beruhigte, »daß das Deutschland von heute weder auf der Erde noch an seinen Küsten und auf dem Meere noch in der Luft ernsthaft bedroht ist. Und gerade das macht uns so sicher und läßt uns dem Führer blindlings folgen, wohin er uns führt.« Ein paar Tage später folgten Artikel über einzuhaltende Regeln für den Luftschutzraum mit Androhung schärfster Strafen bei Nichtbefolgung, aber auch solche über »Behaglichkeit im Luftschutzkeller« oder »Wir spielen Luftschutz«: Eine Mutter erzählte in der Zeitung, wie sie ihre Kinder an das Aufsetzen der Gasmaske und den Gang in den Luftschutzkeller gewöhnt habe. »So haben meine Kinder selig mit Mutti ›Fliegeralarm‹ gespielt und mochten kein Ende finden.«

Dank der Erfahrungen aus dem vergangenen Krieg klappte die Versorgung der Bevölkerung durch die Rationierung der Lebensmittel und Bedarfsartikel diesmal besser. Aber je länger der Krieg dauerte, desto häufiger kam es zu Versorgungsengpässen, die natürlich in Zeitung und Rundfunk heruntergespielt wurden.

Nachdem Ende Oktober 1943 der Feuerschein eines vernichtenden Bombenangriffs auf Kassel am Nachthimmel zu sehen und die Marburger Feuerwehr dort zum Löschen eingesetzt gewesen war, erreichte der Krieg Anfang 1944 auch Marburg mit ganzer Härte. Am 22. Februar erschienen gegen 15 Uhr Flugzeuge über der Stadt und warfen ihre Bomben hauptsächlich auf das Nordviertel, um den Bahnhof zu treffen. Aber während dort nur einige Gleise und die Lok-Drehscheibe getroffen wurden, war der Schaden bei den Kliniken in der

EINE STADT ERINNERT SICH AN IHRE ZWANGSARBEITER

Besonders zu leiden unter der schwierigen Ernährungslage hatte – zusätzlich zu den ohnehin harten Bedingungen ihres Einsatzes – das Millionenheer der Kriegsgefangenen und Zwangsarbeiter, ohne deren Ausbeutung in Industrie, Landwirtschaft und zahlreichen anderen zivilen Bereichen die auf Hochtouren laufende Kriegsmaschinerie wahrscheinlich bald zusammengebrochen wäre. Allein im heutigen Gebiet der Stadt Marburg, also einschließlich der 18 im Jahre 1974 eingemeindeten Dörfer, waren, wie eine im Jahr 2005 veröffentlichte Untersuchung ergab, zwischen 1939 und 1945 insgesamt mindestens 2638 Zwangsarbeiter/-innen eingesetzt, teils Kriegsgefangene, teils zwangsrekrutierte Zivilarbeiter. 692 stammten aus der Sowjetunion, 655 aus Polen, 623 aus Frankreich, 288 aus Italien und die übrigen aus 16 anderen Nationen. Sie arbeiteten in den Behringwerken, in zahlreichen anderen Betrieben, in der Landwirtschaft, bei der Reichsbahn, Post oder Stadtverwaltung und auch in Privathaushalten. Der damals 19-jährige Italiener Sergio Vezzoni, der im Lager in der Schwangasse/Ockershäuser Allee untergebracht war und in einer Baufirma arbeitete, erinnert sich: »Die Bewachung war unterschiedlich streng, je nach Nationalität ... Während der ganzen Gefangenschaft habe ich nie gelitten, ... habe keine Mißhandlungen erfahren und keine gesehen, wenigstens, was die italienische Sektion angeht ... man versuchte, so fleißig wie möglich zu sein, weil unser Leben uns am Herzen lag. Wir konnten keine Fluchtversuche planen, weil wir uns an unbekannten Orten befanden: Wir wären sehr einfach gefangengenommen und erschossen worden ... Das einzige, worunter wir besonders gelitten haben, war der Hunger. Die Portionen Brot und Gemüsesuppe, die wir aßen, wurden mit der Zeit immer spärlicher.«

Marburg war 2000 die erste Stadt, die das Thema »Zwangsarbeiter« aufgriff, historisch aufarbeitete und auf der Basis ihrer Forschungsergebnisse an 176 Personen eine symbolische Entschädigung von je 2000 €, also insgesamt 352 000 € zahlte. Außerdem lud sie 2003 und 2004 je eine Gruppe ehemaliger Zwangsarbeiter/-innen nach Marburg ein.

Nähe, die ja auch Lazarette waren, groß und über 100 Menschen kamen ums Leben. 1945, wiederum am 22. Februar, folgte der zweite schwere Luftangriff, der weitere Zerstörungen im Bahnhofs- und Kliniksviertel anrichtete, aber nicht so viele Menschenleben forderte. Die Oberhessische Zeitung berichtete zwar über die Trauerfeier für die Toten auf dem Firmaneiplatz, schwieg aber über die Zahl der Opfer. Im März musste die Stadt noch acht weitere Luftangriffe über sich ergehen lassen. Das Ergebnis des Bombenkriegs: 142 Tote und 281 Verletzte. Von den 2879 Häusern der Vorkriegszeit wurden 163 zerstört und 708 beschädigt.

Am Mittag des 28. März 1945 erreichten die ersten amerikanischen Panzer von Westen her das Stadtgebiet. Bürgermeister, Rektor und Stadtkommandant hatten sich schon vorher dafür entschieden, die Stadt kampflos zu übergeben. Dadurch blieb Marburg vor weiterer Zerstörung bewahrt. Von Bürgermeister Voß wird erzählt, er habe der Besatzung des ersten Panzers, den er auf dem Rudolfsplatz traf, seinen Säbel aus dem 1. Weltkrieg ausgehändigt. Wenn das so war, dann war es eine Geste mit hohem Symbolwert.

Ein halbes Jahrhundert Frieden

Neuanfang in Wohnungsnot und Flüchtlingselend: 1945–1950

Die Sirenen heulten am Morgen des 28. März 1945 zum letzten Mal: »Vollalarm!« Entwarnung aber gab es nicht mehr, denn um die Mittagszeit hatten die Amerikaner die Stadt besetzt, ohne auf Widerstand zu stoßen. Damit begann in Marburg die Nachkriegszeit gut fünf Wochen vor dem offiziellen Kriegsende. Eine Handvoll aufrechter, also unbelasteter Demokraten – vor 1933 kommunistisch, sozialdemokratisch, liberal oder konservativ – fühlte sich verantwortlich für den Neubeginn und bot der Militärregierung unter dem Motto »Für Ordnung und Sauberkeit« (Überschrift eines öffentlichen Anschlags vom 21. April 1945) uneigennützig Unterstützung beim Aufbau neuer Strukturen an, die jedoch nur zögerlich angenommen wurde, sodass der im Mai gebildete *Staatspolitische Ausschuß* noch vor Jahresende resignierte. Und das, obwohl man angesichts der aktuellen Notlage eigentlich hätte annehmen sollen, dass jeder Mann und jede Frau mit unbelasteter Vergangenheit beim Neuanfang gebraucht würde. Einer von denen, die sich so uneigennützig zur Verfügung gestellt hatten, war Hermann Bauer, der schon 1920 Heinemann und Lemmer bei der Aufdeckung der Mordtat von Mechterstädt aktiv unterstützt und später als Herausgeber des liberalen Hessischen Tageblattes bis zum Verbot 1933 vor dem Nationalsozialismus gewarnt hatte. Enttäuschung und Bitterkeit sprachen aus seinem Schreiben an die amerikanische Militärregierung im August 1945: »Die Lockerung des Fraternisierungsverbotes kam nur kleinen Mädchen zugute; wir, die wir uns Ihnen innerlich als Bundesgenossen verbunden fühlten, genießen heute noch das gleiche Mißtrauen wie zu Anfang der Besetzung … Da haben die Menschen, die in der Vergangenheit ohne inneren Widerstand Nutznießer des Dritten Reiches waren und die jetzt ebenso verantwortungslos in den Tag hineinleben, es weiß Gott leichter … Die Bereinigung des Beamtenapparates, die Säuberung der Wirtschaft, überhaupt die ganze Neuordnung unserer Verhältnisse – glauben Sie nicht, daß diese Ziele viel schneller und gründlicher erreicht werden, wenn man auf die Basis vertrauensvoller Zusammenarbeit tritt?« Die weitere Entwicklung zeigte, dass die Resignation von Idealisten wie Hermann Bauer nicht unberechtigt war (und man ist versucht, Vergleiche mit ähnlichen Entwicklungen nach der Wende von 1989 in den neuen Bundesländern zu ziehen).

Immerhin leistete der Ausschuss, der sich selbst als Stadtrat neben dem von der Militärregierung eingesetzten Oberbürgermeister verstand, aber als solcher nicht anerkannt wurde und zum Schluss nur noch beratende Funktion hatte, in den wenigen Monaten seines Bestehens eine immense Arbeit: Noch im Mai formulierte er Grundsätze für die Entnazifizierung im Stadt- und Landkreis; er kümmerte sich um die Beschaffung von Nahrungsmitteln und Wohnraum, überprüfte mit begrenztem Erfolg Entlassungen und Einstellungen bei der Stadtverwaltung, machte Vorschläge zu den Ausgangsbeschränkungen, zum Flüchtlingsproblem, zur Reaktivierung der Gewerkschaften und zu den Requirierungen der Militärregierung. Er befasste sich mit der Verbesserung von Renten- und Pensionszahlungen, mit der Beschaffung von Arbeitsplätzen, Transportmitteln und Brennmaterial oder auch – gleich zu Anfang – mit der »Säuberung« von Straßennamen.

Ein Problem aber erwies sich unter den objektiven Gegebenheiten als unlösbar und sollte noch über viele Jahre hinweg die verantwortlichen Kommunalpolitiker in Marburg beschäftigen: der Mangel an Wohnraum. Zwar hatte die historische Altstadt den Krieg unzerstört überstanden, aber besonders im Bahnhofs- und Kliniksviertel hatten die Bomben große Schäden angerichtet. Insgesamt waren knapp 1 % der Gebäudesubstanz vollständig und 30 % teilweise zerstört. Die Wohnungsnot war daher das drängendste Problem. Erst Evakuierte aus den bombardierten Großstädten, dann Flüchtlinge und Vertriebene aus dem Osten hatten die Einwohnerzahl von 27 800 im Jahr 1939 trotz strengster Zuzugsregelung auf 37 300 im Jahr 1946 und 1947 weiter auf rund 43 000 gesteigert. Die Beschlagnahmung von 242 Häusern für Besatzungsangehörige, die ehemalige Nazis und Nazi-Gegner unterschiedslos traf, verschärfte das Problem zusätzlich. So lebten 1947 durchschnittlich 7 Personen in einer Wohnung und 2,5 in einem Raum. In einem Gutachten der Medizinischen Fakultät wurde daher vor einer Seuchengefahr gewarnt, denn »die jetzige Art der Belegung der Stadt entspricht den hygienischen Forderungen in keiner Weise. Eine große Zahl von Menschen, sowohl Studenten wie sonstige Zivilisten, lebt gesundheitsschädlich in Noträumen, die nicht beheizbar und die häufig weder mit Küchenräumen noch mit ausreichenden Aborten und Waschgelegenheiten, öfters auch nicht mit Betten versehen sind.« Tatsächlich wurde schon im April 1947 ein Anstieg der Tuberkulosefälle festgestellt.

Daher wurde auch die Zahl der Studierenden an der im September 1945 feierlich wiedereröffneten Universität zunächst auf 3000 beschränkt, zumal auch zeitweise aufgrund der entnazifizierungsbedingten Entlassungen zahlreiche Lehrstühle vakant waren. Unter den Studenten – viele von ihnen verwundet, krank und unterernährt aus Krieg und Gefangenschaft zurückgekehrt – war die Stimmung zwiespältig: einerseits Ver-

HINTERGRUND

RUHESTÄTTE STIFTET UNRUHE

Wie sensibel und gespannt die Atmosphäre in dieser Phase der Abrechnung und Neuorientierung war, zeigt ein Vorfall aus dem Jahr 1946. Im Schloss hatten die Amerikaner 1945 einen »art collecting point« zur Sicherstellung von Kunstgütern eingerichtet. Dort waren zunächst auch die Särge der Preußenkönige Friedrich Wilhelm I. und Friedrich II. sowie des umstrittenen Reichspräsidenten Paul von Hindenburg und seiner Frau gelandet, deren Irrfahrt auf der Flucht vor den Russen dann auf Weisung der amerikanischen Militärregierung durch die Beisetzung in der Elisabethkirche ihr vorläufiges Ende gefunden hatte. Der gerade gewählte hessische Ministerpräsident, der bei ›Marburg‹ wohl auch an ›Mechterstädt‹ dachte, wetterte in einer Rede vor südhessischen Sozialdemokraten heftig gegen angebliche antidemokratische Bekundungen an den symbolträchtigen Gräbern in Marburg und drohte mit möglichen Konsequenzen für die Zukunft der Universität. Stadt und Universität protestierten einmütig gegen die Unterstellungen. Aber es dauerte einige Zeit, bis die allgemeine Aufregung sich wieder gelegt hatte. Sechs Jahre später erhob sich noch einmal Protest: Als die Hohenzollern-Familie die Überführung der beiden Königssärge auf ihre Stammburg bei Hechingen durchsetzte, reklamierte der Kirchenvorstand sie vergeblich als »Eigentum des Volkes«, dessen überwiegender Teil mit der Wiedervereinigung rechne. »Für diese Menschen war die Beisetzung der Königssärge in der Elisabethkirche ein Provisorium bis auf den Tag, da der Weg nach Potsdam wieder frei sein wird.« Und eine Gruppe von Studenten demonstrierte beim Abtransport der Särge vor dem Kirchenportal mit Fackeln gegen diesen »Akt der Resignation«. Erst 39 Jahre später gelangten die Särge tatsächlich nach Potsdam! Aber der aus dem einstigen Deutschordensland vertriebene Feldmarschall genießt mit seiner Frau bis heute Asyl in der ehemaligen Deutschordenskirche.

bitterung und Trauer über ein zerstörtes Weltbild, andererseits Erleichterung und Freude, das Kriegsende überlebt zu haben. Auf ungeheizten Studentenbuden wurde in nächtelangen Grundsatzdiskussionen nach Antworten gesucht auf die Fragen nach Schuld, Sühne und den Folgerungen für die Zukunft. Die

Antwort, die Pfarrer Martin Niemöller, U-Bootkommandant, Mitglied der »Bekennenden Kirche« und KZ-Sträfling, Anfang Februar 1946 bei seinen Auftritten in der jeweils überfüllten Elisabethkirche und Pfarrkirche zur Frage der Kollektivschuld und Buße gab, stieß jedoch bei vielen Studenten auf Widerspruch, sodass sein Vortrag über »Die Verantwortung des Christen im akademischen Stand« abends im Philippshaus aus Sicherheitsgründen abgesagt werden musste.

Ereignisse wie diese werfen zwar ein Schlaglicht auf die Gemütslage in jenen Jahren, aber den Alltag der Menschen bestimmten ganz andere Faktoren. Ganz obenan stand die Sorge um Lebensunterhalt, Arbeit und Wohnung. Trotz der von Landwirtschaft geprägten und daher für »Hamsterfahrten« günstigen Umgebung sank in Marburg 1946 die Tagesration auf 1250 Kalorien pro Kopf (heutige Norm: 2300). Daher hatte die mit amerikanischer Hilfe im Mai 1947 eingeführte Schulspeisung für viele Familien eine große Bedeutung. Bis zu ihrer Einstellung im Oktober 1952 klapperte fortan der Henkeltopf am oder im Ranzen der Schüler und manchmal enthielt er auf dem Heimweg auch noch einen Nachschlag Erbsensuppe, Milchreis oder Griesbrei mit Rosinen für die übrige Familie. Auf Wunsch der Eltern wurde die Schulspeisung als »Milchfrühstück« zum Preis von 10 Pfennigen weitergeführt, das für etwa 2000 bedürftige Kinder kostenlos war.

WIE VIEL WASSER BRAUCHT DER FISCH?

Ab Sommer 1946 sollten amerikanische Einfuhren die Ernährungslage stabilisieren. An manche Produkte wie Trockenei, Trockenkartoffeln oder Sojamehl mussten sich die deutschen Verbraucher erst gewöhnen. Ein Leserbriefschreiber klagte daher ironisch: »... Dem dankbar empfangenen Salzfisch lagen keine Rezepte bei. Wohl wurde in den Fischläden gesagt, man solle sie vor Gebrauch wässern. Welcher Laie kann aber ahnen, daß hier 12 Stunden Wässern den Fisch, oder vielmehr das Salz in ihm, noch nicht im mindesten rühren würde. Wie viele Flüche mögen verdurstete Salzfischesser allein in Marburg ausgestoßen haben? Und ob nicht vielleicht sogar mancher der kostbaren Fische in den Mülleimer wanderte?«

ZEITZEUGE

August Rudolph
Oberbürgermeister 1856–1884

Ludwig Schüler
Oberbürgermeister 1884–1907

Georg Gaßmann
Oberbürgermeister 1951–1970

Dr. Hanno Drechsler
Oberbürgermeister 1970–1992

Das Ergebnis der ersten demokratischen Abstimmungen im Sommer 1946 bestätigte einmal mehr das eigenwillige, vom Landestrend abweichende Wahlverhalten in Marburg. Beim Volksentscheid stimmten auf Landesebene 77 % für die neue Landesverfassung einschließlich des Sozialisierungsartikels 41, während in Marburg 54 % dagegen stimmten. Ähnlich kontrovers war auch das Ergebnis der Landtagswahl. Auf die liberale Partei LDP entfielen in Marburg 41 % gegenüber gerade mal 8 % auf Landesebene. Auch aus den beiden Kommunalwahlen in Marburg 1946 und 1948 gingen die Liberaldemokraten als stärkste Partei hervor. Sie stellten daher ab 1946 auch den ersten demokratisch gewählten Oberbürgermeister. In seiner Antrittsrede sagte Karl Theodor Bleek Erstaunliches für Alt-Marburger Ohren: »Wir werden uns bemühen müssen, neue Industrien nach Marburg zu ziehen«. Dabei dachte er an die Vertriebenen aus der Tschechoslowakei, »die aus ihrer bisherigen Heimat vielerlei industrielle Fähigkeiten mitbringen. Die gleichen Arten von Industrie, die von den Flüchtlingen ausgeübt wurden, sind es, die mir dabei vorschweben. Wir können in eines der schönsten Stadtbilder Deutschlands keine rauchenden Schornsteine setzen.« Und dann fügte er hinzu: »Ich glaube nicht, daß das heutige Gebiet der Stadt Marburg ausreicht, um eine Politik des Wohnungsbaus und der Industrie-Ansiedlung dort zu betreiben. Ich sehe das besonders Reizvolle an Marburgs Lage darin, daß der Wald so unmittelbar an die Stadt heranreicht. Man würde diese Note zerstören, wenn man die Berghänge stärker bebaute. Daher ist eine Erweiterung des Stadtgebiets unerläßlich.«

Bei der Wahl des Bürgermeisters befand sich der Kandidat noch in französischer Gefangenschaft: Der in Marburg geborene und von den Nazis an der Vollendung seiner juristischen Ausbildung 1933 gehinderte Sozialdemokrat Georg Gaßmann konnte daher erst im Januar 1947 sein Amt antreten.

Das Ausmaß der Probleme, die in dieser und der folgenden Zeit zu bewältigen waren, verdeutlichen einige Beispiele: Zum Zeitpunkt der Währungsreform, also im Sommer 1948, suchten die Menschen noch auf der Müllhalde in Ockershausen, wo die Amerikaner aus der Tannenberg-Kaserne ihre Küchenabfälle abluden, nach Verwertbarem und 38 % aller Familien lebten von der Fürsorge. 1949 reichten sämtliche Steuereinnahmen der von jeher finanzschwachen Stadt noch nicht einmal aus, um die Sozialfürsorge zu bezahlen. Den Einnahmen von 41 Mark pro Kopf standen Ausgaben von 42 Mark gegenüber! Aber nach der Währungsreform mehrten sich die Anzeichen, dass es endlich aufwärts ging: Schritt für Schritt wurde die Rationierung der Lebensmittel aufgehoben. Im August 1948 gab es zum ersten Mal Bohnenkaffee – auf die Männer-Raucherkarte! Ab Mai 1949 mussten die Bäcker dem Brot statt 28 % nur noch 10 % Mais-, Soja- oder Kartoffelmehl beimischen. Und für 1950 wies die Fremdenverkehrsstatistik schon 70 Tagungen und 110 000 Übernachtungen aus. Bei den Festspielen im Schlosspark wurden rund 15 000 Besucher gezählt.

Kommunalpolitik der begrenzten Möglichkeiten: 1950–1970

Anfang 1950 hatte Marburg 43 200 Einwohner, unter ihnen 11 757 = 27 % Evakuierte und Flüchtlinge. 4542 = 10,5 % aller Einwohner waren auf die städtische Sozialhilfe angewiesen. Unerbittliche Sparsamkeit war das Gebot der Stunde. Und dieses Gebot befolgte Georg Gaßmann, der bei der Oberbürgermeisterneuwahl 1951 überraschend über den FDP-Kandidaten gesiegt hatte, während seiner gesamten Amtszeit, die erst 1970 endete. Es ist erstaunlich, dass es immer wieder gelang, die erforderlichen Mittel für Investitionen zu beschaffen. Zweifellos profitierte die Stadt davon, dass Gaßmann gleichzeitig auch Landtagsabgeordneter war und dadurch einen direkten Draht nach Wiesbaden hatte. Grundsätzlich stand der Wohnungsbau an erster Stelle. 1951 wurde mit 372 fertiggestellten Wohnungen eine Rekordmarke erreicht. Und trotzdem hatte Marburg noch 1964 mit 25,2 % das höchste Wohnungsdefizit in der Bundesrepublik. Erst danach begann sich die Lage mit der für 8000 Bewohner geplanten Bebauung des Richtsberges zu entspannen.

In die neu gebauten Wohnungen zogen meist Familien mit Kindern ein. Also mussten nun auch Schulen errichtet werden. Den größten Anteil am städtischen Haushalt, der übrigens damals in nur einer Lesung beraten und dann in der vom Ober-

AUFSTAND DER MOTORRADFAHRER

Das »Wirtschaftswunder« war auch am wachsenden Verkehrsaufkommen und an steigenden Kfz-Zahlen erkennbar. Gab es in Marburg 1948 noch 258 Motorräder und 292 Pkw, so waren es drei Jahre später schon 702 bzw. 753 – mit deutlichen Konsequenzen für die engen Straßen in der Altstadt. Im Juni 1951 verhängte daher Oberbürgermeister Bleek als eine seiner letzten Amtshandlungen (wenige Tage bevor er als Staatssekretär nach Bonn ging) ohne Vorankündigung einschneidende Sperren in der Oberstadt für Motorräder und auf gefährlichen Gefällstrecken auch für Fahrräder. Damit trat er eine unerwartete Protestlawine los. 130 erregte Bürger beschlossen in einer Versammlung in **Bopps Terrassen** in der Reitgasse (1961 abgerissen) eine »Protestfahrt«, falls der Magistrat nicht einlenke. Der aber blieb unnachgiebig. Daraufhin kam es zur wohl größten Demonstration – dieser Begriff war allerdings noch nicht üblich – seit der NS-Zeit. »Über 200 Radfahrer, fast 100 Motorräder und den Schluß bildeten eine lange Kette von Kraftwagen. Jung und alt waren vertreten, Schüler, Studenten, Frauen und Männer jeden Alters« zogen »in größter Ordnung« den Steinweg hoch, durch Neustadt und Wettergasse mit »Hup- und Klingelkonzert« und »schließlich füllten 3000 Menschen den Marktplatz vor dem Rathaus. Sie alle protestierten gegen die als ›Nacht- und Nebelerlaß‹ bekannt gewordene Sperrung der Oberstadt.« Der Beifall für den Redner, der die »vernünftigen und maßvollen Forderungen der Marburger Bürger« verteidigte, steigerte sich »zu ohrenbetäubendem Lärm« der Klingeln und Hupen. Den bezeichnete der Magistrat, der sich draußen nicht sehen ließ, als »sehr unerfreulich«, als ihn eine Abordnung im Rathaus – vergeblich – umzustimmen versuchte. In einer Sondersitzung einige Tage später begrüßten die Stadtverordneten zwar die »förderliche Kritik«, bedauerten aber »jene nörgelnde und negierende Kritik, ... die von 1918 bis 1933 in unserem gesamten politischen Leben so unheilvoll wirksam gewesen ist.« Dann aber stimmten sie der Forderung zu, »auch des Fremdenverkehrs wegen, Rückkehr zur alten Regelung.« Nun gab der Magistrat nach. Am 17. Juli meldete die Presse: »Freie Fahrt in der Oberstadt«, nachdem die letzten Verbotsschilder »sang- und klanglos« verschwunden waren. Kurze Zeit später einigte sich der

Das Neubaugebiet auf dem Richtsberg beseitigte nach 1965 die Wohnungsnot in der Altstadt. Im Vordergrund die neue Gesamtschule.

Magistrat mit einem sachverständigen Gremium auf eine sinnvolle Einbahnregelung, die im Wesentlichen gültig blieb, bis 1972 – auch diesmal wurde vorher heftig protestiert – der Straßenzug von der Neustadt bis zum Barfüßertor in eine Fußgängerzone umgewandelt wurde.

bürgermeister eingebrachten Fassung von der Stadtverordnetenversammlung fast unverändert beschlossen wurde, hatten in den 50-er und 60-er Jahren die Neu- oder Erweiterungsbauten von Volks-, Real- und Berufsschulen. Von den drei Gymnasien wurden zwei – Elisabethschule und Gymnasium Philippinum – aus dem Stadtzentrum, wo es keine Erweiterungsmöglichkeit mehr gab, an die Peripherie verlegt. Damit begann – und wurde über drei Jahrzehnte hinweg fortgesetzt – in der heutigen Leopold-Lucas-Straße die zielstrebige Entwicklung eines Schulzentrums mit einem hochdifferenzierten Bildungsangebot für über 5000 Schüler.

Als der dringendste Bedarf an Wohnungen und Schulen gedeckt schien, gab Gaßmann dem Drängen nach dem Bau eines großen Stadions und einer Stadthalle, die zugleich Theater sein sollte, nach, aber – getreu den Grundsätzen eines sorgsamen Hausvaters – erst, nachdem der städtische Anteil an der Finanzierung durch Ansparung des erforderlichen Betrages gesichert war. Die im September 1969 eingeweihte und zwischen 2013 und 2015 grundlegend neu gestaltete Stadthalle, die den Namen des Theatermannes Erwin Piscator trägt, war zugleich das 500. Bürgerhaus in Hessen.

Wo gebaut wird, wird vorher oft erst einmal abgerissen. Da sich in den 60-er Jahren der Abriss historisch bedeutsamer Gebäude – z. B. des »Wirtshauses an der Lahn« zugunsten eines im Volksmund als »Affenfelsen« geschmähten Wohnhochhauses und der mächtigen Konrad-Adenauer-Brücke – häufte, regte sich Protest. 1962 wurde von besorgten und geschichtsbewussten Bürgern die Initiativgruppe *Marburger Stadtbild* gegründet, die wenige Jahre später in der Broschüre *Marburg im Abbruch* den Verlust an historischer Bausubstanz auflistete. Den nüchternen Juristen und Verwaltungsfachmann Gaßmann, dessen Denken und Streben einzig darauf gerichtet war, den akuten Bedarf an funktionalen Neubauten zu decken, berührte das wenig. Als er 1967 im Stadtparlament die Frage nach den Maßnahmen des Magistrats zur Sanierung der Altstadt beantwortete, begnügte er sich mit der Aufzählung, welche gepflasterten Gassen in der Oberstadt asphaltiert worden seien. Etwa zur gleichen Zeit gab er der Forderung nach einem Gutachten über die Substanz der Altstadt nach, das 1969 zu dem erschütternden Ergebnis kam, 48 % der Marburger Altstadt seien abrissbedürftig und 25 % nur mit erheblichem Aufwand modernisierbar. Wie sollte man in Marburg mit diesem Ergebnis umgehen, das deprimierend und herausfordernd zugleich war? Es schmälert die unbestreitbaren Verdienste des Kommunalpolitikers Georg Gaßmann während seiner insgesamt 24-jährigen Tätigkeit im Rathaus durchaus nicht, wenn man feststellt, dass 1970 seine Zeit abgelaufen und ein Wechsel fällig war.

Generationswechsel – Ende der Nachkriegszeit: 1970–2000

Der Wechsel vollzog sich jedoch anders, als das die Bürgerkoalition, die aus der Kommunalwahl von 1968 als Sieger hervorgegangen war, angestrebt hatte. Sie konnte zwar die

Im Rahmen der 1972 begonnenen Altstadtsanierung, die den drohenden Verfall der historischen Bausubstanz beendete, wurde auch das zwischen 1557 und 1577 errichtete Fachwerkhaus Reitgasse 10 nicht nur vom Verputz befreit, sondern auch durchgreifend saniert.

Blockade des Oberbürgermeisters gegen den für den Verkehrsausbau am Rudolphsplatz notwendigen Ankauf von Grundstücken mit ihrer Mehrheit brechen, nachdem Gaßmann sich geweigert hatte, dem Eigentümer und früheren namhaften SA-Mitglied den geforderten Preis zu zahlen. Aber bei der im Februar 1970 fälligen Wahl des Oberbürgermeisters unterlief ihr ein Formfehler, der eine Wiederholung der Wahl erforderte. Und dabei scheiterte überraschend der zunächst über Gaßmann siegreiche Kandidat der CDU, Dr. Walther Wallmann, da die SPD am Vorabend der Wahl in einer dramatischen Fraktionssitzung Gaßmann von der Aussichtslosigkeit einer erneuten Kandidatur überzeugen konnte und den 39-jährigen Historiker und Politologen Dr. Hanno Drechsler aufstellte, der mit drei Leihstimmen aus der FDP-Fraktion obsiegte.

Der neue Oberbürgermeister regierte nun – wie zur gleichen Zeit Willy Brandt in Bonn – mit einer sozialliberalen

Koalition. Mit seinem Vorgänger verbanden Dr. Drechsler altpreußisches Pflichtbewusstsein und unbeirrbares Bemühen um Sparsamkeit. Sonst aber änderte sich im Rathaus vieles. Durch größere Eigenverantwortlichkeit und Offenheit der Mitarbeiter begann sich die Obrigkeits- zur Dienstleistungsverwaltung zu wandeln. Entscheidend aber war der Kurswechsel in der Stadtentwicklungspolitik. Mit dem ausgeprägten Geschichtsbewusstsein des Historikers und Politologen Drechsler wäre eine vom Abriss historischer Bausubstanz geprägte Altstadtsanierung, wie sie andernorts mithilfe des neuen Städtebauförderungsgesetzes betrieben wurde, unvereinbar gewesen. Stattdessen wurde ab 1971 unter dem maßgeblichen Einfluss des Oberbürgermeisters und unter damals noch unüblicher, breiter Bürgerbeteiligung ein Konzept entwickelt, das konsequent die auf jedes einzelne Objekt abgestimmte, erhaltende Erneuerung und die Rücksichtnahme auf die individuellen Interessen der Betroffenen festlegte. Eine Marburger Besonderheit war nicht nur die bewusste Vermeidung lediglich historisierender Architektur, sondern auch die vom Magistrat unter dem Motto »Neues Bauen in der alten Stadt« ausdrücklich geförderte Auseinandersetzung mit Beispielen moderner Architektur, die international renommierte Architekten wie O. M. Ungers, James Stirling und Charles Moore für Marburg entworfen hatten und die 1978 zur Diskussion gestellt wurden. Die erfolgreiche Umsetzung der Altstadtsanierung, für die nach und nach über 100 Mio. Mark allein an öffentlichen Mitteln investiert wurden, brachte Marburg nationale und internationale Anerkennung und Goldmedaillen auf Landes- und Bundesebene (1984) ein.

Auch in der Verkehrsplanung wurde umgedacht. Noch bevor sich irgendeine Bürgerinitiative dieses Themas annahm, informierte Drechsler in einer Postwurfsendung an alle Haushalte – 1971 ein absolutes Novum – die Bürger über den schon vorliegenden Generalverkehrsplan und warnte vor einer kritiklosen Umsetzung, da eine Stadt wie Marburg niemals »autogerecht« gestaltet werden dürfe. So blieb der Stadt letztlich die Umsetzung monströser Planungen erspart, die etwa eine vierspurige Verkehrsschneise vom Rudolphsplatz durch die Frankfurterstraße zur Schwanallee oder die noch lange Zeit heiß dis-

1973/74 wurde auf dem Gelände des Gymnasiums Philippinum und der Stadtsäle an der oberen und unteren Gutenbergstraße zur Stärkung der Innenstadt mit dem Bau zweier Kaufhauskomplexe begonnen. Vorangegangene Ausgrabungen ergaben, dass die Stadtbefestigung hier im 14. Jh. durch einen Turm verstärkt worden ist.

kutierte große Schlachthofbrücke zur Folge gehabt hätten, die in der Zeit der Großen Koalition (1976–1985) auf Eis und von der anschließenden rot-grünen Koalition endgültig ad acta gelegt wurden. Das eröffnete der Stadtentwicklung neue Möglichkeiten für die Neugestaltung des bis dahin lediglich als Verkehrsknotenpunkt genutzten Rudolphsplatzes. Ein für *Marburgs Neue Mitte* ausgeschriebener Städtebauwettbewerb erbrachte 1987 interessante Lösungsvorschläge, die erneut zu einer öffentlichen Grundsatzdiskussion über Gestaltungsprinzipen in Architektur und Städtebau führten. Der preisgekrönte Vorschlag des italienischen Architekten Giorgio Grassi sah vor, eine attraktive Verbindungsachse vom Erlenring über Lahn und Schlachthofgelände hinweg zum Fuß der Oberstadt zu schaffen, die dann per Aufzug leichter erreichbar werden sollte. Achse, Brücke und Aufzug wurden verwirklicht, die Architektur jedoch sehr weitgehend den Interessen der Investoren untergeordnet. Immerhin wurde ein wichtiges Planungsziel erreicht: die Belebung der Stadtmitte, zu der das gemischte Publikum des Kinopalastes und der neuen Kunsthalle beitragen.

STÄDTEPARTNERSCHAFTEN

Im Rahmen der deutsch-französischen Verständigung führten erste Kontakte der Philipps-Universität und der Marburger Volkshochschule 1961 zur Vereinbarung einer Städtepartnerschaft zwischen den beiden Universitätsstädten Marburg und Poitiers, die 1986 und 2001 noch einmal feierlich bekräftigt wurde. 1969 kam als zweite Partnerstadt Maribor, das ehemals österreichische »Marburg an der Drau«, im damals noch sozialistischen Jugoslawien hinzu. 1979 wurde auch diese erfolgreiche Städtepartnerschaft durch eine feierliche Urkunde bestätigt. Für beide Städtepartnerschaften galt und gilt, dass sie durch vielfältigen Austausch mit Leben erfüllt werden, der nur aus besonderen Anlässen durch die Begegnung zwischen den offiziellen Repräsentanten unterstützt wird. Die dritte Partnerschaft Marburgs mit der tunesischen Großstadt Sfax war seit ihrem Beginn 1971 nicht immer ganz frei von politisch bedingten Irritationen. Dennoch konnte 1996 das 25-jährige Jubiläum der Städtepartnerschaft, die u. a. zur Gründung bzw. Unterstützung karitativer Einrichtungen in Sfax führte, in beiden Städten feierlich begangen werden. 15 Jahre dauerte es, bis das aus der Geschichte begründete Werben um Eisenach Erfolg hatte und Oberbürgermeister Dr. Drechsler und Stadtverordnetenvorsteherin Dr. Christa Czempiel 1987 zu einem ersten Kontaktgespräch in die DDR-Stadt eingeladen wurden. Nach schwierigen Verhandlungen kam schließlich ein für beide Seiten akzeptabler Vertrag zustande, der 1988 zuerst in Marburg, dann auf der Wartburg in Eisenach unterzeichnet wurde. Beide Städte feiern alljährlich den »Tag der deutschen Einheit« gemeinsam. Seit 1982 hatten sich regelmäßige Kontakte zwischen Marburg und der englischen Partnerstadt von Poitiers, Northampton, entwickelt, die 1992 zur offiziellen Partnerschaft führten. In Marburg und Northampton kümmert sich jeweils ein Freundeskreis um die Organisation der gegenseitigen Besuche. 2006 kam als sechste und wohl letzte Partnerstadt Hermannstadt (Sibiu) in Rumänien hinzu, die durch universitäre und karitative Initiativen gefördert wird.

Auf den Lahnbergen entstand in zwei Bauabschnitten seit 1973 das neue Universitätsklinikum. Der dritte Bauabschnitt wurde 2011 fertig gestellt.

Die Gebietsreform von 1974 vereinigte 18 umliegende Dörfer mit der Stadt. Während 15 Dörfer, die von der Eingemeindung Vorteile erwarteten, freiwillig kamen, fügten sich Cappel, Marbach (mit den Behringwerken) und Wehrda, obwohl längst zu Vororten verstädtert, erst dem Gesetz. Dadurch wuchs die viel zu eng gewordene Gemarkungsfläche um mehr als das Fünffache von 23 auf 124 qkm und die Einwohnerzahl fast um die Hälfte auf 72 000. Marburg verlor allerdings seine Kreisfreiheit, wurde aber Zentrum des neu geschaffenen Landkreises Marburg-Biedenkopf und erhielt einen Sonderstatus. Besonders die östlichen Stadtteile profitierten in der Folgezeit vom stürmischen Anwachsen der Universität, die in einem Milliarden-Projekt einen Teil des Klinikums und die Naturwissenschaften auf die Lahnberge verlagerte.

Die Amtszeit Dr. Drechslers, der dreimal wiedergewählt worden war, endete 1992 krankheitsbedingt vorzeitig. Für seine von allen Parteien anerkannten Verdienste ehrte ihn die Stadt mit der Verleihung der Ehrenbürgerwürde.

1993 siegte in der ersten Direktwahl eines Oberbürgermeisters in Marburg überraschend der CDU-Kandidat Dietrich Möller. Da ihm eine eigene Mehrheit in der Stadtverordnetenversammlung fehlte, arrangierte er sich pragmatisch mit der rot-grünen Mehrheit. Gemeinsam wurde ein Konzept entwickelt, das die negativen wirtschaftlichen Folgen auffangen sollte, die ab 1992 durch den vollständigen Abzug der Bundeswehr zu erwarten waren. Dabei eröffneten die freigewordenen umfangreichen Bundeswehr-Liegenschaften völlig neue Möglichkeiten der Stadtentwicklung, die von der 1993 durch die Stadt gegründeten Stadtentwicklungsgesellschaft (SEG) zielstrebig genutzt wurden. Zuerst kaufte sie vom Bund als »Paket« für 42,6 Mio. Mark das gesamte Areal der Bundeswehr unten in der Frankfurterstraße und oben am Stadtwald, das sie anschließend in Übereinstimmung mit den Intentionen der Stadt nach sorgfältiger Detailplanung vermarktete. Im Zeitraum von nur zehn Jahren wurden 70 Mio. Euro umgesetzt und praktisch zwei neue Stadtviertel mit einer ausgewogenen Mischung aus Wohnen und Gewerbe geschaffen. Damit war Marburg eine der ersten Städte, die den schwierigen Konversionsprozess nach dem Verlust der Garnison erfolgreich abschließen konnte.

Vom 20. zum 21. Jahrhundert

Wie in den Jahrhunderten zuvor ist die Philipps-Universität auch in der Gegenwart mit Abstand der bedeutendste Wirtschaftsfaktor in der Stadt – kein Wunder bei 23.500 Studierenden (WS 2020/21), die jährlich etwa 20 Mio. Euro ausgeben, und einem Finanzvolumen von 368 Mio. (2020), das den 324 Mio.-Haushalt der Stadt deutlich übertrifft. Zählt man die 23.500 Studierenden, die 362 Professoren (inkl. UKGM), die 1.909 wissenschaftlichen und 1.844 nichtwissenschaftlichen Beschäftigten zusammen, die natürlich nicht alle ihren ersten Wohnsitz in der Stadt haben, dann steht etwa jeder dritte der 72.500 Einwohner (2021) in unmittelbarer Beziehung zur Universität. Eine ähnliche Struktur hat unter den deutschen Universitätsstädten wohl nur noch Tübingen.

Dietrich Möller (CDU) setzte die Tradition langer Amtszeiten der Marburger Oberbürgermeister fort. Da er nach zwölf Jahren aus Altersgründen 2005 nicht ein drittes Mal kandidieren konnte, schaffte es Bürgermeister Egon Vaupel (SPD) gleich im 1. Wahlgang, seine Nachfolge anzutreten. Er knüpfte damit an die von Georg Gaßmann und Hanno Drechsler begründete lange Tradition sozialdemokratischer Oberbürgermeister an und setzte sie auch dank eines überzeugenden Ergebnisses bei seiner Wiederwahl 2011 fort. Er musste aber krankheitsbedingt sein Amt vorzeitig aufgeben. Ihm folgte 2015 Dr. Thomas Spies (SPD), der 2021 in der Stichwahl mit knapper Mehrheit wiedergewählt wurde. Gleichzeitig aber musste die SPD dem Bündnis 90/Die Grünen erstmals den Vorrang auf der kommunalen Bühne einräumen. Und das wird für die weitere Stadtentwicklung nicht ohne Folgen bleiben, zumal die Parteienlandschaft nach der Kommunalwahl vom März 2021 noch bunter geworden ist – ein Zeichen der gesellschaftlichen Vielfalt in der Universitätsstadt. 1971 hatte Oberbürgermeister Drechsler 1971 dem damals drohenden Ausbau Marburgs zu einer „autogerechten Stadt“ einen Riegel vorgeschoben und damit die Voraussetzung für die erfolgreiche Sanierung der Altstadt geschaffen. 50 Jahre später sind die Bewältigung des Klimawandels und im Zusammenhang damit die „fahrradgerechte Stadt“ die weiter gesteckten Ziele – ob mit Erfolg, wird die Zukunft zeigen.

Zu den erfreulichen Aspekten der Stadtentwicklung zählt dank der erfolgreichen Behring-Nachfolgefirmen zweifellos die positive Entwicklung im Bereich der Wirtschaft. Die im Jahr 1997 begonnene Umwandlung der traditionsreichen Behring-Werke in einen zukunftsoffenen Biotechnologieverbund von mehreren Einzelfirmen wie CSL Behring, GSK Vaccines und Siemens Healthcare Diagnostics Products haben Marburg zu einem der wichtigsten Pharmazie-Standorte in der Bundesrepublik gemacht, dessen Wachstum noch längst nicht abgeschlossen ist. So ging aus dem Verkauf von Novartis 2020 die BioNTech Manufacturing Marburg GmbH hervor, die seit 2021 nach eigenen Angaben jährlich ca. 1 Milliarde Impfdosen des begehrten Impfstoffs gegen Covid 19 produziert. In dem großen Industriepark zwischen Marbach und Michelbach sind ca. 6000 Beschäftigte tätig. Kein Wunder, dass sich der Kämmerer dank der entsprechenden Steuereinnahmen über die solide Haushaltssituation der Stadt freuen kann. Dies, aber auch die große kulturelle Vielfalt in der Stadt sowie die vertrauensvolle Zusammenarbeit von Menschen unterschiedlicher religiöser oder ethnischer Prägung berechtigen zu der Feststellung: Die Stadt Marburg hat gute Voraussetzungen, den Anforderungen des 21. Jhs. gerecht zu werden und kann daher dem Jubiläumsjahr „Marburg 800“ zuversichtlich entgegensehen.

Fazit:

»Die alte, von jeher durch den letzten Aufenthalt, Tod und Begräbnis der heiligen Landgräfin Elisabeth von Hessen berühmte Stadt, liegt krumm, schief und bucklicht, unter einer alten Burg, den Berg hinab«, so urteilte vor 200 Jahren Johann Heinrich Jung-Stilling über die Stadt an der Lahn.

Sinngemäß gilt dieses Urteil, wenn man unkritisch über die problematischen Veränderungen des Stadtbildes im 20. Jh. hinwegsieht, auch noch im 21. Jh. Oder etwa nicht?

Zeittafel

10./11. Jh.	Erste Burganlage auf dem Schlossberg
1122	Thüringen erbt »Land an der Lahn« = Oberhessen mit Marburg
1138/39	Erste urkundliche Erwähnung Marburgs
1222	Marburg wird *civitas*, also Stadt genannt
1228	Landgräfin Elisabeth wählt Marburg als Witwensitz und gründet ein Hospital
1231	Tod Elisabeths am 17. November
1235	Heiligsprechung Elisabeths und Baubeginn der Elisabethkirche
1248–1275	Sophie von Brabant Landgräfin in Marburg
1284	Erster Bürgermeister in Marburg
1292	Heinrich I., der Enkel Elisabeths, wird vom Kaiser in den Landgrafenstand erhoben
1319	Großer Stadtbrand
1357	Kaiser Karl IV. besucht als Pilger das Grab der Heiligen Elisabeth
1428	Neues Stadtrecht (gültig für fast 400 Jahre)
1504	Philipp der Großmütige wird in Marburg geboren, Landgraf 1513–1567
1510–1526	Bau des neuen Rathauses
1526	Homberger Synode: Beginn der Reformation in Hessen
1527	Gründung der ersten protestantischen Universität
1529	Religionsgespräch im Marburger Schloss zwischen Luther und Zwingli
1539	Philipp lässt die Elisabeth-Reliquien aus der Elisabethkirche entfernen
1567–1604	Ludwig IV. von Hessen-Marburg. Marburg zum letzten Mal Residenzstadt
1604	Die Landgrafschaft Hessen-Marburg wird geteilt. Marburg fällt an Kassel
1646/48	Hessischer Erbfolgekrieg
1653	Wiedereröffnung der Universität
1688–1695	Denis Papin Professor in Marburg
1723–1740	Christian Wolff Professor in Marburg
1787–1803	Johann Heinrich Jung-Stilling Professor in Marburg
1804/08	Marburger Romantikerkreis um Carl von Savigny
1807	Marburg wird Hauptstadt des Werra-Departements im Königreich Westfalen
1809	Vergeblicher Aufstand gegen die französische Herrschaft
1809	Säkularisierung des Deutschen Ordens. Privatisierung des Wirtschaftsstandortes der Kommende Marburg
1831	Erste Verfassung für Kurhessen (Sylvester Jordan)
1848	Bürger stürmen die Stadtwache im Rathaus
1850	Bau der Eisenbahn und des ersten Bahnhofs

1856–1884	Oberbürgermeister August Rudolph
1859	Überwölbung der Ketzerbach
1866	Marburg wird preußisch. Danach stürmischer Aufschwung von Universität und Stadt
1884–1907	Oberbürgermeister Ludwig Schüler
1901	Professor Emil von Behring erhält den ersten Nobelpreis für Medizin
1907–1924	Oberbürgermeister Paul Troje
1920	Marburger Korporationsstudenten ermorden Arbeiter in Thüringen
1923	Gründung der NSDAP-Ortsgruppe
1925–1927	Oberbürgermeister Georg Voigt
1927–1933	Oberbürgermeister Johannes Müller
1933	NSDAP gewinnt Reichstagswahl mit 57,6 % (Reich: 43,9 %)
1938	Marburger SA zerstört die Synagoge in der Universitätsstraße
1944	Erster Bombenangriff auf Marburg
1945	Amerikaner besetzen Marburg am 28.3.
1947–1970	Georg Gaßmann zuerst Bürgermeister, dann Oberbürgermeister
1963	Baubeginn für den neuen Stadtteil Richtsberg
1964	Beginn der neuen Universitätsbauten für die Geisteswissenschaften im Lahntal
1970–1992	Oberbürgermeister Dr. Hanno Drechsler
1972	Beginn der Altstadtsanierung und Einrichtung der ersten Fußgängerzone
1972	12. Hessentag in Marburg und 750-Jahrfeier der Stadt
1974	Gebietsreform vergrößert Marburg um 18 neue Stadtteile
1985	Erste Rot-Grüne Koalition in Marburg
1988	Städtepartnerschaft Marburg–Eisenach
1992	Schließung der Garnison und Umwandlung aller Bundeswehrliegenschaften in Wohn- und Gewerbegebiete
1993–2005	Oberbürgermeister Dietrich Möller
2005	Einweihung der neuen Synagoge in der Liebigstraße
2005–2011	Oberbürgermeister Egon Vaupel; Wiederwahl 2011
2006	Umstrittene Privatisierung und Zusammenlegung der Universitätskliniken Marburg und Gießen
2006	Gründung des »Runden Tischs der Religionen«, an dem Angehörige fast aller in Marburg vertretenen Glaubensgemeinschaften teilnehmen zur Förderung des interreligiösen Dialogs und des friedlichen Zusammenlebens
2010–2014	Grundlegende Neugestaltung des Bahnhofsvorplatzes und des gesamten Bahnhofs
2018	Eröffnung der neuen Universitätsbibliothek am alten Botanischen Garten
2015–2021	Oberbürgermeister Dr. Thomas Spies. Wiederwahl 2021
2020	Einweihung der neuen Moschee für die progressive Marburger Islamische Gemeinde

Literatur (*eine Auswahl*)

Albrecht, Thorsten / Atzbach, Rainer: Elisabeth von Thüringen. Leben und Wirken in Kunst und Kulturgeschichte. Petersberg 2006

Arnold, Udo / Liebing, Heinz (Hrsg.): Elisabeth, der Deutsche Orden und ihre Kirche. Festschrift zur 700jährigen Wiederkehr der Weihe der Elisabethkirche Marburg 1983. Quellen und Studien zur Gesch. des Deutschen Ordens Bd. 18. Marburg 1983

Atzbach, Rainer: Stadtbefestigung. In: ZHG Bd. 111 (2006) S. 1–20

Auerbach, Inge (Hrsg.): Reformation und Landesherrschaft. Vorträge des Kongresses anlässlich des 500. Geburtstages des Landgrafen Philipp des Großmütigen von Hessen vom 10. bis 13. November 2004 in Marburg.Veröffentlichungen der Historischen Kommission für Hessen Bd. 24/9. Marburg 2005

Berns, Jörg Jochen (Hrsg.): Marburg-Bilder. Eine Ansichtssache. Zeugnisse aus fünf Jahrhunderten. 2 Bde. Marburger Stadtschriften Nr. 52 und 53. Marburg 1995/96

Both, Wolf v. / Vogel, Hans: Landgraf Wilhelm VIII. von Hessen-Kassel. Ein Fürst der Rokokozeit. (Veröffentlichungen der Historischen Kommission für Hessen und Waldeck Bd. 27/1) München, Berlin 1964

Braasch-Schwersmann, Ursula: Das Deutschordenshaus Marburg. Wirtschaft und Verwaltung einer spätmittelalterlichen Grundherrschaft. (Untersuchungen und Materialien zur Verfassungs- und Landesgeschichte 11) Marburg 1989

Braasch-Schwersmann, Ursula / Schneider, Hans / Winterhager, Wilhelm E. (Hrsg.): Landgraf Philipp der Großmütige 1504–1567. Hessen im Zentrum der Reform. Begleitband zu einer Ausstellung des Landes Hessen. Marburg / Neustadt a.d. Aisch 2004

Brohl, Elmar u. a.: Mit Reißzeug und Computer. Festschrift zur Einweihung des »Weißen Rosses« als Stadtbauamt. Marburger Stadtschriften Bd. 36. Marburg 1992

Georg Büchner. Leben, Werk, Zeit. Ausstellungskatalog zum 150. Jahrestag des »Hessischen Landboten«. Hrg. von der Georg-Büchner-Gesellschaft, Marburg. Marburg 1985

Demandt, Karl E.: Geschichte des Landes Hessen. 2. Aufl. Kassel 1972

Dettmering, Erhart / Grenz, Rudolf (Hrsg.): Marburger Geschichte. Rückblick auf die Stadtgeschichte in Einzelbeiträgen. 2. Aufl. Marburg 1982

Dettmering, Erhart: »Alles für Marburg«. Eine Chronik zur Kommunalpolitik 1970–1990. Marburger Stadtschriften Bd. 33 Marburg 1991

Dettmering, Erhart: Was alle lesen konnten. Das Jahr 1933 in der Marburger Lokalpresse. Marburger Stadtschriften Bd. 72. Marburg 2001

Die Marburger Medizinische Fakultät im »Dritten Reich«. Herausgegeben von G. Aumüller, K. Grundmann, E. Krähwinkel, H. Lauer, H. Remschmidt. Academia Marburgensis. Beiträge zur Geschichte der Philipps-Universität Marburg Bd. 8. München 2001

Die Philipps-Universität Marburg zwischen Kaiserreich und Nationalsozialismus. Herausgegeben vom Verein für hessische Geschichte und Landeskunde e.V. (Hessische Forschungen zur Geschichtlichen Landes- und Volkskunde Bd. 45) Kassel 2006

Elisabeth von Thüringen – Eine europäische Heilige. Ausstellungskatalog und Aufsatzband. Im Namen der Wartburg-Stiftung Eisenach und der Friedrich-Schiller-Universität Jena herausgegeben von Dieter Blume und Matthias Werner. Petersberg 2007

Elisabeth in Marburg. Der Dienst am Kranken. Eine Ausstellung der Universitätsmuseums für Kunst und Kulturgeschichte Marburg. Redaktion: Paul Jürgen Wittstock. Marburg 2007

Ernestus, Christopher: Tagelöhner, Zunftmeister, Stadtschreiber. Städtisches Leben im 16. und 17. Jahrhundert im Spiegel einer Marburger Bürgerfamilie. Marburger Stadtschriften Bd. 81. Marburg 2005

Hafeneger, Benno / Schäfer, Wolfram (Hrsg.): Marburg in den Nachkriegsjahren. 3 Bde. Marburger Stadtschriften Nr. 65 (1998), Nr. 68 (2000) und Nr. 83 (2006)

Handbuch der hessischen Geschichte. Hrsg. von Walter Heinemeyer. Bd. 4: Hessen im Deutschen Bund und im neuen Deutschen Reich (1806) 1815–1945. 2. Teilband: Die hessischen Staaten bis 1945. Marburg 2003

Hedwig, Andreas (Hrsg.): Die Brüder Grimm in Marburg. Schriften des Staatsarchivs Marburg. Bd. 25. Marburg 2013

Heer, Georg: Marburger Studentenleben 1527 bis 1927. Marburg 1927

Heinemeyer, Walter (Hrsg.): Das Werden Hessens. Veröffentlichungen der Historischen Kommission für Hessen Bd. 50. Marburg 1986

Heinemeyer, Walter (Hrsg.): Studium und Stipendium. Untersuchungen zur Geschichte des hessischen Stipendiatenwesens. Veröffentlichungen der Historischen Kommission für Hessen Bd. 37. Marburg 1977

Heither, Dietrich / Schulze, Adelheid: Die Morde von Mechterstädt 1920. Zur Geschichte rechtsradikaler Gewalt in Deutschland. Berlin 2015

Hermelink, H. / Kaehler, S. A. (Hrsg.): Die Philipps-Universität zu Marburg 1527–1866. Fünf Kapitel aus ihrer Geschichte (1527–1866). Die Universität Marburg seit 1866 in Einzeldarstellungen. Marburg 1927

Hussong, Ulrich: Die Ketzerbachüberwölbung. Zur Geschichte eines Marburger Stadtviertels im 19.Jh.. MarburgerStadtschriften Bd. 28. Marburg 1989

Hussong, Ulrich: Sophie von Brabant, Heinrich das Kind und die Geburtsstunde des Landes Hessen. Eine Marburger Legende. Marburger Stadtschriften 40. Marburg 1992

Hussong, Ulrich / Murk, Karl (Hrsg.): Eine Stadt und ihr Fluß. Marburg an der Lahn. Marburg 2011

Jung-Stilling, Johann Heinrich: Johann Heinrich Jung's (genannt Stilling) Lebensgeschichte oder dessen Jugend, Jünglingsjahre, Wanderschaft, Lehrjahre, häusliches Leben und Alter. Eine wahrhafte Geschichte von ihm selbst erzählt. Berlin o.J.

Justi, Karl: Das Marburger Schloß. Baugeschichte einer deutschen Burg. Veröffentlichungen der Historischen Kommission für Hessen und Waldeck 12. Marburg 1942

Kleinknecht, Günter: Sylvester Jordan (1792–1861). Ein deutscher Liberaler im Vormärz. Marburger Stadtschriften Bd. 8.Marburg 1983

Klein, Thomas: Stadt-Marburg und Marburg-Land in der amtlichen Berichterstattung 1933–1936. In: Malettke, Klaus (Hg.): Der Nationalsozialismus an der Macht. Göttingen 1984

Krüger, Peter / Nagel, Anne (Hrsg.): Mechterstädt – 25.3.1920. Skandal und Krise in der Frühphase der Weimarer Republik. Studien zur Geschichte der Weimarer Republik Bd. 3. Münster 1997

Küch, Friedrich: Quellen zur Rechtsgeschichte der Stadt Marburg. 2 Bde. Veröffentlichungen der Historischen Kommission für Hessen Bd. XIII. 1,2 Marburg 1918 und 1931

Kürschner, Walter: Geschichte der Stadt Marburg. Marburg 1934

Küch, Friedrich: Marburger Kulturleben. Aus Mittelalter und Früher Neuzeit. Beiträge und Miszellen (1903–1941) herausgegeben und eingeleitet von Aloys Schwersmann. Marburg 2013

Lemberg, Margret: Barock im Marburger Raum. (Fotos: Gerhard Oberlik). Marburg 1989

Lemberg, Margret: Juliane Landgräfin zu Hessen (1587–1643). Eine Kasseler und Rotenburger Fürstin aus dem Hause Nassau-Dillenburg in ihrer Zeit. Darmstadt / Marburg 1994

Lemberg, Margret: Die Grablegen des hessischen Fürstenhauses. Veröffentlichungen der Historischen Kommission für Hessen, Bd. 71. Marburg 2010

Lemberg, Margret: Die Flügelaltäre von Ludwig Juppe und Johann von der Leyten in der Elisabethkirche zu Marburg. Veröffentlichungen der Historischen Kommission für Hessen, Bd. 76. Marburg 2011

Lemberg, Margret: Item sant Elisabeth im Kasten. Der Elisabethschrein – die erstaunliche Karriere eines Kunstwerks. Veröffentlichungen der Historischen Kommission für Hessen, Bd. 79. Marburg 2013

Lück, Wolfgang: Johann Heinrich Jung-Stilling (1740–1817). Wirtschaftswissenschaftler, Arzt und Schriftsteller. Marburg1990

Mann, Rosemarie: Entstehen und Entwicklung der NSDAP in Marburg bis 1933. In: Hess. Jahrbuch für Landesgeschichte, Bd. 22, 1972

Marburg. Architekturführer. Hrsg. von Ellen Kemp, Katharina Krause und Ulrich Schütte. Petersberg 2002

Marburger Stadtschriften zur Geschichte und Kultur. Hrsg. vom Magistrat der Universitätsstadt Marburg.Schriftleitung Bd. 1–72: Erhart Dettmering, Bd. 73 ff.: Ulrich Hussong. Marburg 1981 ff.

Meiborg, Christa: Grabungsbefund im Schloß. In: Boehme, W. / Volk, Otto: Burgen als Geschichtsquelle. Schriften des Vorgeschichtlichen Seminars Bd.54 (2003)

Menk, Gerhard (Hrsg.): Landgraf Moritz, der Gelehrte. Ein Kalvinist zwischen Politik und Wissenschaft. Beiträge zur hessischen Geschichte Bd. 15. Marburg 2000

Metz-Becker, Marita / Maurer, Susanne (Hrsg.): Studentinnengenerationen. Hundert Jahre Frauenstudium in Marburg. Marburger Stadtschriften Bd. 96. Marburg 2010

Metz-Becker, Marita: Frauen in der Marburger Stadtgeschichte. Ein biographisches Handbuch. Marburger Stadtschriften Bd. 99. Marburg 2012

Meyer, Andreas (Hrsg.): Elisabeth und kein Ende. Zum Nachleben der heiligen Elisabeth von Thüringen. Leipzig 2012

Murk, Karl (Hrsg.): Das Marburger Landgrafenschloss im Wandel der Zeiten. Vom Herrschaftssitz zum Erinnerungsort. Marburger Beiträge zur Hessischen Geschichte 22. Marburg 2013

Nagel, Anne Christine (Hrsg.): Die Philipps-Universität Marburg im Nationalsozialismus. Dokumente zu ihrer Geschichte. Stuttgart 2000

Parello, Daniel: Die Elisabethkirche in Marburg. Meisterwerke der Glasmalerei Bd. 4. Regensburg 2009

Philippi, Hans: Landgraf Karl von Hessen-Kassel. Ein deutscher Fürst der Barockzeit. Veröffentlichungen der Historischen Kommission für Hessen Bd. 34. Marburg 1976

Pletsch, Alfred (Hrsg.): Marburg. Entwicklungen, Strukturen, Funktionen, Vergleiche. Marburger Stadtschriften Bd. 32. Marburg 1990

Reber, Ortrud: Elisabeth von Thüringen. Landgräfin und Heilige. Eine Biografie. Regensburg 2006

Rudersdorf, Manfred: Ludwig IV. Landgraf von Hessen-Marburg 1537–1604. Landesteilung und Luthertum in Hessen. Mainz 1991

Schaal, Katharina (Hrsg.): Von mittelalterlichen Klöstern zu modernen Institutsgebäuden (Academia Marburgensis 15). 2019

Schnack, Ingeborg: Marburg. Bild einer alten Stadt. Impressionen und Profile. 2., erw. Aufl. Hanau 1964

Schuchard, Jutta / Klein, Ulrich (Hrsg.): Neugotik in Marburg und Hessen. Marburger Beiträge zur hessischen Geschichte 23. Marburg 2019

Seier, Hellmut: Zum Verhältnis von Universität und Stadt in Marburg 1785–1945. In: Hessisches Jahrbuch für Landesgeschichte. Bd. 38, 1988

Sieg, Ulrich: Die Geschichte der Philosophie an der Universität Marburg 1527 bis 1970. Veröffentlichungen aus den Fachbereichen der Philipps-Universität Bd. 2. Marburg 1988

Sirges, Thomas: Lesen in Marburg 1758–1848. Eine Studie zur Bedeutung von Lesegesellschaften und Leihbibliotheken. Marburger Stadtschriften Bd. 37. Marburg 1991

Stehling, Wilhelm: Die Marburger Nachtwächter. Zwischen Lebenswirklichkeit und Legenden. Marburg 2020

Tacke, Holger / Gräf, Andreas: Preußen in Marburg – Peter Janssens historische Gemäldezyklen in den Universitätsaula. Quellen und Forschungen zur hessischen Geschichte. Darmstadt 2004

Verscharen, Franz-Josef: Gesellschaft und Verfassung der Stadt Marburg beim Übergang vom Mittelalter zur Neuzeit. Marburger Stadtschriften Bd. 19. Marburg 1985

Wettmann, Andrea: Heimatfront Universität. Preußische Hochschulpolitik und die Universität Marburg im Ersten Weltkrieg. Abhandlungen zum Studenten- und Hochschulwesen. Bd. 9. Köln 2000

Marburg in Kürze

Universitätsstadt Marburg – Einwohnerstärkstes Oberzentrum Mittelhessens
Bundesland: Hessen
Regierungsbezirk: Gießen
Fläche: 123,9 km² (größer als Kassel!)
Einwohner: 76.172 (2019) / Kernstadt: 48.046 / äußere Stadtteile: 28.126
Bevölkerungsdichte: 582 Einwohner je km

Offizielle Webpräsenz der Universitätsstadt Marburg
www.marburg.de

Philipps-Universität Marburg
www.uni-marburg.de
Studierende: 25.000, davon 13.758 weiblich, 11.242 männlich (SS 2014)

Hessisches Staatsarchiv Marburg
www.staatsarchiv-marburg.hessen.de

Museum für Kunst- und Kulturgeschichte (Biegenstraße und Landgrafenschloss)
www.uni-marburg.de/uni-museum/kulturgeschichte

Elisabethkirche
www.elisabethkirche.de

Kultur / Tourismus in Marburg
www.marburg.de/kultur-tourismus

Stadtbibliothek und VHS
www.marburg.de/de/11484

Personenregister

Stammtafel der Landgrafen

(nach: Karl E. Demandt: Geschichte des Landes Hessen. Kassel 1972)

- **Herrmann I. Landgraf v. Thüringen** († 1217)
  - **Ludwig IV. Landgraf v. Thüringen** († 1227) ⚭ **Elisabeth v. Ungarn** (1207–1231)
    - **Hermann II.** Landgraf v. Thüringen († 1241)
    - **Sophie** von Brabant († 1275)
      - **Heinrich I. Landgraf v. Hessen** († 1308)
        - Johann († 1311) in Niederhessen
        - Otto I. († 1328) in Oberhessen
          - Hermann I. († 1368/70) zu Nordeck u. Grebenstein
          - [Ludwig († 1345)]
            - Otto († vor 1357)
            - Hermann II. († 1413) (Mitregent Heinrichs II. seit 1367)
              - Ludwig I. († 1458)
                - Ludwig II. († 1471) in Niederhessen
                - Heinrich III. († 1483) in Oberhessen
          - Heinrich II. († 1376)
            - Otto II. d. Schütz († 1366) (Mitregent seines Vaters seit 1340)
    - **Gertrud** Äbtissin von Altenberg († 1297)
  - Hermann († 1216)
  - **Heinrich Raspe IV.** Landgraf v. Thüringen († 1247)
  - **Konrad** Hochmeister d. Dt. Ordens († 1240)

Wilhelm I. († 1515)
(verzichtet 1493)

Wilhelm II. († 1509)
⚭ Anna v. Mecklenburg

Ludwig III. († 1478)
(Mitregent seines Vaters)

Wilhelm III. († 1500)

Philipp d. Großmütige († 1567)

Wilhelm IV. († 1592)
zu Kassel

Ludwig IV. († 1604)
zu Marburg

Philipp II. († 1583)
zu Rheinfels

Georg I. († 1596)
zu Darmstadt

Moritz (verzichtet 1627, † 1632)
⚭ Juliane v. Nassau-Dillenburg († 1643)

Wilhelm V. († 1637)
⚭ Amelie Elisabeth v. Hanau (Regentin bis 1650)

Wilhelm VI. († 1663)
⚭ Hedwig Sophie v. Brandenburg († 1683)

Wilhelm VII. († 1670)

Karl († 1730) (folgt 1670/77)

Friedrich I. († 1751)
König in Schweden seit 1720

Wilhelm VIII. († 1760)
Statthalter in Hessen seit 1730, folgt 1751

Friedrich II. († 1785)

Wilhelm IX. (I. als Kurfürst) († 1821)

Wilhelm II. († 1847)

Friedrich Wilhelm I. († 1875)
(Mitregent seit 1831)
abgesetzt 1866

Ludwig V. († 1626)

Georg II. († 1661)

Ludwig VI. († 1678)

Ludwig VII. († 1678)

Ernst Ludwig († 1739)

Ludwig VIII. († 1768)

Ludwig IX. († 1790)

Ludwig X. († 1830)
(I. als Großherzog)

Ludwig II. († 1848)

Ludwig III. († 1877)

Ludwig IV. († 1892)

Ernst Ludwig
abgesetzt 1918

Tourist-Information
Hotel/Pension/Hostel
Museum
Krankenhaus, universitäre Einrichtung
Behörde, Schule, sonstige wichtige Einrichtung
Historische Altstadt
Behindertentoilette
0
200
400 m
Kirchspitze
324
Universitätssportgelände
Anschluss MR-Bahnhofstr.
TNT
Hauptbahnhof
Neue Kasseler Str.
Alte Kasseler Str.
Ernst-Giller-Str.
Mauerstr.
Am Schützenplz.
Schützenstr.
Andréstr.
Kornbergweg
Im Gefälle
Uhlandstraße
Lenaustr.
Violastraße
Dürerstraße
Am Ortenbergsteg
Hans-Sachs-Str.
An der Schäferbuche
Kalter Born
Med. Zentrum für Nervenheilkunde
Schützenstraße
Waggonhalle
Kletterhalle
Krummbogen
Ortenbergplatz
Rudolf-Bultmann-Str.
Zahnklinik
v.-Harnack-Str.
Kaiser-Wilhelm-Turm
Aussichtsturm
372
Käthe-Kollwitz Schule
Georg-Voigt-Straße
Heinrich-Heine-Str.
Ludwig-Juppe-Weg
Schülerpark
Klinik Schweckendiek
Blitzweg
Glammbergweg
Spiegelslust
Wehrdaer Weg
Rosenparkbrücke
Rosenstr.
A.-Pohl-Allee
Furthstr.
Bahnhofstraße
Robert-Koch-Str.
Lahnstr.
Emil-Mannkopff-Str.
Lahn
Kirchspitze
Augustenruhe
Am Weinberg
Elisabethstr.
Firmaneistr.
Bunsenstraße
Uferstr.
Elisabethkirche
Deutschhausstraße
Volkshochschule
Am Berg
Gabelsberger Straße
Carl-Strehl-Schule
Am Schlag
Wilhelm-Roser-Str.
An den Brunnenröhren
An der Haustatt
Montessori-Schule
285
Am Grassenberg
Im Sonnenwinkel
Stadtbücherei
Ketzerbach
Zwischenhausen
Roter Graben
Steinweg
Neustadt
Uni-Bibliothek
Joh.-Müller-Str.
Biegenstraße
Sophie-v.-Brabant-Schule
Heusingerstr.
Uferstr.
Wilhelm-Röpke-Straße
Heinrich-Heine-Str.
Landgrafenweg
Am Grassenberg
Marbacher Weg
Sauersgäßchen
Renthof
Götzenhainweg
Pilgrimstein
Alter Botanischer Garten
Savignystr.
Geisteswissenschaftl. Institute
Kleine Ortenbergg.
Köhlersgrundgasse
Hainweg
Aufzug
„Audimax.“ (Hörsaalgebäude)
Uni-verw.
Erwin-Piscator-Haus
KFZ
Martin-Luther-Schule
Paul-Ehrlich-Weg
Freilichtbühne
Schlosspark
Landgrafenschloss
Wettergasse
Landgraf-Philipp-Str.
Wolffstr.
Gerhard-Jahn-Pl.
Hermann-Cohen-Weg
B 3
Hainweg
Bunter Kitzel
Herder-Institut
Gisonenweg
Pfarrkirche St. Marien
Ritterstr.
Kugelg.
Markt
WC

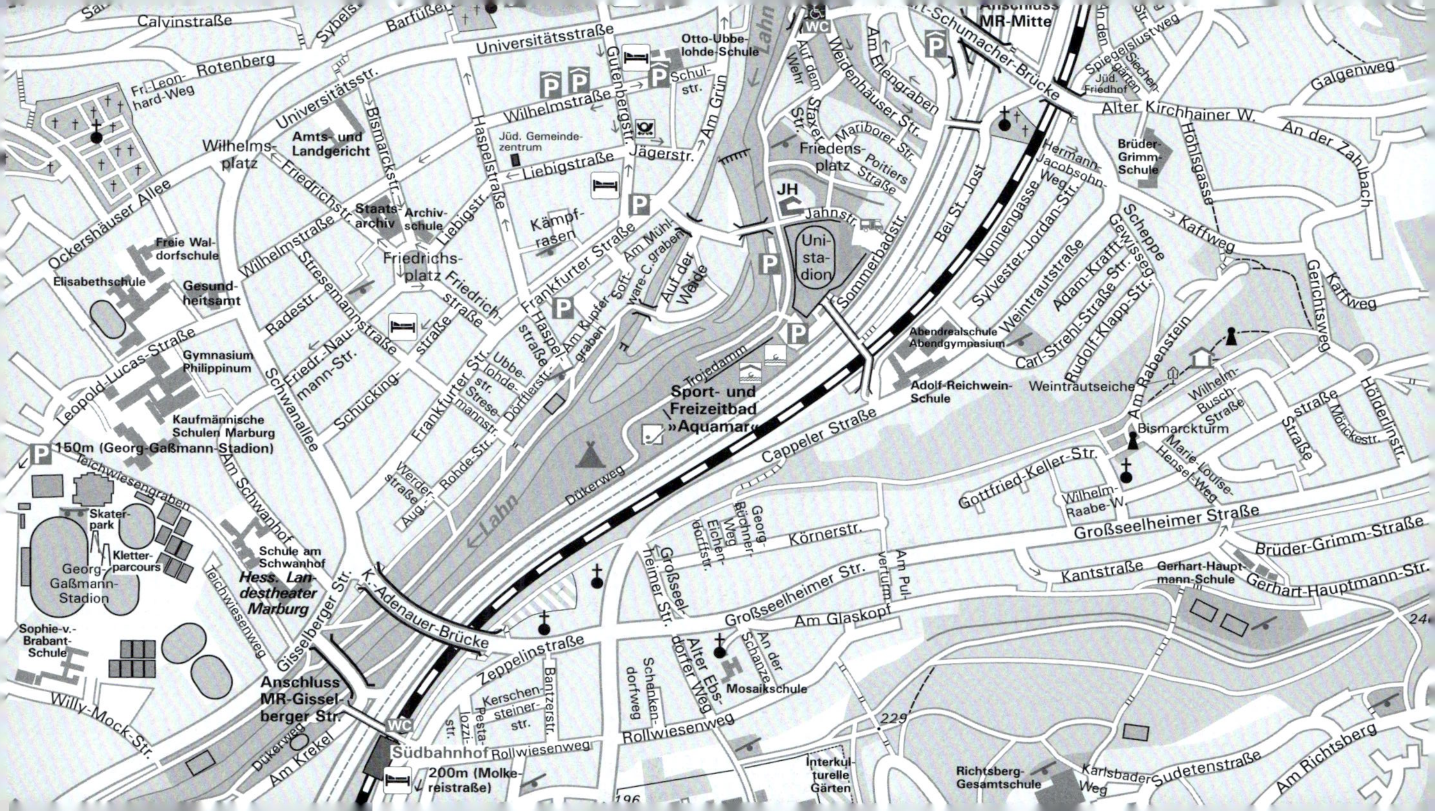

Calvinstraße
Sybelstr.
Barfüßertor
Universitätsstraße
Rotenberg
Fr.-Leonhard-Weg
Universitätsstr.
Bismarckstr.
Wilhelmsplatz
Amts- und Landgericht
Friedrichstr.
Ockershäuser Allee
Wilhelmstraße
Staatsarchiv
Archivschule
Liebigstr.
Haspelstraße
Wilhelmstraße
Gutenbergstr.
Jüd. Gemeindezentrum
Liebigstraße
Jägerstr.
Otto-Ubbelohde-Schule
Schulstr.
Am Grün
Lahn
WC
Kämpfrasen
Friedrichsplatz
Friedrichstraße
Frankfurter Straße
Am Mühlgraben
Softwarе-C.graben
Auf der Weide
Freie Waldorfschule
Elisabethschule
Gesundheitsamt
Stresemannstraße
Radestr.
Friedr.-Naumann-Str.
Schückingstraße
Frankfurter Str.
Haspelstraße
Am Kupfergraben
Ubbelohde-Str.
Stresemannstr.
Dörflerstr.
Rohde-Str.
Werderstraße
Aug.
Gymnasium Philippinum
Leopold-Lucas-Straße
Schwanallee
Kaufmännische Schulen Marburg
150m (Georg-Gaßmann-Stadion)
Teichwiesengraben
Skaterpark
Kletterparcours
Georg-Gaßmann-Stadion
Am Schwanhof
Schule am Schwanhof
Hess. Landestheater Marburg
Teichwiesenweg
Sophie-v.-Brabant-Schule
Willy-Mock-Str.
Gisselberger Str.
K.-Adenauer-Brücke
Anschluss MR-Gisselberger Str.
Dükerweg
Am Krekel
Südbahnhof
200m (Molkereistraße)
Auf dem Wehr
Staxer Str.
Weidenhäuser Str.
Am Erlengraben
Mariborer Str.
Friedensplatz
Poitiers Straße
JH
Jahnstr.
Unistadion
Sommerbadstr.
Trojedamm
Sport- und Freizeitbad »Aquamar«
Lahn
Dükerweg
Cappeler Straße
Anschluss MR-Mitte
Schumacher-Brücke
Bei St. Jost
Hermann-Jacobsohn-Weg
Nonnengasse
Sylvester-Jordan-Str.
Weintrautstraße
Adam-Krafft-Str.
Carl-Strehl-Straße
Rudolf-Klapp-Str.
Gewisseg.
Scheppe
Abendrealschule Abendgymnasium
Adolf-Reichwein-Schule
Weintrautseiche
Am Rabenstein
Bismarckturm
Wilhelm-Busch-Straße
Marie-Louise-Hensel-Weg
Gottfried-Keller-Str.
Wilhelm-Raabe-W.
Georg-Büchner-Weg
Eichendorffstr.
Körnerstr.
Am Pulverturm
Großseelheimer Str.
Großseelheimer Straße
Am Glaskopf
Zeppelinstraße
Bantzerstr.
Kerschensteiner-str.
Pestalozzi-str.
Rollwiesenweg
Schenkendorfweg
Alter Ebsdorfer Weg
An der Schanze
Mosaikschule
229
Interkulturelle Gärten
196
Spiegelslustweg
Siechengärten
Jüd. Friedhof
An den
Alter Kirchhainer W.
Galgenweg
An der Zahlbach
Brüder-Grimm-Schule
Höhlsgasse
Kaffweg
Gerichtsweg
Hölderlinstr.
Mönckestr.
Straße
Brüder-Grimm-Straße
Kantstraße
Gerhart-Hauptmann-Schule
Gerhart-Hauptmann-Str.
Richtsberg-Gesamtschule
Karlsbader Weg
Sudetenstraße
Am Richtsberg
24

Bildnachweis

Autor: S. 8, 14, 18, 20, 28, 39, 45, 48, 53, 66/67, 77, 79, 82, 98, 129, 141, 145, 154, 192, 194, 196
Bildarchiv Foto Marburg: Umschlagmotiv
Klaus Laaser, Marburg: S. 198
Dr. E. Mertens, Berlin: S. 152
Nach: Bau- und Kunstdenkmäler im Regierungsbezirk Cassel. Bearbeitet von Friedrich Küch/Bernhard Niemeyer. Band 8, Kassel 1934: S. 88, 106, 108, 121, 143
Nach: Ursula Braasch-Schwersmann u. a. (Hg.), Landgraf Philipp der Großmütige 1504–1567. Hessen im Zentrum der Reform. Begleitband zu einer Ausstellung des Landes Hessen, Marburg/Neustadt an der Aisch 2004: S. 50
Nach: Erhart Dettmering/Rudolf Grenz (Hg.), Marburger Geschichte. Rückblick auf die Stadtgeschichte in Einzelbeiträgen. 2. Aufl., Marburg 1982: S. 34
Presseamt der Stadt Marburg – Fotoarchiv: S. 103, 168 (Foto: Friedrich Unkel), 177 (Foto: Friedrich Unkel), 188

Stadtplan: © Dr. Lutz Münzer, Marburg

Umschlagmotiv: Elisabethkirche und Deutschordensbereich im Jahr 1842.
Ausschnitt aus einem Ölgemälde von Georg Wilhelm Mades (Privatbesitz).
Foto: Bildarchiv Foto Marburg

Ich danke meinem Studienfreund Dr. Hans-Peter Lachmann herzlich für Anregungen und Kritik nach der Durchsicht meines Manuskripts.